20°
25°
30°
ティサ川
45°
キシナウ
モルドバ
プルート川
ウクライナ
オデーサ
カルキニト湾
ドナウ(ダニューブ)川
セヴァストポリ
コンスタンツァ
プリシュティナ
コソボ
ソフィア
ブルガリア
ヴァルナ
黒海
スコピエ
スタラザゴラ
ブルガス
プロヴディフ
北マケドニア
ボスフォラス海峡
エディルネ
サカリヤ川
バルカン半島
テッサロニキ
ゾングルダク
イスタンブル
テキルダー
エレーリ
カラビュク
マルマラ海
40°
ボル
ダーダネルス海峡
チャナッカレ
バンドゥルマ
ブルサ
イズニク(ニカエア)
ラリサ
クズルウルマク川
ヴォロス
ギリシャ
バルケシル
エスキシェヒル
アンカラ
エーゲ海
キュタヒヤ
トルコ
トゥズ湖
アフヨン
パトラ
アテネ
イズミル
ビュユクメンデレス川
アイドゥン
デニズリ
ウスパルタ
コンヤ
アンタリヤ
アンタリヤ湾
アラニヤ
イラクリオン
35°
クレタ島
キプロス島
キプロス
ニコシア
地中海
トゥブルク
25°
30°

YAMAKAWA SELECTION

トルコ史

永田雄三 編

山川出版社

［カバー写真］

コンヤのメヴラーナ博物館

『山川セレクション　トルコ史』への序文

本書は、その原本にあたる『新版　世界各国史九　西アジア史Ⅱ　イラン・トルコ』の一環として二〇二〇年十二月に刊行された『山川セレクション　イラン史』のなかでも扱われた、テュルク系の王朝「セルジューク朝」の一分派である「ルーム・セルジューク朝」の時代から記述を始めている。セルジューク朝によって誘導されてアナトリアに進出したテュルク系遊牧民が「トゥルクマーン」と呼ばれ、十字軍のアナトリア遠征に関連する記述のなかに盛んに出てくる。十三世紀末にマルコ・ポーロが、アナトリアを「トゥルコマニア」と呼び、そして、十四世紀の初頭にアナトリアの地を訪れたアラブの旅行家イブン・バトゥータはアナトリア半島を古い呼称名の「ルーム地方」と並んで「トゥルキーヤの大陸（Barr al-Turkīya）」と呼んでいる。研究史上「トゥルクマーン」とはオグズ・トゥルクマンのことで、セルジューク朝やオスマン朝の王統はこの部族から出ている。こうしてアナトリアは次第に「トルコ人の地」と認識されるようになったのである。

本書は、第一章で、前オスマン帝国期にあたるルーム・セルジューク朝の時代から扱い、アナトリアへ移住したトルコ族（テュルク系で最大の民族）のうち、ビザンツ帝国との国境近くに誕生したオスマンを名乗る人物に率いられた小さな侯国が登場するまでを述べる。その侯国は、およそ三〇〇年の歳月を経てアジア・アフリカ・ヨーロッパにまたがる大帝国へと発展し、合計六〇〇年余におよぶその長い命脈を維持した。これが、第二・第三章で語られるオスマン帝国(一三〇〇年頃〜一九二二年)である。最後に、二十世紀初頭に成立したトルコ共和国成立から現代までを第四章で扱い、それが本書全体を貫くストーリーである。

本書は、ヒッタイトに始まるテュルク系民族進出以前のアナトリアの歴史を扱っていないが、それには二つの理由がある。そのひとつは、「トルコの歴史」をテュルク系民族のアナトリア進出をもって始めるのが、本書のみならず、むしろ普通となっているからである。たとえば、わが国における戦後唯一の通史である三橋冨治男著『トルコの歴史』(紀伊國屋新書、一九六四年)がそうであり、国際的にみても、*The Cambridge History of Turkey* (4 Vols., Cambridge University Press, 2006–2013.)がいずれもテュルク系民族のアナトリア進出から「トルコ共和国」時代までを「トルコの歴史」としている。

いまひとつの理由は、日本における「世界史」が、教科書などで、東洋史と西洋史の二つの区分から成り立っていることと関係する。トルコの歴史は、東洋史で扱われるのに対して、ギリシアやバルカン諸国の歴史は西洋史で扱われているからである。しかし、おおざっぱにいって、十五世紀から十九世紀に至る約五〇〇年におよぶオスマン帝国支配下のアラブ諸国、ギリシアやバルカン諸国の歴史は、本シリーズの原本にあたる「新版　各国史シリーズ」の『西アジア史Ⅰ』『ギリシア史』『バルカン史』などでも扱われている。つまり、オスマン帝国は、日本の歴史区分の常識でいえば、東洋史と西洋史にまたがっているのである。ただし、本書では、この時代と地域をもオスマン帝国史の一環としての立場から叙述する。

このことと関連して、オスマン朝に対するこれまでいい古されてきた呼称の問題がある。王朝名としては「オスマン朝」が最もニュートラルないい方であるが、コンスタンティノープル征服後に関しては「オスマン帝国」といういい方が一般的である。しかし、主としてヨーロッパ諸国の著作にみられる「オスマン・トルコ」「トルコ」あるいは「トルコ帝国」といういい方もあり、日本でも特に「オスマン・トルコ」といういい方が長いあいだ使われてきた。しかし、この国が自らを「トルコ」を名乗ることは、一九二三年のトルコ共和国成立以前には、いっさいなかった。問題は、ヨーロッパ人による「トルコ」という言葉の響きが含むバイアスである。

オスマン帝国がバルカン半島を北上して領土を広げるにつれて、ヨーロッパ諸国に与えた「脅威」は大きかった。そして、十七世紀末以後、ヨーロッパとの国際関係においてオスマン帝国が次第に守勢にまわると、今度は、遊牧民出自の「トルコ」は、もはやヨーロッパの発展から取り残された国として認識され、その支配下に置かれた諸国は、暴力と圧政のもとに置かれた「暗黒時代」として長いあいだ説明されてきた。たとえば、一九五八年に初版が出版された『世界各国史十三　東欧史』(山川出版社)は一九六六年にはその第六版八刷が増版されるなど、広範に読者を獲得した書物である。しかし、たとえば「トルコ帝国の圧政」(ギリシア)、「トルコ帝国による支配の五世紀間は、ブルガリア史上の暗黒時代であった。」などという記述がみられる。このため、一九七七年に刊行された矢田俊隆(編)『新版　世界各国史十三　東欧史』の「オスマン帝国支配下のバルカン」と題する一章を執筆するにあたって、私は、その冒頭に「暗黒時代史観の克服」という「小見出し」を設けざるを得なかった。その後に刊行された本新シリーズでは、『西アジア史Ⅰ・Ⅱ』に加えて『ギリシア史』『バルカン史』『ドナウ・ヨーロッパ史』がオスマン帝国支配時代を含むものとして新たに編纂されたが、このうちたとえば、『ギリシア史』の巻では、ビザンツ史家の手による「ビザンツ時代」に続いて「オスマン帝国時代」の章が、また『バルカン史』においても「オスマン支配の時代」の章が設けられており、これらの章はいずれも、オスマン朝史研究の専門家によって執筆されている。

ここに、ようやく「暗黒時代史観」は克服されたのである。とはいえ、現在でも、たとえば、英語の辞書で「トルコ人」を意味する「Turk」の項目を引くと、「トルコ人」といった意味のほかに「乱暴者」、「好色な人」などといった訳語がみられる。これは、十九世紀の民族独立の過程を題材としたバルカン諸国の文学作品などの例を考えると、致し方のないところはあるだろう。

この「暗黒時代」史観の背景には、何があったのであろうか。それは、「進歩」と「文明」のヨーロッパvs「停滞」と「野蛮」のアジアという、十九世紀ヨーロッパの「オリエンタリズム」的発想があったのである。そして、その背景にはまた、十八世紀以来のヨーロッパに流布していた「オスマン帝国＝ネオ・ビザンツ帝国」説がある。つまり、中央アジアの草原からやってきた野蛮な遊牧民がオスマン帝国のような優れた組織をもつ帝国をつくれるはずがない。この国をつくり上げたのは、イスラームに改宗した、あるいは改宗させられたギリシア人である。オスマン帝国は宮廷制度から、官僚機構、軍隊、法律、土地制度などのすべてにおよんでビザンツの制度を模倣することによってはじめてできたのである。したがって、オスマン帝国はイスラームの姿に名を借りたビザンツ帝国の再生にほかならないという意見である。第一次世界大戦中、「トルコ人バッシング」が最高潮に達した一九一六年に、A・H・ギボンスなる人物による『オスマン帝国の創建』がオクスフォード大学から出版されると、この本は、ヨーロッパで大きな反響を呼ぶと同時に、多くの反論も寄せられた。トルコにおいて、この説に対する批判の先頭に立ったフアト・キョプリュリュは、ギボンスをはじめとするヨーロッパ史家の「オスマン帝国＝ネオ・ビザンツ帝国」説を「ビザンツ諸制度のオスマン朝諸制度への影響」という逆説的なタイトルを付した長大な論文を発表して徹底的に批判した。彼もオスマン帝国に対するビザンツの影響を無視するわけではないが、それは史料に即して論証すべき問題であるという。彼は、一九三四年にパリに招かれて『オスマン朝の起源』と題する講演をおこない、当時フランスにおける新しい「世界史」理解を提唱していたアナール派の創始者の一人であるリュシアン・フェーブルらの支持を得た。

キョプリュリュの「史料に即して論証すべし」という問題意識は、一九三〇年にトルコ共和国初代大統領ケマル・アタテュルクが語った次の言葉、「ヨーロッパ人のオスマン帝国やイスラーム文化に対する偏見は、彼らがもっぱら西方資料だけに依拠していることに由来する。トルコ人は、自らの祖先の残した資料を発掘して、正しいトルコ史像を再構築せねばならない」。という言葉を実践したものであり、そしてそれを実現するために一九三一年に設立されたのが「トルコ歴史学協会」である。

アンカラ大学およびシカゴ大学の教授として長年世界のオスマン帝国史研究をリードしてきたハリル・イナルジク（一九一六〜二〇一六）もかつて、「職業的な歴史家として自分は、今なお存在する西洋の歴史学に一般的な、トルコ人に対する歪められた見方を糺《ただ》さなければならない」との決意は生涯を貫く自分の問題意識であると述べている。彼の、数々の史料の出版という骨の折れる仕事もまた、アタテュルクの遺志に応えることであるとともに、彼が一九五三年に発表した「ステファン・ドゥシャンからオスマン帝国へ」と題した論文は、オスマン帝国の五〇〇年におよぶバルカン支配が、「暴力と圧政に彩られた暗黒支配」であるというヨーロッパ「世論」の偏見を批判するものである。もちろん、こうした研究には、逆に、トルコ人の立場を擁護しようとするナショナリズムがうかがわれるが、トルコ人であるイナルジクにとっては歴史学が「国学」である以上、そうした色彩を帯びざるを得ないのであろう。

イナルジクの父は一九〇五年にクリミア半島からトルコに移住してきたクリミア・タタール人である。クリミアに限らず、ロシアからトルコへ移住ないし亡命してきたテュルク系の人々がトルコにおける歴史学の発展に大きく貢献したことは、よく知られているが、それはしばしば中央アジアのテュルク系諸民族を含む「パン・トルコ主義」的色彩を帯びがちである。これもアタテュルクが一九三〇年代に主唱したものであるが、古代諸文明の生成と発展には中央アジアから世界各地に移住したテュルク系の人々によるところが大きいという極端な自民族中心主義である「トルコ史＝テーゼ」がある。今はこれをそのまま信じている人はほとんどいないと思われるが、これは第一次世界大戦後にギリシア軍のアナトリアへの侵攻を撃退してアナトリアにおけるトルコ人の先住権を主張したものである。

トルコ共和国が成立した一九二三年から数えて一〇〇年になる今日、多分に懐古趣味をともなっているとはいえ、共和国成立直後のオスマン帝国に対する否定的な見方を乗りこえて、あるいはオスマン帝国との連続性を意識する立場から、オスマン帝国時代を再評価しようとする研究動向もみられる。たとえば、これまでともすると十八・十九世紀以降のオスマン帝国の「西洋化」、あるいは「近代化」という文脈で語られがちであった諸事象をオスマン文化の「成熟」という文脈で解釈・説明し直そうとする動向である。

最近ではヨーロッパでも、さすがにかつてのような「暗黒時代史観」は克服され、むしろオスマン帝国史を積極的にヨーロッパ史の一コマとして位置づける視点もみられる。その一例がケンブリッジ大学から出版されている「ヨーロッパ史への新たな接近」(New Approaches to European History)シリーズの一冊として刊行された『オスマン帝国：一七〇〇〜一九二二』(D. Quataert, *The Ottoman Em-*

pire, 1700-1922, Cambridge University Press, 2000.）である。これは近代以降のオスマン帝国をヨーロッパ史の一環、あるいは少なくとも、参照するべき対象とされていることを示している。また、最近では、たとえば、ロシア帝国や明治日本などとの世界史的共時性のなかにオスマン帝国史を位置づける視点もみられる。このような研究動向の背景には、トルコのEU加盟問題やサミュエル・ハンチントンの著書『文明の衝突』論（一九九六年）をめぐる国際的な論争などの影響がみられるのではなかろうか。

日本における「オスマン帝国」への関心はすでに江戸時代からみられるとはいうものの、本格的にトルコ史研究が始まるのは、やはり明治維新以後のことである。その際、当時の国際的外交上の焦点のひとつであった「東方問題」に対する関心から、東洋史よりもむしろ西洋史の一部として始まった。この分野での研究は、昭和の初期に外交官として在トルコ日本大使館にも赴任した外交官出身の首相である芦田均（一八八七〜一九五九）の『君府海峡通行制度史論』（巌松堂、一九三〇年）や『バルカン問題』（岩波新書、一九三九年）に結実した。しかし、研究者として長く研究を続けたのは、内藤智秀（一八八六〜一九八四）である。彼も通訳官として、在トルコ日本大使館に赴任した外交官で、今日なお利用価値の高い『日土交渉史』（泉書院、一九三一年）、『日土土日大辞典』（日土協会、一九三六年）ほか多数の著書、論文があり、戦後も長きにわたって聖心女子大学で教鞭をとり、日本における西アジア・トルコ研究の先達となった人である。いま一人の先達が駒澤大学の大久保幸次（一八八七〜一九五〇）である。彼もまた、日本の大陸政策推進のためには「回教圏」研究の必要性を強く主張していた一人で、トルコをめぐる国際関係、とりわけアタテュルクの主導した「トルコ革命」に心酔した人物で、一九三八年七月に回教圏攷究所(四〇年に研究所と改称)より、雑誌『月刊　回教圏』を発行している。このように日本におけるトルコ研究は、当時国際的に注目を浴びていたアタテュルクの主導する「トルコ革命」への共感に発しており、ヨーロッパの「オリエンタリズム」とは無縁である。

戦後、一九四五年五月に回教圏研究所が空襲のために全焼し、ついで五〇年に大久保が死去したこともあって、研究所の研究員のなかには、イスラーム研究を放棄して、ほかの分野に研究領域を移した人が多かった。しかし、小林元(一九〇四～六二)、井筒俊彦(一九一四～九三)、蒲生礼一(一九〇一～七七)、松田壽男(一九〇三～八二)らの旧研究員は戦後の日本のイスラームおよび中央ユーラシア研究を牽引した存在であることを忘れてならない。ただ、戦前のイスラーム研究のなかで重要な位置を占めていたトルコ研究は、戦後日本のイスラーム研究がアラブに関心を移したために、一時挫折したかにみえたが、そのなかで孤軍奮闘したのが三橋冨治男(一九〇九～九九)である。彼の代表作に、本稿の冒頭に紹介した『トルコの歴史』に加えて、『オスマン＝トルコ史論』(吉川弘文館、一九六六年)がある。三橋も戦前・戦中は中国のイスラーム研究に関する論文を『月刊　回教圏』に発表しているが、戦後はオスマン帝国史に研究の焦点を絞ったのである。

中央ユーラシアにおける古代トルコ民族史研究を専門する東京大学の護雅夫(一九二一～九六)は一

九八五年以降三回にわたって、ほぼ三年のトルコでの滞在が契機となって、オスマン帝国のなかに、①トルコ的・遊牧的伝統、②イラン的・モンゴル的、東ローマ的伝統、③それらのすべてを覆い、ひとつのルツボのなかに溶解したイスラーム的伝統を見出している。こうした考え方は、実は三橋も共有している。

戦後の日本のトルコ史研究は彼ら二人の先達によって推進されてきたが、いずれも東方世界、すなわち中央ユーラシア世界との連関のなかにトルコ史をとらえている点に、日本の学者らしい特徴があるといえよう。その背景には漢文に依拠した中国史研究の分厚い伝統があるからである。一九六〇年代以降にトルコ政府支給の奨学金制度が始まり、さらに、一九七〇年代の後半には日本の文部省もトルコへの留学希望者に奨学金を支給し始めた。これ以後、日本のトルコ研究は活況を呈し始め、現在では欧米やトルコの学界の研究レヴェルに引けを取らない水準に達している。

ところで、アナトリアに移住してくる以前のトルコ人の故地は、いうまでもなく、中央ユーラシアである。ここは、古くからスキタイ、匈奴《きょうど》、突厥《とっけつ》などの騎馬遊牧民が活躍した世界である。このうち、中国史書で「丁零《ていれい》」「鉄勒《てつろく》」「突厥」などと呼ばれるいくつかの国家が中国史書に出てくる。これらは、いずれも〈テュルク〉の音を写したものである。ここにはじめて、「テュルク」と呼ばれる国家が登場したのである。したがって、原音に忠実に音写するならば、これらは「テュルク系の国家」「テュルク系の人々」とするのが正確である。しかし、たとえば、英語ではTurkicという言葉が「テュルク」

の総称として用いられ、これに対してアナトリアに移動したのち、とりわけトルコ共和国の大多数を占める「トルコ人」の対応語は Turkish である。日本でも、近代以前に関しては「テュルク系」、「テュルク語系」、そして、主としてトルコ共和国に関連する場合は「トルコ系」、「トルコ語系」という使い分けがある程度みられる。近年の傾向も鑑み、本書ではとくに第一章においてその使い分けを採用した。

さて、歴史上にあらわれた騎馬遊牧民国家は、その機動性を発揮して広大な領域を包含する国家、すなわち「帝国」を築くことが多かった。突厥帝国は、モンゴル高原から中央ユーラシアの草原一帯に、続くウイグルは南方のオアシス地帯をも統合し、そして、モンゴル帝国に至って、中央ユーラシアから中国をも包摂する一大帝国を築き上げた。ちなみに、この頃の「モンゴル」とはまだ「民族」の名ではなく、「国家」の名称にすぎない。それは、この広大な国家が包摂したすべての人々からなる「ハイブリッドな国家」であり、テュルク系民族はその重要な構成要素であった。

問題はこれら騎馬遊牧民によって実現された国家の性格である。それは何よりもまず、広大な領域国家であり、民族・宗教・言語、そして文化の相違を意に介さない、さまざまな臣民のもつ技術や能力を最大限に活用する柔軟な統治のシステムや、広大な領域を縦横に結ぶ駅伝制度などを特徴とする国家である。

オスマン帝国は、コンスタンティノープル(イスタンブル)というメガロポリスを中心とした国家であり、その草創期においてすでに騎馬遊牧民国家に特有な激しい王位継承争いによる短命性を克服して、六〇〇年のあいだオスマン王家による単一の支配を貫いた長期政権であった。そしてこれを支えたのが宗教・民族・言語の相違にとらわれない柔軟で寛容な統治組織をもつ国家であった。十九世紀に入ると、ヨーロッパに発するナショナリズムの洗礼を受けたバルカン諸民族の独立運動に直面し、経済的にはヨーロッパの「植民地化」し、その結果、ヨーロッパとの経済的結びつきを強めた非ムスリム諸民族とムスリムとのあいだに対立が生まれ、柔軟な統治のシステムにひびが生じて、帝国の一体性を維持することは困難となった。

最後に、本書の執筆陣について、ひとつお断りしなければならないことがある。原本である『新版世界各国史九　西アジア史Ⅱ　イラン・トルコ』の第六章「オスマン帝国の改革」の章は原本では永田が執筆したが、本書の第三章にあたる部分の執筆を秋葉淳氏（東京大学教授）にお願いした。というのも、オスマン帝国の近代に関しては、旧版から本書の刊行に至る二〇年のあいだに多数の若手研究者が輩出して斬新な視角から多くの優れた研究を公にし、このことは国際的にも注目を浴びている。本書は原則的に旧稿の改訂と補綴をおこなうことにとどめるというのが原則ではあるが、この二〇年間における研究の進展をむしろ読者に提示すべきであるとの私の判断から、秋葉氏に執筆をお願いした次第である。さらに、このあいだにトルコ共和国の歴史も新たな展開をみせている。この点に関しても新たに叙述を補うこともまた不可避との判断から間寧氏（日本貿易振興機構アジア経済研究所主任研究員）に直近二〇年間の動向を簡潔にまとめて執筆いただいた。これら二氏に厚く御礼申し上げる次第である。

なお、原本刊行時の原稿を尊重するという基本方針から、本書では、地名や人名などの歴史的名辞の表記、歴史叙述の際の概念や枠組みについては、各執筆者の意向を尊重し、無理な統一は避けた。

二〇二三年七月

永田雄三

目次

山川セレクション

トルコ史

第一章

ルーム・セルジューク朝、モンゴル支配、ベイリク期のアナトリア

1 テュルク民族とアナトリア地域史

マフムード・カーシュガリーとテュルク民族

テュルク民族は、現在のモンゴル高原を中心とする北アジアを原住地としていた遊牧民族で、西暦六世紀の中ごろ、漢文史料に突厥《とっけつ》と記されている時代に強盛となり、一時大帝国を建てた。突厥は八世紀の前半に滅びたが、その後は同じくテュルク民族のウイグルが勃興して中国内地の政治に介入するほどの大勢力に成長した。八四〇年に遊牧ウイグル・カガン国が内紛とクルグズ(キルギズ)の攻撃のために滅亡したあと、テュルク民族の活動のおもな舞台は北アジアから中央アジアへと移り、同時にイスラーム勢力との接触が本格化する。十世紀の後半に現在のカザフスタン、キルギズから中国領

にかけての地域には歴史上カラハン朝と呼ばれるテュルク系の国家が存在し、この王朝の領域を中心とした地域がトゥルキスターンと呼ばれていた。

カラハン朝の支配者層を皮切りに、現代のテュルク系民族の大部分が宗教的に所属するイスラームへの集団的な改宗が開始されたが、こうした状況のなかで十一世紀後半(一〇七七年ころ)のバグダードで、カラハン朝の王族出身と思われるマフムード・カーシュガリーという人物がセルジューク朝の西アジア進出以来高まっていた一般の関心に応えるべく、アラビア語で『テュルク人の言語集成』という書物を著した。この書物にはイスラームに改宗して以来約一世紀を経たころのテュルク人が、自らをイスラーム的な世界観や歴史のなかにどのように位置づけていたかをうかがわせる内容が含まれている。それによれば、テュルク人は当時二〇の部族集団に分れており、その分布範囲はビザンツ帝国の国境から中国の内地に至るまでの広大な地域であり、イスラームに改宗した者もいまだに改宗していない者もあった。また、テュルク人はすべて『旧約聖書』創世記に登場する大洪水の話で有名なノアの子どもであるヤペトの子孫であるとしており、この説はカーシュガリー以後もテュルク民族の歴史をイスラーム教徒が書く場合に必ずといってよいくらい引用される伝説である。さらにカーシュガリーは当時流布していたと思われるハディース(イスラームの預言者ムハンマドの言行録)に基づいて、テュルク人は神自身によって東方に住地を与えられた「神の軍隊」であり、神の意思により世界の諸民族に優越する地位を与えられたとする主張をおこなっている。この主張は、『テュルク人の言語集成』が著された当時、テュルク民族の軍事的な優位はイスラーム世界で広く知れわたり、テュルク民族はその軍事的な卓越性ゆえに、とくにスンナ派のイスラーム世界では、宗教と国家の秩序を維持し、防衛するために不可欠で重要な要素としてその存在が認められていたことを示している。

十一〜十五世紀のアナトリアとイラン地域において、イスラームへの改宗後のテュルク民族が発揮した最も顕著な特性は、まさにこの軍事的な優位を保持し続けたことにある。軍事的な優位を保持する一方で、テュルク民族の文化的な発展は遅れた。現代のテュルク系諸言語の文語的な基礎をなす、西方のオスマン・トルコ語、東方のチャガタイ・テュルク語による作品があらわれ始めるのは、十四世紀のモンゴルの支配時代以降である。これらの言語による文献が出現して以後も、アナトリアでも、中央アジアでもペルシア語による作品は生み出され続け、とくに中央アジアでは文語としてのチャガタイ・テュルク語とペルシア／タージーク語の併用状況が長く続いた。民族的な出自はテュルク系やモンゴル系でありながら、セルジューク朝やイルハン国、ティムール朝の君主たちが宮廷においてイスラーム以前の時代から続いてきたイランの伝統を重視し、ペルシア文学やイラン・イスラーム文化を愛好したこともテュルク語の発展やトルコ・イスラーム文化の形成にペルシア語やイラン・イスラーム文化が大きく寄与したことと深く関連している。とくにテュルク民族の場合、アナトリアでも中央アジアでも王朝国家の中枢をなす宮廷文化におけるペルシア語やイラン・イスラーム文化の影響が非常に大きかったことは本章で扱う時代の特徴であったといえる。カーシュガリー(現在の新疆ウイグル自治区の都市カーシュガルに由来するニスバ)が現存唯一の写本で全六二八ページある著作のなかに詳しく記録した言語は「テュルク語」であり、現代のトルコ語と共通する要素を多く含むが、語彙・文法の面での差異は大きく、これを「トルコ語」と呼ぶことは適切でないと考える。それゆえ本稿では現代のトルコ共和国を連想させる「トルコ」の語は現代に限定して使用し、その他の地域や時代に属する民族を指示するためには総称として「テュルク」の語を使用する。

西アジアにおける、オグズ゠トゥルクマーン部族の重要性

カーシュガリーの著作『テュルク人の言語集成』(奥書では一二六六年八月一日日曜日に筆写完成)によれば、テュルク民族は二〇の大きな集団に分れているという。オグズと呼ばれる集団はペチェネグ、キプチャクについで西方から三番目の集団であり、カーシュガリーはこのオグズ部族についてほかよりも詳しい記録を残しており、オグズについてのみ内部の小集団の名称が挙げられている。さらに、現存する唯一のカーシュガリーの写本には、遊牧民であったオグズ部族が、互いの家畜を見分けるために用いたしるしで、モンゴル時代にはタムガと呼ばれた標章が書き込まれている。

イスラームの歴史上、オグズ、別名をトゥルクマーンと呼ばれたテュルク民族中の一大集団は西暦十一世紀以降の西アジアで重要な政治的、軍事的な役割を果たした。カーシュガリーはオグズ゠トゥルクマーンの内部に二二の小集団を数えているが、その筆頭に挙げられるクヌク氏族からはセルジュ

ーク朝の王統が出た。第二のカユグ(カユ)氏族はオスマン朝の出身氏族とされており、三番目のバユンドゥル氏族からはアク・コユンルの、四番目のイウェ氏族からはカラ・コユンルの王統が出ている。五番目のサルグル氏族からは、セルジューク朝期からイルハン国時代イランのファールス地方にあったサルグル朝が、六番目のアフシャル氏族からは、十八世紀に一時イランを統一したアフシャール朝が出ている。

しかし、オグズ＝トゥルクマーン部族がイスラーム世界の歴史に残るいくつかの国家を建てたからといって、その際に各氏族の全体、ましてや部族がこぞって一糸乱れぬ行動をとっていたわけではない。むしろセルジューク朝をはじめオグズ＝トゥルクマーン系の諸王朝の歴代の支配者たちは、自身と同族の、配下の勢力が、軍事力を嵩《かさ》に一般の臣民へ恣意的な略奪や破壊的な行動をしないように彼らの統制に苦慮していた。政治権力を握る王朝がテュルク系であるからといって、王朝国家の内部全体や政治体制が独占的にテュルク人によって占められたり、テュルク系の軍人や部族がみな支配的な地位に就いたというような事実はなかったのである。この意味で、西アジアという地域の歴史からみた、セルジューク朝以降のテュルク系イスラーム国家の成立と発展は、多民族、多宗教、そして多数の地域社会からなる西アジアのイスラーム社会が、軍事力を背景とする新来のテュルク民族の政治的な覇権を承認することを余儀なくされたことを意味し、テュルク系諸王朝のもとでも西アジア固有の文化的、民族的な多様性は維持された。

一方、六世紀の北アジアに始まるテュルク民族史上、イスラームに改宗したオグズ＝トゥルクマーン部族は、イランやアナトリアを中心とする西アジアでとくに大きな歴史的足跡を残しており、ほかの部族でこれらに匹敵する重要性を有するものはない。オグズ以外の部族については、ウイグル部族やキプチャク部族の一部が、十三〜十四世紀のモンゴル時代に政策的に西方移住させられた（ときには自発的に移住した）ことが知られている。とくにキプチャク部族は、基本的に個人単位のマムルーク軍人としてシリア、エジプトに多数が流入し、バフリー・マムルーク朝として知られるイスラーム国家を建てたことで有名である。

オグズの別名である、トゥルクマーンということばは十世紀から用いられるが、十一世紀のカーシュガリーによれば、その意味はペルシア語で「テュルクに似たもの」であるという。本章では同時代のイスラーム史料にあらわれるトゥルクマーンの語をオグズ部族と同義で使用する。

2 ルーム・セルジューク朝の時代

ルーム・セルジューク朝の成立と発展

イスラームの勃興当時からムスリムのあいだで「ルーム」と呼ばれていた、アナトリア地域へトゥルクマーンの遊牧民が浸透し始めたのは、一〇七一年八月のマラーズギルドの戦いののちのことである。これはトゥルクマーンのアナトリアへの大規模な進出の第一波であり、第二波は十三世紀前半、モンゴルの西アジア侵攻にともなって起こった。この二波にわたる大規模なトゥルクマーンの進出の結果、アナトリアでは住民のテュルク化、イスラーム化が進展したのである。ビザンツ帝国に対してマラーズギルドで戦勝者となったセルジューク朝のスルタン、アルプ・アルスラン自身は戦後アナトリアに進出せず、戦いの翌年にマー・ワラー・アンナフル遠征の途上で不慮の死をとげた。アルプ・アルスランの後継者となったマリク・シャーのもとで、セルジューク朝はシリアとマー・ワラー・アンナフルへとさらに領土を拡大し、セルジューク朝国家は最盛期を迎えた。そのような時代、セルジューク家の一員であったスライマーン・ブン・クタルムシュがアナトリアに派遣された。このスライマーンが創建したアナトリア地域におけるセルジューク朝がルーム・セルジューク朝である。

ルームのセルジューク朝を建てたスライマーンの父は、クタルムシュといい、祖父はイスラーイール、曾祖父がセルジューク家の名祖セルジュークである。イラン地域のセルジューク朝を建てたトグリル・ベグとチャグル・ベグ兄弟の父は、ミーカーイールという人物で、イスラーイールの兄弟にあたる。イスラーイールは別名をアルスランともいい、父の没後セルジューク集団の一部を率いて活躍した。しかし、ガズナ朝のスルタン、マフムードに捕らえられて一〇三二年ころに獄死した。その子、クタルムシュは従兄弟である、トグリル、チャグル兄弟に協力し、トグリル・ベグとともに西アジアに進出した。一〇六三年にトグリル・ベグが子孫を残さずに病死すると、クタルムシュはその父がかつてもっていた、セルジューク家の代表者の地位を握るべく、チャグル・ベグの息子で、ホラーサーンを本拠とするアルプ・アルスランに戦いを挑んだ。両者は一〇六三年十一月、レイとダームガーンのあいだにある、デヘ・ナマクで会戦し、アルプ・アルスランが勝利した。クタルムシュは敗走の途中で死亡した。

スライマーンの父クタルムシュは、アルプ・アルスランに対して反抗し、その結果敗死したので、スライマーンの命は助けられたものの、セルジューク家の血を引きながらも王族としての扱いを受けられなくなった。アルプ・アルスランの長子で、その後継者となったマリク・シャーは、アナトリアのトゥルクマーン諸族を統御するため、かつての反乱者の息子スライマーンをアナトリアへ送ったのである。一〇七四/五年にビザンツ帝国の首都コンスタンティノープルの南東にあるニカエア(現在のイズニク)がスライマーンによって征服された。その後スライマーンは関心を東方へ移し、一〇八四年十二月、シリア北部のアンティオキアを征服した。しかし、シリアへの進出はセルジューク家の他の成員との対立を引き起こし、一〇八六年六月には、アンティオキア東方アレッポの領有をめぐってマリク・シャーの弟で、シリアのセルジューク朝を建てたトゥトゥシュと争い、スライマーンは敗死した。

一〇九二年にマリク・シャーが没すると、マリク・シャーのもとにあったスライマーンの息子クルチ・アルスラン(一世)はルームへ戻り、父の本拠であったニカエアに復帰した。マリク・シャーの没後イラン地域では、その後継をめぐって激しい内紛が続いた。一方アナトリアでは、一〇九七年、聖地解放を目的として西ヨーロッパから到来した第一次十字軍がアナトリアに上陸し、クルチ・アルスランが首都としたニカエアの町は十字軍による最初の攻撃目標とされた。アナトリア東部のマラトヤ(マラティヤ)を攻囲中のクルチ・アルスランは急を聞いてニカエアに戻ったが、十字軍に敗れ、首都を失った。イスラーム教徒側の、十字軍への反撃はアナトリアから始まった。当時アナトリアの中央部カッパドキヤ地方には、ダーニシュマンドという名のトゥルクマーンの首領がおり、この人物が十字軍に対するムスリム側の最初の勝利を収めた。西方で十字軍の軍事的な脅威に直面していたクルチ・アルスランの関心は東方に向けられ、スルタン位をめぐる争いで混乱するイラク北部への進出の機会をうかがった。その父スライマーンがシリアへの進出を企てたように、イランを中心とするセルジューク朝の政権が、マリク・シャー時代ほど強力でない時代に、クルチ・アルスランはふたたび東方への進出をめざしたのである。一一〇七年クルチ・アルスランは、セルジューク朝内部の勢力争いを利用して、北イラクの要衝マウスィル(ムースル)の町を征服した。早速、当時のスルタンであったムハンマドのもとからは、アミール(軍事指導者)、チャヴルが討伐に派遣された。クルチ・アルスランが率いるルームのセルジューク朝軍とチャヴル軍は一一〇七年七月にユーフラテス川の支流ハーブール河畔で戦い、ルーム側が敗北し、クルチ・アルスラン自身は溺死した。

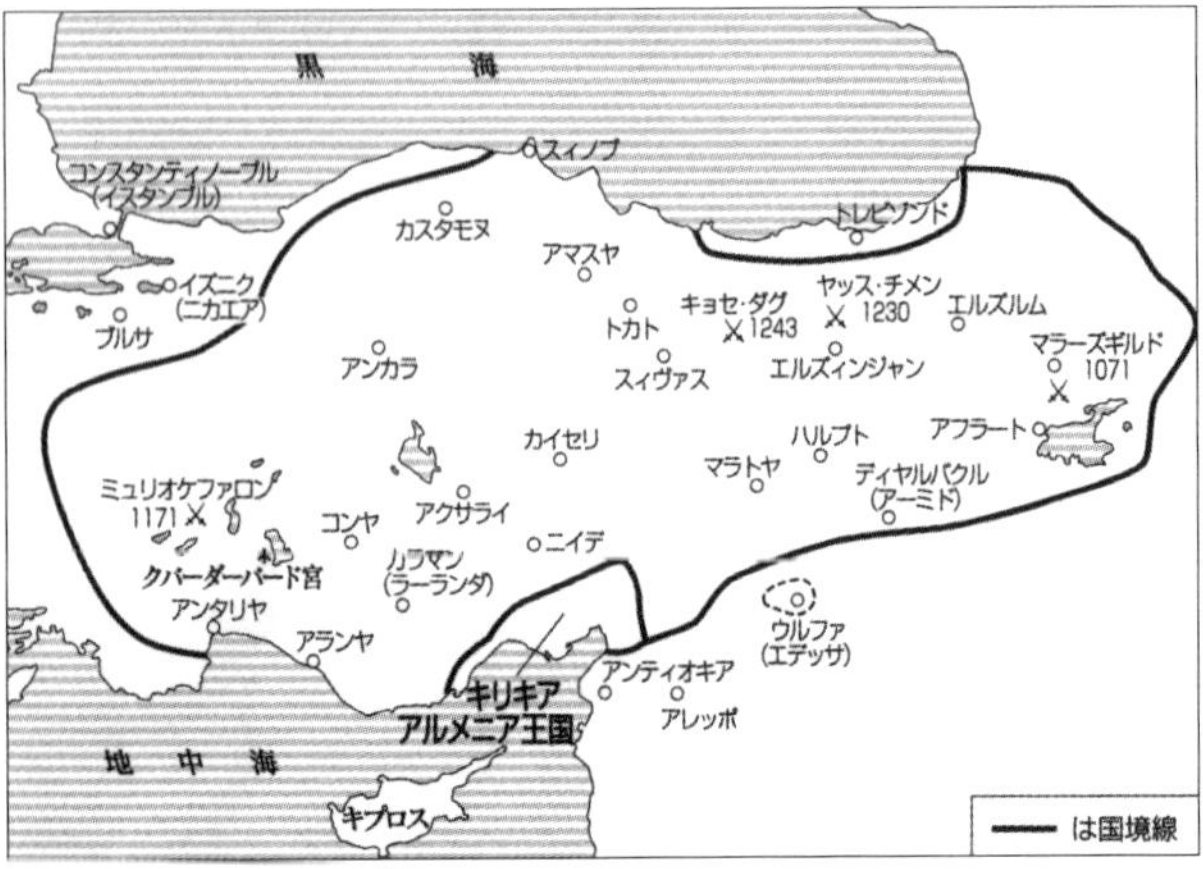

ルーム・セルジューク朝

クタルムシュ、スライマーン、クルチ・アルスラン(一世)という三世代にわたる王統が、いずれもセルジューク朝のアルプ・アルスラン、トゥトゥシュ、ムハンマドに敗れ、命を落としたという事実は、その後のルーム・セルジューク朝に大きな影響を与え、以後クルチ・アルスランの子孫たちはふたたび東方に進出して、イランのセルジューク朝と覇権を争うことはなかった。クルチ・アルスラン一世の息子マスウード一世は一一一六年ころに内陸部のコンヤを首都として父の後継者となるが、このころの状況は記録がないためによくわからない。十二世紀前半のアナトリアの政治史は、ルーム・セルジューク朝よりも、むしろそのライヴァルであったダーニシュマンド朝を中心に展開されていた。

ルーム・セルジューク朝が独立した政治勢力として西アジアの歴史に重要な意味をもち出すのは、マスウードが一一五六／七年に没したあと、その後継者となったクルチ・アルスラン(二世)の時代からである。クルチ・アルスラン二世は西方のビザンツ帝国との関係を改善し、一一六一年には自らコンスタンティノープルを訪問して歓待を受けた。一一六四／五年にはダーニシュマンド朝のヤグバサンと開戦し、ダーニシュマンド朝を支援する北イラクとシリアのアタベグ政権ザンギー朝との関係も悪化した。一一七二／三年にはザンギー朝マリク・アーディルのヌール・アッディーン・マフムードがルームへ出兵し、アナトリア中央部のスィヴァスが占領された。一一七四年にヌール・アッディーン・マフムードが亡くなると、ザンギー朝軍は撤退した。クルチ・アルスランは東方の強敵ザンギー朝に対して、極力衝突を避け、その攻撃の矛先をかわすことに努めた。その後西方から、ビザンツ皇帝マヌエル・コムネノス自身が東方の失地回復をめざし、大軍を率いて遠征に出てきた。クルチ・アルスランの率いるトゥルクマーン軍は、一一七六年九月十七日、アフヨン南方のミュリオケファロンでこれを迎え撃ち、ビザンツ軍に大きな損害を与えた。これ以後ビザンツ帝国からの大規模な攻勢はなくなり、アナトリア中央部を本拠とするルーム・セルジューク朝の政権が確立した。さらに、クルチ・アルスランはダーニシュマンド朝への圧迫を強め、一一七八年にはその本拠であるマラトヤの町を占領して、ダーニシュマンド朝を滅ぼした。クルチ・アルスランに頑強に抵抗したダーニシュマンド朝のヤグバサンの息子たちは以後セルジューク朝の臣下となり、クルチ・アルスランの子孫たちに奉仕した。一一七九〜八一年にはアイユーブ朝のマリク・ナースィル、サラーフ・アッディーン・ユースフ

(西欧人はサラディンと呼ぶ)が、シリア北部の町の領有をめぐって、二度にわたり軍を送ってきたが、大きな軍事衝突には至らなかった。

クルチ・アルスラン二世の時代にルーム・セルジューク朝はビザンツ帝国の攻勢をくじき、ザンギー朝やアイユーブ朝の軍事介入をも斥《しりぞ》けてライヴァルのダーニシュマンド朝を滅ぼしてアナトリアにおける支配権を不動のものとした。マスウードの時代からルームでは貨幣が発行されるが、それらの貨幣に打刻された銘文には「偉大なスルターン」というイランのセルジューク朝と同じ表現が用いられた。ルーム・セルジューク朝では、第二代のクルチ・アルスラン一世の時代からスルタンという呼

コンヤのアラー・アッディーン・モスクのミンバル　ルーム・セルジューク朝の首都であったコンヤのアラー・アッディーン・モスクの木製ミンバル(説教壇)。このミンバルには，マスウード1世とクルチ・アルスラン2世の名が刻まれており，そのなかでクルチ・アルスランは自らを「ルームとアルマン(アルメニア)とイフランジュ(フランク人)とシャーム(シリア)諸地方のスルターン」と称している。アナトリアに残るイスラーム時代の遺物のなかで，年代の明らかな，最古のもののひとつである。

称が用いられていたようであるが、貨幣の銘文などではっきりとそれが確認できるのは、マスウード時代からである。クルチ・アルスラン二世時代のルーム・セルジューク朝は東方のセルジューク朝と同じく内陸部のコンヤ、カイセリ、スィヴァス、アンカラなどの都市を支配するだけで、アナトリアの海岸部は、ビザンツ、十字軍、小アルメニアなどのキリスト教勢力が支配していた。つまり、ルームのセルジューク朝も基本的には陸封された内陸国家であり、イランのセルジューク朝がそうであったように、海洋への進出を企てることはなかった。この状況が変化を見せ始めるのは、十三世紀に入ってからである。

クルチ・アルスラン二世は晩年自らの領土を一一人の息子たちに分配した。首都のコンヤは末子のカイホスロウ(一世)に与えられた。それを妬んだ兄弟たちのあいだで王朝の主導権をめぐる激しい争いが始まった。それに加えて、一一八七年、アイユーブ朝のサラーフ・アッディーン(サラディン)が十字軍の手から聖地イェルサレムを奪回したことに対して西ヨーロッパで第三次十字軍が呼びかけられ、それに呼応した時の神聖ローマ皇帝フリードリヒ(一世)バルバロッサが、陸路で一年の行軍のちアナトリアに侵攻してきた。一一九〇年五月にバルバロッサはセルジューク朝の首都コンヤに到達し、町は一時占領された。バルバロッサはシリアへの行軍途上、六月に水浴中溺死したが、セルジューク朝にとって首都を容易に攻略されたことは大きな衝撃となった。

一一九二年クルチ・アルスラン二世が没し、その子どもたちのあいだでの後継者争いはいよいよ激しさを増した。最終的に後継者争いの勝利者となったのは、最年長で、トカトの支配者であったスライマーン・シャーであり、最年少で、一旦は父のあとを継いで即位したカイホスロウは一一九七年にアナトリアを脱出し、シリアやマグリブを流寓《りゅうぐう》したのち、コンスタンティノープルのビザンツ宮廷に亡命した。しかし、スライマーン・シャーの治世は短く、一二〇四年に東部アナトリアに残っていたトゥルクマーンの地方政権、サルトゥク朝を滅ぼしたあとグルジスターン(ジョージア)に遠征して敗北し、帰還後、他界した。スライマーン・シャーのあとは幼少のクルチ・アルスラン三世が擁立されたが、まもなく有力者たちはビザンツ領内に亡命中のカイホスロウを呼び戻して再度スルタンに即位させた。

ルーム・セルジューク朝の全盛期

カイホスロウ一世の二度目の治世から、その二子カイカーウス一世、カイクバード一世の時代がルームのセルジューク朝の最盛期であり、この約四〇年間にルームのセルジューク朝は西アジアの強国へのし上がり、文化的にも重要な位置を占めるようになった。イランのセルジューク朝の歴史をペルシア語で書いた、ラーヴァンディー作の『胸の安らぎと喜びの証し』という歴史書は著者によってルームのスルタン、カイホスロウ一世に献呈された。この歴史書の著者ラーヴァンディーは、イラクのセルジューク朝最後のスルタン、トグリル二世の知遇を得ていたが、トグリルは一一九四年に敗死したため、同じくセルジュークの子孫ではあるが、別系統のルームのスルタンに献じたのである。この歴史書を献呈されたルームのスルタン、カイホスロウ一世は、著者ラーヴァンディーによって「セルジューク朝国家の相続人、後継者」と呼ばれており、十三世紀になると、かつては始祖が三代にわたって敗死させられたルームのセルジューク朝が、イランのセルジューク朝の後継者としての歴史的な意識をもち始めたことがうかがえる。

カイホスロウ一世は一二〇五年に復位したのち、〇七年には地中海岸の港湾都市アンタリヤ（アンタルヤ）を征服し、はじめて海へ進出する拠点を得た。カイホスロウは一二一一年にアナトリア西部のアラシェヒルでビザンツ帝国軍と戦い、戦いには勝利したものの、自らの不注意で命を落とした。後継者には長子のカイカーウス一世が即いたが、弟のカイクバードとの後継者争いがあり、敗北したカイクバードはマラトヤ近郊の一城塞に監禁された。カイカーウス一世は一二一四年十一月に黒海岸の重要な港湾都市スィノプを征服し、ルーム・セルジューク朝はアナトリアの南北に位置する海洋に進出できるようになった。カイカーウスは、首都コンヤに建造させたジャーミィの銘文で、自らを「ふたつの海のスルターン」と称している。シリア北部に遠征後病死したカイカーウスの後継者には、監禁されていた弟のカイクバード一世が迎えられた。カイクバードの治世（一二一九～三七年）はルーム・セルジューク朝の全盛期で、この時代にアナトリアのイスラーム社会は、オスマン帝国以前における政治、経済、文化の各方面で絶頂期を迎えた。

カイクバードは即位すると、国政にたずさわる有力者の陣容を一新し、自らの思いのままに政権が運営できるように、グラーム層出身の軍人や新来の書記たちを取り立てた。そのなかには、テュルク系のほかに、ルーム人と呼ばれた在地のギリシア系、西ヨーロッパ出身のフランク人、モンゴルの西征の前後イランや中央アジアから避難してきたイラン系の人々が多数含まれていた。ルーム・セルジューク朝について最も詳しく、歴史的な価値の高いペルシア語の歴史書を残した通称イブン・ビービー（本名はフサイン・ブン・ムハンマド・ジャアファリー）の両親もそうした人々の一例である。また、カイクバードはコンヤ、カイセリ、スィヴァスなどの主要都市に大規模な城壁を建設し、防衛拠点とした。アナトリアを東西南北に貫く通商貿易路の安全を重視し、現在もアナトリアの各地に残るキャラヴァン・サライ（隊商宿）や橋梁を新たに建設し、既存のものは整備拡充した。主要な都市の内部にはジャーミィ、病院、ハンマーム（公衆浴場）などの公共施設を建設させ、ワクフ（イスラーム社会の公共・社会福祉施設の維持・補修のために設定され、イスラーム法的に免税が規定された寄進財産）制度によってこれらを維持した。すでに兄カイカーウスの時代にルーム・セルジューク朝はアナトリアの南北に港湾拠点を確保していたが、カイクバードは海に進出する出口の数をさらに増やした。地中海岸ではアンタリヤのほかに、一二二三年アランヤが新たに征服された。この町はアンタリヤの東方にあり、カロノロスと呼ばれる港であったが、カイクバードは自ら軍を率いてこの町を包囲攻撃して征服した。カイクバードのラカブ（称号）アラー・アッディーンにちなんでこの町は征服後アラーイーヤと呼ばれるようになり、現在はそれが訛ってアランヤと呼ばれている。

アナトリアの南北に港湾を確保したことは、これらの港湾を内陸部で中継する交通路の整備につながり、アナトリアを東西南北に貫通する交易路を利用した貿易活動はセルジューク朝国家に空前の経済的繁栄をもたらした。政治的混迷が続いたモンゴル支配時代の十四世紀前半、イルハン国支配領域の諸地方、諸都市についての情報を詳細に記載した『心の愉悦』の著者ハムドゥッラーフ・ムスタウフィーによれば、セルジューク朝時代ルームの税収額は当時(一三三五年)の約五倍に達していたとい

アランヤのクズル・クレ　地中海に面した，トルコの港町アランヤに残るセルジューク朝期の建築物で，現在はトルコ語で「赤い塔」を意味するクズル・クレの名で呼ばれている。ルーム・セルジューク朝の勢力が海に進出した時代を象徴する建造物であり，近くには船を修理するドックも残っている。この塔には，2つの定礎銘文が残っており，それらによれば，1226年4月にスルターン，アラー・アッディーン・カイクバードがその建造を命じたと書かれている。

う。

カイクバードは一二二七年に黒海岸のスィノプから黒海の波濤《はとう》をこえてクリミアに遠征軍を送り、この軍隊はクリミアの港湾都市スグダクを占領し、近くのキプチャク部族を服属させた。イランの例を含めてセルジューク朝が海をこえて遠征軍を送ったことは空前絶後の事件であり、陸封状態に甘んじてヨーロッパの十字軍に海上ではまったく太刀打ちできなかった状況がルームでは変化を見せ始めたことを示す象徴的な遠征であった。この年カイクバードはシリア、エジプトを支配するアイユーブ朝のマリク・アーディル（サラーフ・アッディーンの弟）の娘と結婚し、同盟関係を強化した。一二二八年にはアナトリア東部のエルズィンジャンを支配してきたトゥルクマーン系のメンギュジク朝を服属させ、東方へ領土を広げた。一二三〇年八月には、モンゴル軍の追撃を逃れて当時アゼルバイジャンを中心に勢力の復活を図っていたホラズム・シャー、ジャラール・アッディーンの軍をエルズィンジャン西方のヤッス・チメンの戦いでアイユーブ朝軍と連合して撃破し、一一九四年にイラクのセルジューク朝最後のスルタン、トグリル二世がホラズム・シャー、ジャラール・アッディーンの祖父テキシュに敗死して以来のセルジューク家としての復仇を果たした。一二三四〜三五年にはシリアの北部をめぐってアイユーブ朝と対立し、シリアの遠征軍をアナトリアの南部で撃破した。

カイクバードの支配するアナトリアは、かつてのイランやイラクのセルジューク朝と比べて領土の面では、遥かに小さかったが、支配の内容は、人材の登用、政治の安定、隊商貿易の繁栄、海上への進出、文化の育成と保護など時代の流れに見合った的確な政策により充実しており、歴史上にセルジューク朝の復活を印象づけた。イスラーム世界がモンゴルの脅威にさらされるようになっていたカイクバードの治世にイランや中央アジアからは、平和と安定を求めてさまざまな層の人々がアナトリアへ来住した。これら新たな来住者がもたらした文化が、従来はイスラーム世界の辺境と見なされていたアナトリアの文化を他地域に劣らぬ質の高いものへと発展させていくのである。

モンゴル軍の侵攻とルーム・セルジューク朝

一二三七年五月、五十歳になったカイクバード一世は新たな遠征を計画してカイセリに軍隊を集めたところで、急逝した。おそらくは長子のカイホスロウ二世が父を毒殺して、権力を握ろうとしたのであろう。カイホスロウ二世は父の威名に追いつこうとしたが、ルーム・セルジューク朝に仕えていたホラズム人たちはカイホスロウの即位後離反し、内政が安定しなかった。そうしたなかで、一二四〇年にはユーフラテス川の流域でバーバー・イスハークという名の呪術者が、擬似イスラーム的な教義でトゥルクマーンを扇動して宗教的な反乱を起こした。カイホスロウ二世は全力を傾注して反乱の鎮圧を命じたが、セルジューク朝の軍隊は決死の覚悟を固めたトゥルクマーン遊牧民に何度も敗北し、カイホスロウ自身が首都コンヤから逃亡するという窮地に立たされた。最終的にはフランク人傭兵の力を借りてようやく鎮圧に成功したが、反乱の衝撃は大きく、セルジューク朝の軍事力の弱体化は顕著であった。この反乱の鎮圧後、一二四一年カイホスロウ二世はディヤール・バクルのアーミドを、トゥルクマーン系のアルトゥク朝から奪取して、父カイクバードも果たせなかった東方への進出を実現した。しかし、この成功も束の間、一二四二年秋にはアナトリア東部の要衝エルズルムがモンゴル軍に攻略され、四三年七月一日にスィヴァス東方のキョセ・ダグで、カイホスロウ率いるルームのセルジューク朝軍は、バイジュ・ノヤンの指揮するモンゴル軍に潰滅させられた。モンゴル軍はスィヴァスを無血占領したが、カイセリでは激しい抵抗に遭い、城内に内通者をみつけることでようやく征服に成功した。カイセリの住民は、チンギズ・ハンの遠征時（一二二〇〜二四）にホラーサーンの諸都市が征服されたときのように虐殺と略奪を受けた。

　カイホスロウ二世の軍隊を潰滅させたモンゴル軍はアゼルバイジャンに駐屯するタマー軍と呼ばれる鎮守軍で、元来はホラズム・シャー、ジャラール・アッディーン追討のためにウゲテイ・カアンによって西アジアに送り込まれた軍隊であった。すでにカイクバード時代の一二三二年からモンゴル軍のアナトリアへの軍事偵察がおこなわれていたが、大規模な衝突はなかった。タマー軍の司令官はチンギズ・ハンのコルチ（箭筒士《せんとうし》）を務めたスニト部族のチョルマグン・ノヤンであったが、一二四三年当時は病身で、代わりにベスト部族のバイジュが指揮をとっていた。バイジュによるアナトリアへの遠征は、モンゴル帝国中枢の大カアンの命令に基づく、全体戦略のなかでおこなわれたものではなく、バイジュ個人の野心と独断によるものであった。そのため、一二四三年のキョセ・ダグの戦後もモンゴル軍がアナトリアに駐留することはなく，ルーム・セルジューク朝は毎年モンゴル側に貢納を送る義務を負うだけであった。カイホスロウ二世は，一二四五年，キリキアの小アルメニア王国へモンゴル軍に協力した懲罰として遠征軍を送っている最中に没した。

カイホスロウ二世を含めて，これ以降のセルジューク朝スルタンの死をめぐる状況は後述のクルチ・アルスラン四世の場合を除いて史料中に明記がない。とりわけ，このカイホスロウ二世の場合は，いつ，どこで亡くなったのかもまったく不明である。長子のカイカーウス二世が後継者に即位した。

カイカーウス二世の擁立に功があったのは，シャムス・アッディーン・ムハンマド・イスファハーニーというイラン系の官僚で，彼は一二四四年に黒海を渡ってヴォルガ河流域を中心とする現在の南ロシアにあったジョチ・ウルスのバトゥ・ハンのもとへ赴き，アナトリアにおけるバトゥの代理の地位を得た。この権威を背景にイスファハーニーはカイカーウスの政権を実質的に運営し，スルタンの弟クルチ・アルスラン四世をモンゴリアに送ってウゲテイ・カアンの息子グユク・ハンの即位式（一二四六年）に列席させた。グユク・ハンは自らのもとへ出頭したクルチ・アルスランをルームの正統なスルタンと承認し，一二四九年に帰国したクルチ・アルスランはイスファハーニーの処刑を要求し，自らのスルタン位を主張した。クルチ・アルスランの要求に従ってイスファハーニーは処刑され，さらにクルチ・アルスランは兄カイカーウスとスルタン位をめぐって一戦を交えたが，敗北した。結果としてクルチ・アルスランの主張は実現しなかったが，ルームのスルタンの位は，アナトリアではなく、モンゴル帝国の中枢で決定される時代が始まったのである。

モンゴル帝国のグユク・ハンの政権は短命に終わり、一二四八年のグユク没後しばらく空位期間があり、一二五一年にトゥルイ家のモンケがバトゥの後援を得て大カアンに即位した。この間もアナトリアでは、カイカーウス二世が一二五四年に弟クルチ・アルスランの挑戦をふたたび斥けて、実質的には単独でスルタンの位を維持し続けた。しかし、一二五六年モンゴルのバイジュ・ノヤンによる二度目の侵攻を受けてカイカーウスはビザンツ帝国に亡命した。この事件の背景にはモンゴルの大カアン、モンケの弟フレグの西アジア遠征という帝国内部の大きな変動があった。フレグがイランに入ると、それまで現在のアゼルバイジャンの南部に駐屯していたバイジュ麾《き》下《か》のタマー軍はアナトリアに移動することが命じられた。このためバイジュはルームへ移動して、一二五六年十月、アクサライとコンヤのあいだにある巨大な城塞の形状をした隊商宿スルターン・ハーン近傍でカイカーウスの軍を破ったのである。その後カイカーウスは、バイジュがフレグによるバグダード包囲戦に参加して留守の間にアナトリアへ戻ったが、ルーム・セルジューク朝の領土はスィヴァス川(クズル・ウルマク)を境に東西に二分されて、トカトを中心とする東半部をクルチ・アルスランが、首都コンヤを含む西半部をカイカーウスが支配することとなった。一二五八年フレグによるバグダードの征服後、カイカーウスとクルチ・アルスランは相次いでフレグのもとへ出頭し、一度は現状維持を認められた。しかし、以後もモンゴル勢力に積極的な協力の姿勢をみせなかったカイカーウス二世は、一二六一年八月、フレグの命令によってモンゴル軍に追われ、首都コンヤを脱出し、ふたたびビザンツ帝国へ亡命した。代わってクルチ・アルスラン四世がはじめて単独のスルタンとして即位した。クルチ・アルスランの即位は完全にモンゴル側の意向に沿ったものであり、カイカーウスの逃亡はルーム・セルジューク朝が独立した主権を喪失したことを意味した。

クルチ・アルスラン四世の政権を実質的に運営していたのは、パルヴァーナ、ムイーン・アッディーン・スライマーンというダイラム系の官僚で、彼の父ムハッザブ・アッディーンは、かつて一二四三年のキョセ・ダグの敗戦後バイジュのもとへ赴いてモンゴル側との講和を取りまとめた人物であった。ルーム・セルジューク朝でスルタンの口頭での命令を扱うパルヴァーナという職に就いていたムイーン・アッディーンはイルハン、フレグの信認が厚く、スルタン以上の権力をふるうことになった。パルヴァーナは一二六六年、自らの意向に従わなくなったクルチ・アルスランの存在がうとましくなると、モンゴルのアミールたちの協力を得てスルタンを殺害させ、代わりに当時二歳半であったその子カイホスロウ三世を即位させて実権は自らが取り仕切った。イランのイルハン国では一二六五年にフレグが没したあと、その子アバカが後継者となったが、パルヴァーナはアバカからも信用を得て引き続きイルハンの権威を背景としていた。イルハン国の支配者たちの信用を得るため、ルームの実質的な行政担当者たちは莫大な額の徴税や貢納を請け負い、負担額をイルハン宮廷に送致するという状況に陥っていた。パルヴァーナの執政のもとで、ルーム・セルジューク朝はイルハン国に対して政治的に完全に服属する状態にあったが、イルハン国の経済的な要求は過酷になり、アナトリアでもモンゴル側の厳しい貢納と徴税要求に不満が高まった。

一二七六年、ルーム・セルジューク朝では、パルヴァーナらの有力者がクルチ・アルスランの娘であるセルジューク・ハトゥンをアバカの長子アルグンに輿入れさせるためイルハンの宮廷に赴いていた留守中にクーデタが起こり、その首謀者たちはエジプト、シリアのマムルーク朝と結んでモンゴル勢力をアナトリアから排除することを画策した。この戦略に乗ったマムルーク朝のスルタン、マリク・ザーヒル・バイバルスは自ら軍を率いて一二七七年春にアナトリアに遠征し、四月十五日エルビスタンでモンゴルの守備隊を撃滅した。バイバルスはカイセリに入城し、セルジューク朝の王座に就いたが、パルヴァーナを中心とする在地勢力の支持が集まらないのを見て取ると、ただちにシリアへ引き上げた。エルビスタンの戦場に倒れたモンゴルの将軍トゥクとトゥダウンは、ともにイルハンの精鋭で、トゥクはジャライル部族のイルゲイ・ノヤンの子、トゥダウンはスルドゥズ部族の出身で、のちにイルハン国の実力者となるチュパンの祖父にあたる。配下にあった、二人の名門の将軍を失ったアバカは激怒して、パルヴァーナを裁判にかけて処刑し、自らアナトリアに乗り込んで、対マムルーク戦を企てた。この事件以後、アナトリアに対するイルハン国の政治的・経済的な統制はますます強化され、イルハン国の宰相シャムス・アッディーン・ムハンマド・ジュヴァイニーが派遣されてきて徴税を中心にした経済的な締めつけが強まった。

バイバルスのアナトリア遠征がおこなわれたころ、この遠征に呼応してアナトリアでもトゥルクマーンによる反乱が起こり、この反乱を主導したカラマン家のムハンマド・ベグは一二七七年五月十五日に首都のコンヤを占領すると、セルジューク家のスィヤーヴシュという王子をスルタンとして即位させた。この王子は当時クリミアに亡命中の、かつてモンゴル軍にスルタン位を追われたカイカーウス二世の息子と称された。素性の怪しいスィヤーヴシュはイブン・ビービーの歴史書では、ジャムリー（ジムリ）「燃えさし」と蔑称されている。カラマン家の反乱はモンゴルの政治的・経済的な圧迫で疲弊し、またバイバルスの遠征によって混乱していたアナトリアの状勢を巧みに利用してコンヤの占領に成功した。きわめて政治的な性格の、この反乱には、一面として、当時のルーム・セルジューク朝宮廷の過度なまでのペルシア文化優勢の状況に対するアナトリア住民の反発が見て取れる。ムハンマド・ベグを宰相に任命したスィヤーヴシュの政権では、宮廷や官庁、一般社会でテュルク語がもっぱら用いられることが決定された。ルーム・セルジューク朝の時代、宮廷や官庁での公用語はペルシア語であり、文書はアラビア語で作成された。このスィヤーヴシュ政権の決定に至るまで、アナトリアでテュルク語が公用語として採用された事例はない。モンゴルの西征の前後からアナトリアには東方からさまざまな理由でトゥルクマーン系の遊牧民が移住をおこなっており、その数はルームのセルジューク朝が建国された十一世紀後半よりも多かったことが推定されている。この第二波の移住によりアナトリアの人口のテュルク化が進み、アナトリアが現在の「トルコ」へと近づいていくのである。

当時のテュルク語がどのような語彙や文法的特徴をもつ言語であったのかは文字化された記録がほとんど残っていないため不明であるが、現代のトルコ語に近いオグズ＝トゥルクマーン系の言語を基盤にした言語であったことは間違いない。

カラマン家のムハンマド・ベグとスィヤーヴシュの政権は成立して間もなく、モンゴル側から激しい反撃に遭い、イルハン、アバカは異母弟コングルタイ（フレグの九男）を司令官とする軍隊を送り、アナトリアに入ったモンゴルとルーム・セルジューク朝の連合軍の厳しい追跡により、一二七八年には二人が別々に殺害されて、短期間に終わった。

十三世紀のルーム（アナトリア）の歴史をセルジューク朝の動向を中心として最も詳しく記述してきたイブン・ビービーのペルシア語歴史書は一二八〇年の記事によって擱筆される。その後のアナトリアの歴史を自らの体験をもとにしながら書き残したのがカリーム・マフムード・アクサラーイーによって書かれたペルシア語の著作である。この史料は一三二三年に当時のイルハン国最大の実力者チュパンの息子で、ルームを支配するモンゴル人総督であるテミュル・タシュに献呈されたもので、十四世紀前半に筆写された二つの写本によって現在に伝わっている。

この著作中で著者が自らの本名や出身・経歴などを詳しく述べた部分はなく、上記の著者名も後世写本に付加された部分から判明しているにすぎない。著作内容から著者がその由来名（ニスバ）の通り、アナトリア中央部のアク・サラー（現在のアクサライ）の出身者、アラビア語、ペルシア語、イスラーム文化に関する幅広い教養の持ち主であり、モンゴル支配下のセルジューク朝財務関係部署に長らく勤務して、時には艱難辛苦と呼べるようなさまざまな経験を積んでいたことがわかる。著者アクサラーイーはモンゴル支配期のアナトリアの支配に関わる財務状況に精通しており、個人的な偏見がみられるもののその著述内容は信頼が置けると考えられ、同時代のイランで書かれたラシード・アッディーンの『集史』をはじめとする歴史書の記述と対照することで、モンゴル支配期アナトリアの歴史を検証する具体的で生々しい材料を提供してくれる。

以下、この史料の記述を参照しながらセルジューク朝の衰退に至る事情を述べていこう。まずはセルジューク朝を支配下に置いていたイランを本拠とするモンゴル政権であるイルハン国の支配者の交替を中心にした政治史をまとめておきたい。

3　モンゴル支配時代のアナトリア

イルハン国の君主たち

イルハン国を創建したフレグ・ハン(チンギズ・ハンの第四子トゥルイの三男)を継いだ長子アバカは一二八一年秋にバイバルスのルーム遠征に復仇するため、シリアへ異母弟モンケ・テミュル(フレグの十一男）が指揮をとる遠征軍を送ったが、ヒムス近郊での戦いに敗れた。アバカは再征を期していたが、一二八二年春に死去し、あとを継いだのは異母弟（フレグの七男）テキュデルであった。彼はイスラームに改宗していたので、即位名はアフマド・ハンであり、同時代史料中にテキュデルの名があらわれることはない。このハン位継承はイルハン国の慣例となっていたモンゴル帝国式の手続き上瑕《か》疵《し》なくおこなわれたが、直系父子間での相続を望んでいたアバカの長子アルグンには不服であり、アルグンはアフマドの即位を簒奪《さんだつ》行為であると考えていたらしい。アフマドは在位二年余にしてアルグンの叛乱に遭い、一旦はアルグンを軍事的に屈服させ、彼をホラーサーンの一城塞（現在のイラン／トルクメニスタン国境付近のカラート城）に監禁した。しかし、アルグンに味方したアミール、ブカの計略によりアルグンは脱出に成功、かえってアフマドを追討する立場になり、アッラーン（現在のアゼルバイジャン）へ逃亡したアフマドを逮捕して廃位し、一二八四年夏にイルハンとなった。アルグンの第四夫人はルーム・セルジューク朝スルタン、クルチ・アルスラン四世の娘であり、この女性が一二七六年に輿入れの際、パルヴァーナらの要人が不在の間にセルジューク朝の宮廷でクーデタが起こり、その事後処理に関係してマムルーク朝スルタン、バイバルスによるルーム遠征がおこなわれた。（先述）

　アルグン時代も政治状況は安定せず、アルグンは長年にわたってイルハン国の財務を中心とする行政組織を支えてきたシャムス・アッディーン・ジュヴァイニーを別のイラン系官僚の誹謗中傷に基づく、父アバカ毒殺容疑と公金横領の罪科により処刑させた。また自らの奪権・即位に大功のあったブカの専権が目に余るようになると、彼が自らに代わってジュシュカブ(フレグの二男ジュムクルの子)の擁立を企図しているとの嫌疑で逮捕させ、処刑した。晩年は不老長寿願望に取り憑かれ、インド人バフシー(呪術医)の調合した劇薬の飲み過ぎで健康を害し、一二九一年春、ほとんど業績を残さぬまま死去した。

一二八四年、アルグンは即位後まもなく異母弟ゲイハトゥをアナトリア支配に送っていた。ゲイハトゥは七年間ルームに滞在したのち、アルグンの死去を受けて新たなイルハンに推戴され、イラン方面へ向かい、歴代のイルハンたちが夏営地と定めていたアフラート地方(東部アナトリアにあるヴァン湖北部)で即位した。一二九一年夏、ゲイハトゥは即位後、以前の任地であるルームへ戻り、当時モンゴル支配に対して盛んに抵抗活動をおこなっていたカラマン朝をはじめとするトゥルクマーン勢力を実力で屈服させるべく約半年軍事活動をおこない、ほぼ所期の目的を達成して東帰した。ゲイハトゥの即位に際しても皇子バイドゥ(フレグの五男タラガイの子)を支持するアミールたちがおり、ゲイハトゥの政権が一二九四年慢性的な財政難を打開するために宰相サドル・アッディーン・ザンジャーニーが東・北アジアを支配する大元ウルスの制度に倣って導入を図った交鈔《こうしょう》(チャーヴ=紙幣)発行と流通が事前の入念な準備も兌換《だかん》の裏付けもなくおこなわれたため、商人たちのボイコットによる経済の大混乱を招き、あえなく失敗に終わったあと、バイドゥを支持するアミールたちの反乱が起こり、政権の有力者タガチャルらの内通による裏切りにあったゲイハトゥは一二九五年春、反乱軍のアミールたちに引き渡されて殺害された。十四世紀前半までの歴代イルハンたちのうちアナトリアの現地をおとずれた経験があるのは、アバカとゲイハトゥのみであり、とりわけゲイハトゥは即位前七年間も軍隊を統括する立場でルームに滞在して現地の事情にもある程度通じていたと考えられるが、民生の安定に寄与した統治に関与することなく、モンゴル人支配者や軍人たちの恒常的な横暴・圧制と苛斂誅求はイランでも、アナトリアでも住民たちの怨嗟の的となっていた。

民衆にも不人気のゲイハトゥを排除して一時的ながら政権に就いたバイドゥにもまもなく強力な敵対者があらわれる。アルグン・ハンの長子で、当時ホラーサーンに派遣され、こののちイルハン国中興の君主となったガザンである。当時のガザンはホラーサーン地方で有力アミール、ノウルーズの反乱と対峙しており、イルハン国の政治的中枢が置かれた西方のアゼルバイジャン地方へ間を置かずに赴くことは難事であった。ガザンは一時的にノウルーズと和解し、それまで佛教的な環境で育てられていたガザンはノウルーズの勧めでイスラームへ改宗し、迅速に準備を整えて西進したガザンの軍隊は一二九五年秋にバイドゥを捕らえて処刑させ、直後にガザンは即位して二十四歳でイルハンとなった。

ガザンの下で宰相を務めたラシード・アッディーンが、ガザンの命令で編纂させたペルシア語の歴史書『集史』のなかで「イスラームの帝王」と呼ばれるガザン時代の歴史については、ラシード自身の見聞や体験に基づく『集史』が詳しい記述を残すほか、ルームで書かれたアクサラーイーの著作にも多くの同時代記録が残されている。ガザンはそれまでの歴代イルハンたちの誰もなし得なかった、イスラーム国家たるイルハン国を確立し、独裁・専制的な中央集権体制による軍事、行政、司法、財政、税制の改革に精力的に取り組んだ。ガザンの時代にアナトリアでは在地化したモンゴルのアミールたちによる二度の大規模な反乱が起こるが、いずれも速やかに鎮圧され、ルーム支配を安定させたのち、ガザンは三度にわたり、マムルーク朝支配下のシリアに遠征軍を送り、とくに一二九九〜一三〇〇年の冬季におこなわれた最初の遠征では自ら遠征軍を指揮し、ディマシク(ダマスクス)市内に入った。アラムートの天嶮に拠ったイスマーイール派暗殺者教団を屈服させ、建都以来五〇〇年におよぶアッバース朝の首都バグダードを攻略したイルハン国の創建者である曾祖父フレグも到達し得なかったシリアの中心であるディマシク市内に自らモンゴル軍を率いて入城に成功したガザンの遠征は、イルハン国史上空前絶後の武勲であった。

ガザンは、ラシード・アッディーンが『集史』にその写しを記録するイルハン国史上画期的な一三〇四年二月付の税制改革勅令(ヤルリグ)発布のわずか三ヵ月後に病没するが、その遺志は後継者である異母弟ウルジェイトゥに受け継がれた。ウルジェイトゥは本名をハルバンダといい、ガザン時代にはホラーサーンへ派遣され、兄ガザンによって後継者と定められていたために、大きな混乱なく即位し、モンゴル人支配者の通例になっていた「ハーン」の称号よりもイスラーム君主たる「スルターン」という称号を好んで用いた。ウルジェイトゥの時代にはイランの内地であるカスピ海南岸のギーラーンへの遠征(一三〇七年)がおこなわれ、また一三一三年にシリア遠征を計画したが、本格的に始動せぬまま終わり、むしろ東方のホラーサーンでチャガタイ・ウルスの来寇があり、その対策に追われた。ウルジェイトゥが国内で注力したのは建設事業であり、彼は新首都スルターニーヤをザンジャーン東方に建設させたことで知られる。ウルジェイトゥはこの新都の中心に自らの壮麗な墓廟を建設させ、この建物は現在も残っており(二〇〇五年ユネスコ世界文化遺産に登録)、その偉容は今なお観覧者を圧倒する迫力がある。また、ウルジェイトゥ時代を通じてラシード・アッディーンは宰相職を務め、彼がガザンの命令で始めた歴史書『集史』編纂の完成は、ウルジェイトゥ時代のことであり、ガザンの時代までのモンゴル史、イルハン国史に加えて世界史の部分が加えられたのもこの時代のこと(一三一〇/一一年)であった。

一三一六年末に他界したウルジェイトゥのあとは、その息子アブー・サイードが継いだ。一三一七年春の即位時アブー・サイードは十二歳であり、国家の実権はスルドゥス部の有力アミールで、ガザン時代から軍事面での活躍が目立っていたチュパンが掌握していた。アブー・サイード時代にマムルーク朝との対立は緩和されて南方での武力衝突はなくなり、イルハン国の主敵は北方から来襲するジョチ・ウルスと東方ホラーサーンへの侵攻を繰り返すチャガタイ・ウルスという二つのモンゴル国家に変わった。歴史家にして宰相であったラシード・アッディーンはイルハン国内ではイラン系官僚のあいだで通例となっていた中傷と讒言により失脚し、一三一八年夏に処刑された。

権臣チュパンの勢力伸長に対して不満をもつ有力アミールたちはジョチ・ウルスのウズベグ・ハン来襲の際援軍を怠ったために処罰されたクルムシュやルーム、ディヤール・バクル(アナトリア南東部、ティグリス河上流域)方面にいたケレイト部のイリンチンを中心に一三一九年、反乱を起こし、年少のアブー・サイードもその鎮圧に出陣して勇戦敢闘したため、これ以降彼は「バハードゥル・ハーン」(勇者ハン)の称号を、発行した貨幣や建造物に付せられた石板銘文などでも使用することになる。この称号はその後イランの諸君主(とくにサファヴィー朝期)や中央アジアのウズベク人君主のあいだで盛んに用いられるようになるが、オスマン朝で用いられた例はない。

青年期に達したアブー・サイードはチュパンとその息子たちによる国家の要職と地方の権益独占の事態に不安と不満を抱き、一三二七年夏、宰相職にあったチュパンの子、ディマシク・フワージャを急襲させて殺害し、チュパン一族との全面対決に踏み切った。その結果チュパンは逃亡先のヘラートでクルト朝のマリク、ギヤース・アッディーンに殺害され、グルジスターン(ジョージア)総督であった息子の一人、シャイフ・マフムードは処刑、マムルーク朝へ逃亡したルーム総督テミュル・タシュも一三二八年夏、当時イルハン国と協調関係にあったスルタン、マリク・ナースィル・ムハンマドの命令で殺され、その首級はアブー・サイードのもとへ届けられた。この後アブー・サイードはチュパン一族の直接的な政治干渉からは逃れたが、その伯父ガザンのように強烈な独裁君主としての専制権力を行使できたわけではなく、相変わらず有力なアミールたちの協力と支持を頼りに国家の頂点に君臨した。チュパン一族の勢力も完全に消滅したわけではなく、アブー・サイードがチュパンの反対を押し切って熱愛の末に結婚したバグダード・ハトゥンという女性はほかならぬチュパンの娘であったし、アブー・サイードが一三三五年十一月ジョチ・ウルスのウズベグ・ハンの来寇を迎撃するため進軍中に死去すると、その後の目まぐるしい政治情勢のなかで台頭したシャイフ・ハサン（小）はテミュル・タシュの遺児であった。

子孫を残さずに陣没したアブー・サイードのあともイルハン国は一三五七年までの二〇年あまりチンギズ・ハン家の子孫計八名、アルパ（フレグの弟アルク・ボュケ裔）、ムーサー（バイドゥの孫）、スルタン・ムハンマド（フレグの十一男モンケ・テミュルの玄孫）、タガイ・テミュル（チンギズ・ハンの弟ジョチ・ハサル裔）、サティ・ベグ（ウルジェイトゥの娘）、ジャハーン・テミュル（ゲイハトゥの孫）、スライマーン（フレグの三男ユシュムトの曾孫）、アヌーシールヴァーン（系譜不明）らが次々と、また互いに抗争、並立しながら、ほとんどが傀儡君主にほかならないかたちでハン位に就けられて名目上存続するが、実態はジャライル部（イルカン家）、スルドゥス部（チュパン家）、オイラト部などのモンゴル系部族を代表する有力アミールたちの勢力争いに終始し、実権のある強力な君主が統治をおこなうことはなかった。

現在のイランを中心に、ユーフラテス河からジャイフーン（アム）河まで、ルーム（アナトリア）からヘラート（アフガニスタンの西部）までの西アジアを支配下に置いたイルハン国の歴史は概略以上のようなものであったが、この間のルーム・セルジューク朝及び、アナトリアの状況はどのようであったかを次にみてみよう。

イルハン国時代のルーム・セルジューク朝

上記の歴代イルハンたちの時代に在位したルーム・セルジューク朝のスルタンは、カイホスロウ三世、ギヤース・アッディーン・マスウード二世、アラー・アッディーン・カイクバード三世の三名である。このうちマスウード二世とカイクバード三世はいずれもクリミアで客死したイッズ・アッディーン・カイカーウス二世の子孫でマスウードとカイクバードは伯父と甥の関係である。前述のように、カイカーウス二世の即位はモンゴル人支配者の意向に沿って決められたものではなかったが、彼が一二五六年、バイジュ・ノヤンの第二次侵攻のあとビザンツ帝国へ亡命し、その後帰還してスルタン位に復帰して以来、スルタン即位にあたっては例外なく、フレグに始まるイルハンたちの勅令（ヤルリグ）が発行された。イルハン国の宗主権下にあったイラン地域のサルグル朝（ファールス地方、トゥルクマーン系）、クトルグ・ハン朝（キルマーン地方、カラ・キタイ系）、クルト朝（ヘラート地方、グール系）、ハザーラスプ朝（ルリスターン地方、ロル系）などのムスリム諸政権、またキリスト教国のグルジア（ジョージア）王国、キリキア・アルメニア王国の支配者たちとルームのセルジューク朝スルタンは同等の扱いを受けていたのである。

マスウード二世がアナトリアにあらわれたのは一二八〇年ころで、イブン・ビービーの歴史書の最末尾にカイカーウス二世の死後クリミアから渡海してルームに上陸したことが伝えられている。彼はそのままイルハン国の宮廷に向かったとされ、そのスルタン位が承認され、勅令が下されたのは、アバカを継いだアフマド・ハンの時代（一二八二～一二八四）であった。アクサラーイーの記録によれば、この際アフマドはかつてのカイカーウス二世とクルチ・アルスラン四世の時代（一二五七～一二六一）のようにすでにスルタン位にあるカイホスロウ三世（クルチ・アルスラン四世の子）を廃位せず、マスウードとカイホスロウ三世がそれぞれの父の領土を継承するという国土二分のかたちで二人のスルタン位を認めた。アバカ時代に実権を握っていたパルヴァーナ、ムイーン・アッディーン時代にその全面的な後見と支援によりスルタンとなったカイホスロウ三世はこの裁定に大いに不満で、その命令に従おうとしなかったが、詳しい状況について記録がないままアフマドの没落と前後して死亡した。

マスウード二世は単独のスルタンとなったものの、彼が君主として統治の実績を残した形跡はない。アクサラーイーの著作によれば、マスウード二世の名があらわれるのは、ゲイハトゥ時代とガザン時代の二度だけである。ゲイハトゥ時代の事績とは、一二九一年夏にゲイハトゥがイルハンとして即位したあと、彼が一旦以前の任地であるルームへ戻ってカラマン朝をはじめとするトゥルクマーン勢力の討伐を企図したことに関わる事件中にみられる。この時マスウードはゲイハトゥからアナトリア北部カスタモヌ近辺のトゥルクマーン勢力の討伐を命じられ、モンゴル軍をともなってその方面へ赴いたが、山岳森林地帯の地形を知悉《ちしつ》したトゥルクマーン部隊の反撃に遭い、スルタン一行が捕虜になってしまうという結果に陥った。その後トゥルクマーン側にも不手際と混乱があり、スルタン一行は救出されることになる。この一件に関してはアクサラーイーの歴史書に自身がスルタン軍に加わり、親しく見聞した実体験に基づく経過が生々しく詳細に綴られている。

次にマスウードの名があらわれるのは、ガザン時代のことである。即位の直後、ガザンは父アルグン、叔父ゲイハトゥ時代からの実力者であるが、反服常ない陰謀家でもあったタガチャルをルームへ派遣し、反乱の兆候ありとして粛清させた。このタガチャル粛清に主要な役割を果たしたバルトゥというモンゴル人軍事指導者が一転して一二九六年に反乱を起こした。バルトゥはジャライル部族に属し、アバカの時代から父タイジとともにルームに駐屯していた人物である。バルトゥの反乱に際し、ガザンは迅速に信頼厚い部下の将軍、クトルグ・シャーを派遣して鎮圧させた。バルトゥはクトルグ・シャーに撃破されたあと、カラマン朝の支援を期待してトロス山脈中に逃亡したが、支援は得られず、進退窮まって逃亡した先のキリキア・アルメニア王に裏切られてガザンのもとへ連行され、処刑された。バルトゥは反乱中にスルタン、マスウードを拘束し、ガザンのもとへ赴くことを許さなかった。このことが事件の終結後、マスウードが反乱に加担、連座したという嫌疑を生んだためにガザンの不興を買い、宮廷での審判の結果、マスウードは助命されたもののルームへの帰還を禁じられ、一二九七年からイラン西部のハマダーンで不如意な生活を余儀なくされた。

　この間にルーム・セルジューク朝スルタンとなったのがアラー・アッディーン・カイクバード三世である。彼の父はファラーマルズという名のカイカーウス二世の息子の一人とされるが、ファラーマルズについては明確な事績が伝わっていない。マスウード二世は上記のように一二八〇年ころにクリミアから渡海してアナトリアに到来したことが知れるが、ファラーマルズがいつ、どのようなかたちでルームへ来たのかは不明であり、その息子カイクバード三世もアクサラーイーの著作に前歴などが記されないまま唐突に出現する。それによれば、カイクバードはゲイハトゥ時代にタブリーズの町を中心に計画され、大失敗に終わった交鈔発行を主導した宰相サドル・アッディーン・ザンジャーニー（彼は交鈔＝チャーヴの発行責任者であったため、チャーヴィーとも綽名された）の差し金で空位となっていたルームのスルタンに即位したことになっている。ラシード・アッディーンの著作『集史』によれば、宰相ザンジャーニーは稀代の陰謀・策略家でガザンからも要注意人物として警戒され、一二九八年には処刑された。

　次にカイクバード三世の名があらわれるのはガザンの第一次シリア遠征後のことである。この間にルームでは、前述のバルトゥ反乱鎮圧にも参加したモンゴル人軍事指導者スュレミシュによる叛乱事件があった。スュレミシュはルームにおける最初のモンゴル人征服者バイジュ・ノヤンの孫であり、シリアのマムルーク朝勢力へも支援を要請しながら一二九八〜九年の冬季にガザンへの反旗を翻してガザンの派遣していたモンゴル人将軍二名を殺害した。ガザンはこの時も春を待ってスルドゥス部のチュパンを先鋒とする鎮圧軍を派遣した。スュレミシュは敗北して一旦シリアに逃れたあと再びルームへあらわれたが、支援者を得られず、アンカラで捕縛されてガザンのもとへ送られ、一二九九年秋にタブリーズで極刑に処せられた。スュレミシュの反乱を鎮圧してルーム方面の安全を確保したのち、ガザンは念願のシリア遠征に自ら陣頭に立ち、一二九九〜一三〇〇年の冬季マムルーク朝軍に勝利してディマシクに入城した。（前述）この反乱事件のあいだ、マスウードの先例に学んでいたカイクバードはスュレミシュの拘束下に入らず、逼塞していたが、シリア遠征から帰還途上のガザンをシリアとの境界地域でいち早く出迎え、これに気を良くしたガザンはあらためてカイクバードにルームの統治権を安堵し、皇子フレジュ（フレグの十二男）の娘と結婚させた。チンギズ・ハン家の女性と結婚した男性はキュレゲン（附馬《ふば》）と呼ばれるが、セルジューク朝スルタンでキュレゲンとなったのはカイクバード三世ただ一人である。

アクサラーイーの著作によれば、アナトリアへ戻ったカイクバード三世はラマダーン月日中の公然たる飲食など住民の嫌悪の原因となる数々の不行跡を重ね、かつモンゴル側の徴税役人に倣って不法な財産没収や横領をおこなったため、民衆の不満が高まり、ガザンによる叱責を受けた。その後カイクバードは逃亡を図って逮捕されたのち、ガザンがルームへ派遣したモンゴルの軍事指導者アビシュカ・ノヤン（モンケ・カアンの時代にインド・カシミール方面に駐屯するタマー軍の指導者に抜擢されたタタル部出身サリ・ノヤンの子、兄弟のアラドゥはホラーサーンに駐屯したカラ・ウナス軍の首領）に引き渡され、さらにガザンのもとで審判を受け、イスファハーンでの拘留が言い渡された。カイクバード三世はその地での抑留中、些細な口論の末に刺殺されて生涯を終えたという。アクサラーイーは、カイクバードの逃亡後、遺棄されたスルタンの財宝を調査して記録・報告する命令を受け、それを実行したことを著作中に記しており、自身の見聞と体験に基づくこの一件についても記録の信憑性は高い。

カイクバード三世の有罪宣告と拘留後、一三〇二年に再びルームのスルタンとなったのはマスウード二世である。この時もイルハン、ガザンから勅令が出され、マスウードはモンゴルの軍事指導者アビシュカとともにルームの統治を委ねられた。その後マスウードはヒジュラ暦七〇八（一三〇八／九）年にカイセリで病死したが、詳しい状況は不明である。マスウード二世の死後ルームではセルジューク朝のスルタンが即位することはなく、それに関連してイルハンの勅令が発行されることもなくなった。これをセルジューク朝の滅亡と呼んで差し支えないであろう。セルジューク朝スルタンが姿を消したアナトリアは完全にイルハン直属の領土となったのである。

なお、カイホスロウ三世、マスウード二世、カイクバード三世の三代にわたり、コンヤ、カイセリ、スィワス（スィヴァス）、トカトなどのアナトリア中部の諸都市に建設されたマドラサ（高等教育施設）、礼拝所（マスジド、ジャーミイ）、ハーンカーフ（スーフィーの修道場）等にはこれらのスルタンの名が刻まれた石板銘文が残されている。いずれの銘文にも勅令を発して彼らの地位を保証し、彼らの権威の後ろ楯となっていた上位者たるイルハンたちの名前が出てくるものはなく、刻銘文資料上はセルジューク朝の統治がこの期間も継続していたように読める。

イルハン国とその後のモンゴル勢力統治下のルーム

十三世紀の半ば以降、実質的な統治権を行使することができなくなっていたセルジューク朝のスルタンが最終的に不在となったルームではイルハン国から派遣される総督(ハーキム)が軍事・行政の両面で権力をふるい、治安維持、徴税などの責任を負うこととなった。イルハン国では一三〇四年五月十七日にガザン・ハンが他界し、異母弟ハルバンダ(ウルジェイトゥ)が後継者となった。マスウード二世が死亡したのはウルジェイトゥ時代のことであったが、一三〇五年初夏にはイルハン国から有力な軍事指導者がルームへ派遣された。イリンチンという名のケレイト部の将軍で、婚姻を通じてチンギズ・ハン一族との結びつきが強く、彼自身がウルジェイトゥ・スルタンの母方の叔父であり、さらに娘のクトルグ・シャーはウルジェイトゥの第八夫人(ハトゥン)となっていた。イルハン国側で書かれたカーシャーニー作の歴史書『ウルジェイトゥ史』にはイリンチンのルームでの統治実態は具体的な記録がない。

これに対してルームで書かれたアクサラーイーの著作にはイリンチンの事績が比較的詳しく書かれている。アクサラーイー自身の証言によれば、彼はガザンの勅令をもってルーム諸地方のワクフ管理職を委ねられており、この職務と関連して彼自身がイリンチンとのあいだで金銭的な諍いがあったために、イリンチンの圧制と暴虐な振る舞いを非難している。この時代になるとモンゴル人の支配者や軍人に対するアナトリアにおけるテュルク系住民の軍事的抵抗は激しさを増し、イリンチンに対しても果敢な武力反乱が起こっていた。テュルク人のアミール、イルヤースという人物は、かつて一二五六年バイジュの第二次侵攻の際にセルジューク朝軍隊との戦いがおこなわれた、アクサラー西方三〇キロメートル程のところにある、大城塞にも匹敵する強靱な防衛力を備える、かつてスルタン、カイクバードが建てさせた隊商宿（スルタン・ハン）に籠城して二ヵ月にわたりイリンチンの包囲軍に抵抗した。この事件前、アクサラーイーはこの隊商宿の破損した城壁上の櫓《やぐら》修復を自らの資金でおこなっていたが、この事件後、イリンチンはスルタン・ハンが修復されていたために激しい抵抗が可能になったのだとアクサラーイーを責めて戦死したモンゴル軍兵士たちの遺族への賠償を請求し、それを支払わされたことを記録している。この事件はアクサラーイー自身が関わった実体験であったために詳しい事情が判明するが、イリンチンは私的な権益拡大を図ってモンゴル人の軍事力を背景にアナトリア諸地方の経済資源の収奪と搾取を続けていた。残念ながらアクサラーイーの著作には、ガザンの他界した日付の記録以降、自らが体験した事件を含めて年代記録がまったくなくなってしまうため、この事件の時期を確定することができない。

イリンチンはウルジェイトゥのあとを継いだアブー・サイード時代に、政権の最大実力者チュパンに対する同族ケレイト部のクルムシュの反乱に加担し、一三一九年初夏、アブー・サイード自身も出陣した鎮圧軍に敗れて没落した。この後ルームの統治はチュパン一族がおこなうことになり、チュパン自身は東帰して、ルームにはその子テミュル・タシュが代理として残された。テミュル・タシュはモンゴル人のルーム総督として異色の人物であり、十四世紀に入るころからルームの各地でトゥルクマーン系の軍事指導者たちが次々と創建してきた地方政権であるベイリク（後述）に対して軍事的な圧力を加え、その意向に従わない場合は容赦なく滅ぼしていた。この時期に滅亡したベイリクの一つに、内陸アナトリアの中心であるコンヤの西方に位置するベイシェヒルの町を中心に周辺地域を支配していたアシュラフとハミード・ベイリク（後に復活）がある。一三二二年、テミュル・タシュは突如自らが「時のマフディー（救世主）」であることを宣言し、公然と反乱を開始した。この報告に慌てたテミュル・タシュの父チュパンは自ら軍を率いてルームへ向かい、息子を捕らえて屈服させ、アブー・サイードのもとへ連行し、寛恕を乞うた。その結果、テミュル・タシュは叛逆の罪を赦され、再びルーム統治へと派遣された。アクサラーイーがその著作を献呈したのはテミュル・タシュがルーム総督に再任されてからのことである。

その後アブー・サイードによる一三二七年のチュパン一族の誅戮の際に、テミュル・タシュはルームよりシリアを経てエジプトのマムルーク朝スルタンのもとへ亡命し、その後処刑された。テミュル・タシュの勢力はルームから一時消え去ったかにみえたが、彼の息子たちは父と離れてルームに残っており、そのうちの一人シャイフ・ハサンは、アブー・サイード没後のイルハン国が傀儡《かいらい》ハンたちの擁立を恣意的におこなっていた有力アミールたちのあいだの内紛により混沌とした状況のなかで、一三三七年、エジプトで殺害されたはずの父テミュル・タシュが生存していたと喧伝し、自らが仕組んだテミュル・タシュを騙る人物を担いでイルハン国の内紛に参入した。以後チュパンの孫であるシャイフ・ハサンは一三四三年末に不義の発覚を恐れた妻の手で殺害されるまで、軍事力を背景に内紛の最中で大きな影響力を発揮した。

チュパンの孫シャイフ　ハサン活動の舞台はアゼルバイジャンであったが、彼と激しく争うことになったのはテミュル・タシュの没落後ルーム総督となっていたジャライル部のシャイフ・ハサンである。この時期、同名の人物が対立して抗争を繰り返しており、活動を始めたのはジャライル部のシャイフ・ハサンの方が早く、彼は「大」(ボゾルグ)の形容詞を付けて呼ばれ、一方のスルドゥス部チュパンの孫シャイフ・ハサンは「小」(クーチク)である。ルーム総督のシャイフ・ハサン(大)は一三三六年モンケ・テミュルの玄孫スルタン・ムハンマドを擁立してアゼルバイジャンへ進軍し、バイドゥの孫ムーサーを擁立してアブー・サイードの死後イルハンとなったアルパ軍と戦い、勝利していたオイラト部のアリー・パーディシャーが率いる軍と対戦、これを打ち破った。シャイフ・ハサン(大)はルームを去るにあたってウイグル系軍人エルテナを代理に任命した。

ウイグルは西暦八世紀から遊牧騎馬民として北アジアに国家(回紇、回鶻)を建て、その崩壊(八四〇年)後中央アジアに移動して天山山脈東端の南北にあるトゥルファン(高昌)とビシュバリグ(別失八里)を拠点に通商交易を盛んにおこなっていたテュルク系民族で、チンギズ・ハンの西征にいち早く参加したほか、チンギズ・ハンがモンゴル語を文字化するために選んだのがウイグル文字であったという事実はウイグル人が文化的にモンゴル族に優越していたことを示す象徴的な事実である。ウイグル文字はテュルク語を書写する文字として、カーシュガリーがその著作の序文で一八箇からなる「テュルク文字」と呼んで基本字形を提示している。中国の西域(現在の新疆ウイグル自治区)などで発見され、佛教経典や典籍類を中心とするウイグル文字で書写された文献は十九世紀後半以来、ロシアを含むヨーロッパで発展した内陸アジア・テュルク学の主要な研究対象のひとつとなってきた。モンケ・カアンの時代までのモンゴル帝国、東アジアの大元ウルスにおいてもウイグル人官僚(テュルク・ウイグル語で書記を意味するビティクチ)の活躍は目覚ましく、フレグの西征に伴って中央アジアから相当数のウイグル人が西アジアへも到来していたと考えられる。前述したラシード・アッディーンの『集史』を代表としてモンゴル時代以降に書かれたペルシア語史料には行政・軍事・財務・文化用語として大量のテュルク・モンゴル語彙が使用されるが、それらのうちテュルク系の語彙の多くはウイグル語に由来すると考えられる。モンゴル時代のウイグル人とルームに移住していたテュルク系トゥルクマーンのあいだで互いの言語でどれほどの意思疎通ができたのかについては記録がないので明らかではないが、北アジアの遊牧騎馬民族モンゴル人の非テュルク系言語に比べてウイグル人の母語である当時のウイグル語はアナトリアのテュルク系の人々にとっては遥かに馴染み深いものであったろう。

エルテナはウルジェイトゥ時代から名前が出てくるが、チュパンの子テミュル・タシュの配下としてルームへ来たらしい。一三二七年テミュル・タシュがエジプトへ逃亡した後、エルテナはジャライルのシャイフ・ハサンの部下となり、シャイフ・ハサンがイルハン国の内紛に介入してルームを去ったあと、その代理としてルームの統治にあたっていた。エルテナには彼以前のイリンチン、チュパン、テミュル・タシュ、シャイフ・ハサンのような強力なモンゴル軍人の後援がなく、東方で内紛を続けるジャライル部やチュパン家からの圧迫をかわすためエジプト、シリアを支配するマムルーク朝へ度々遣使してマムルーク朝のルームにおけるナーイブ（代理統治者）に任命される必要があった。一三四三年秋には、チュパン家のシャイフ・ハサンが当時擁立していたスライマーン（フレグの三男ユシュムトの曾孫）直率の軍をルームへ送ってエルテナを討伐させようと図ったことに反撃し、マムルーク朝からの軍事援助を受けることなくスライマーン指揮の軍隊を潰走させた。シャイフ・ハサンが自身の妻に殺害されるのはこの敗戦の二ヵ月後のことである。エルテナはこの勝利を承けて自らスルタンを名乗るようになり、アナトリア中東部のスィワスを中心にカイセリ、アンカラ、ニイデ、トカト、アマスヤ、エルズィンジャンなどの諸地域を支配し、当時のアナトリアに複数存在していたトゥルクマーン系の地方政権（ベイリク）の一つとなり、彼はその公正な統治のため「髭の薄い預言者」（キョセ・ペイガムバル）と呼ばれたという。因みに当時の大旅行家イブン・バットゥータはその旅行記中、スィワスで「イラーク王のナーイブ」である「アミール、アルタナー」と会見したことを述べているが、彼がアナトリアを旅行した当時（一三三三〜三四年）にはエルテナはいまだ大きな存在ではなく、この記録の信憑性は低い。

エルテナは一三五二年に没し、彼の子孫ムハンマドとアリーが二代にわたって続くが、次第に勢力は衰退し、一三八一年ムハンマド配下のカーディー（法官）職から台頭したカーディー・ブルハーン・アッディーン・アフマドに政権を奪われて滅亡した。カーディー・ブルハーン・アッディーンはスルタンを称し、一時エルテナの旧領土を中心に勢力を拡大し、西方から迫るオスマン朝、中央アジアからあらわれた大征服者ティムール（テュルク語ではテミュル）の両者に対抗しようとしていたが、一三九八年彼の許へ身を寄せ、その後離反したアク・コユンル朝の創建者カラ・ユルク・オスマーンを追跡中に捕われて殺害された。カーディー、ブルハーン・アッディーンは、十三世紀半ばから五代続くカイセリのカーディー（法官）職を受け継いできたテュルク系一族の出身であり、エジプトで教育を受け、教養高く、自らテュルク語の『ディーヴァーン』（詩集）を残したほか、イスラーム法学（フィクフ）の根本命題（アスル）に関するアラビア語の著作を残している。周囲を強敵に囲まれながら一八年間奮闘した彼の事績はアズィーズ・アスタラーバーディー作のペルシア語史書『饗宴と戦争』中に美文で詳述されている。

エルテナとその子孫の政権でモンゴル系の軍人は目立った地位を占めておらず、十四世紀前半のように有力な指導者もいなくなったため、モンゴル系の軍人とその家族たちは遊牧・牧畜生活を営みながら都市には入らずにアナトリアの各地で生活し、小集団の軍事力として臨時に各地のベイリクなどの傭兵として使用されていたらしい。やがてティムールが西アジアへの本格的で大規模な侵攻を開始し、その過程で一四〇二年アンカラの戦いで当時アナトリアの大部分を制覇していたオスマン朝のバヤズィト一世(ユルドゥルム・バーヤズィード)軍を撃破した。その後アナトリアの各地を制圧し、中央アジアへの帰還にあたってティムールはアナトリア各地に居住するモンゴル系遊牧民を強制的に中央アジアへ移住させ、その後実行に移された対明遠征に利用する計画を立てていた。これらの人々は当時の史料で「カラ・タタール」と呼ばれていたが、帰還の途上で何度も逃亡事件を起こし、多数が殺害される惨事となった。この後もルームにはいくらかのモンゴル系の人々が残留していたが、オスマン朝でバヤズィト一世の後を継いだメフメト(ムハンマド)一世が一部をバルカン半島側の領土であるルーメリへ移住させた後に大集団は姿を消した。遊牧や牧畜を営むモンゴル系の人々は民族的にも文化的にもアナトリアで多数を占めつつあったトゥルクマーンのなかに同化、吸収されていったのである。

モンゴル人によるルーム支配の実態とアナトリア社会

以上、イルハン国の政治史、セルジューク朝スルタンたちの動向、セルジューク朝滅亡後イルハン国の直接的な支配下に入ったアナトリアの政治史を概観してきたが、アナトリア(ルーム)にとってモンゴル支配時代はいかなるものであったのかについて述べておきたい。その際に手がかりとしての史料になるのが、上述のアクサラーイーによるペルシア語著作である。イルハン国の支配下で財務官僚を務めた彼はアナトリアの現地に居住するテュルク系住民のことを「不吉なアトラーク(テュルクという単語のアラビア語複数形)は狼のごとく恥知らずを生業とし、機会あれば悪事を引き起こし、危険を察知すれば逃亡する。この種の反乱者を抑止しなければ、世の秩序は正道を外れ、各人が自力で王権を希求することになる」と述べて危険視していた。

アクサラーイーはまた、一二九五年ガザン・ハンの即位直後にルームへ左遷されたタガチャル・ノヤンの到来とその後の粛清を述べる際に、ルームは異邦人にとっての避難先であり、窮乏時の恋人のように安逸と休養を与えてくれると述べ、ホラーサーンやアゼルバイジャンなどの東方地域での野望が潰えた者たちが捲土重来、起死回生を図れる土地であると述べている。

モンゴル人の支配者、軍事指導者について、アクサラーイーの著作が当時のモンゴル人総督であったテミュル・タシュに献呈されたものであるため、あからさまに非難をおこなう記述はみられない。代わりに彼が随所でその悪行を告発し、その性格や生活態度を繰り返し批難して時には筆誅《ひっちゅう》を加えてさえいるのはイルハン国から派遣されてきたイラン系の財務官僚たちである。イルハン国時代、アバカの治世以降支配下の各地に総督として派遣された財務官僚たちは、多くは献金や贈賄等の手段により徴税請負のかたちで在地政権の官職（ワズィール＝宰相、ナーイブ＝宰相代理、ムスタウフィー＝財務官、ムシュリフ＝監察官など）を購入し、中央政府には所定の請負額を納入し、現地では私的権益の最大化を図って厳しい徴税業務や富裕者の財産没収や横領を臆面もなくおこなっていた。中央政府に納入する請負額については事前に有力商人などからの借り入れにより支払い、その利払いを含め、さらに自身の取り分を最大限増加させるため、住民の担税能力をはるかに超える徴税額が設定され、過重なしかも反復徴収の負担に耐えかねて、都市と農村を問わず、住民が家郷や耕地を捨てて逃散し、その結果荒廃して無人となる地域も少なくなかったのである。アクサラーイーの著作にはルームにおける具体的な様相が詳しく書かれているが、ラシード・アッディーンの著作『集史』においてもガザン・ハンの税制改革に関わる記事のなかにこの種の記事が多くみられる。東方のイラン方面だけでなく、アナトリアでの事情も同じであった。軍事力を担うモンゴル軍人たちは各地への遠征や反乱鎮圧のために必要な諸費用をその都度全額を征服地の住民に負担させ、戦地では略奪と捕虜の獲得、平時には住民からは食糧、家畜の徴発、労役の強制、資産の強奪、搾取に余念がなかった。イラン系の財務官僚たちはモンゴル人支配者と軍人たちの際限ない要求に応え、自身の私的権益を確保する必要に迫られ、さまざまな税目を新設しては住民への過酷で不当な反復徴税や財産没収を繰り返していた。

行政担当者や治安を確保する軍事・警察部門に民生の安定や住民の慰撫《いぶ》という視点がまったくといってよいほど欠如していたのがモンゴル支配時代の特徴であった。ガザン・ハンのイスラーム改宗以前モンゴル軍人たちはほとんどがムスリム住民にとって異教徒、不信仰者（カーフィル）であり、彼らの支配やそれに伴う圧制は心情的にも耐えがたかった。十四世紀に入るとモンゴル軍人にもイスラーム改宗が始まったが、長年染みついた征服者としての傲慢で横暴な態度は容易に改まらなかったようである。このような状況の下、アナトリアでもイランでも住民は生活自衛のために為政者に対してさまざまなかたちで抵抗をおこなっていた。アナトリアではそのような抵抗活動の中心がトゥルクマーン系ベイリクのアミールたちによる反乱の頻発と毎度の鎮圧という事態にあらわれていた。トゥルクマーンのなかでも内陸アナトリアと地中海岸地域の中間に位置するトロス山脈中のエルメネクやムトに当初根拠地を構えていたカラマン朝はその典型で、軍事的な弾圧に屈せずモンゴル人勢力へのたゆまぬ抵抗を続けた。ガザン時代に相次いで反乱を起こしたアナトリアに土着しつつあったモンゴル軍人のバルトゥやスュレミシュは反乱にあたって、カラマン朝の支援を期待するまでになっていたのである。

アクサラーイーがその著作中でテュルク系住民を嫌悪して書き残した「狼のごとく恥知らずを生業とし、機会あれば悪事を引き起こし、危険を察知すれば逃亡する」トゥルクマーンたちは過酷な収奪と搾取を目的としたモンゴル人による容赦ない軍事的圧迫に耐えながら、時には果敢に抵抗し、不利な状況には峻険な山岳地帯に退いてモンゴル支配時代を生き抜いたのである。

一方、都市部でもモンゴル支配の搾取と収奪は変わらなかったが、都市住民は平原や山岳地帯と違って逃亡先が容易にみつからないために、抵抗のかたちは異なっていた。報復的な暴力の行使と弾圧が予想されるモンゴル人への武力抵抗が無効に帰することを容易に覚っていた都市住民は内面化、神秘化を特徴とするスーフィー教団と結びついたイスラーム信仰や伝統的なイスラーム社会で培われたフトゥーワと呼ばれる住民間の社会的な結合原理にすがって心情的、物理的な抵抗をおこなうことによりこの過酷な時代を乗り切ろうとしていた。

ルームでは十三世紀半ばからセルジューク朝の国都コンヤの町を中心にマウラーナー・ジャラール・アッディーン・ムハンマド・バルヒー（彼は現在のアフガニスタン、バルフの出身であるためにこう呼ばれるが、ルームに長らく活動拠点をもったために「ルーミー」というニスバの方が有名である）が指導した実践的なスーフィー教団であるマウラウィーヤ（トルコ語でメヴレヴィー）が勢力を拡大し、セルジューク朝時代の有力者ムイーン・アッディーン・パルヴァーナはとくにその熱心な支援者であった。一二七三年にマウラーナーが亡くなった後もその血統を継ぐ子孫が時にはモンゴル人の支配者たちに巧みに取り入り、また時には本拠地のコンヤを離れてアナトリアとイランの各地を巡回することもあり、神との合一を目的とする旋舞（サマーウ）の実践を中心とする教団の指導に従う都市住民にとって心情的に大きな支柱となっていた。

フトゥーワの実践者たちはフィトヤーンまたはイフワーンと呼ばれ、アヒーと称する指導者を中心に秘密結社的な社会結合を持ち、都市の自治的な機能の保持に貢献した。アナトリア各地の山野で遊牧生活を送るトゥルクマーンたちはモンゴル支配下の過酷な経済的圧迫のためにセルジューク朝の勢力が衰退し、国都コンヤをはじめとする都市部で政権による都市防衛や治安維持が困難になると度々諸都市に来寇し、掠奪・放火・暴行を働いた。このような状況になった時、都市ではアヒーたちが指導者となって自衛のために武装し、住民の協力を得ながら、遊牧トゥルクマーン集団に果敢に抵抗した。暴力的な手段で過酷な徴税や財産没収などの経済的圧迫を加えるモンゴル軍人の苛斂誅求もトゥルクマーン集団の野放図な乱暴狼藉も等しく生活に脅威を与える不安の元凶に他ならず、都市住民は常にこれらの苦痛からの解放と生活の安定を願っていた。国都コンヤでは一二七〇年代からアヒー・アフマド・シャーという人物が二十年以上にわたって住民の人望を獲得し、追従と保身に終始するセルジューク朝政権をあてにせず、モンゴル人支配者の不断の圧制と横暴、カラマン朝などのトゥルクマーンの度重なる来寇《らいこう》と掠奪に抵抗し、都市内部の利害対立の調整にも活躍していたことが知られる。十四世紀前半にアナトリアの西半部と南北の港湾都市を旅行したマグリブのタンジャ生まれの大旅行家イブン・バットゥータはアナトリア各地におけるアヒーたちの活動についての生き生きとした記録を残している。アヒーたちは強力で適切な指導者がいなければ、ともすれば統制の効かない無法者集団になり果てる側面をもっており、十五世紀に入ると彼らの活動はみられなくなるが、社会に安定をもたらす強力な政治権力が不在であった十四世紀のアナトリアでは都市住民の要望に沿った存在であり続ける限り生き続けられたのである。

一二四三年のバイジュ率いるモンゴル軍によるルーム侵攻に始まるアナトリアのモンゴル支配時代は暴力を背景とした経済的に過酷な収奪と搾取を伴う厳しい社会環境をもたらしたが、この時代を経験することでアナトリアの歴史は次の新たな層位へと変貌する機会を掴んだともいえるであろう。

4 ベイリク時代のアナトリア

アナトリアのテュルク系ベイリク

ベイリクとは現代のトルコ語で「ベイ(ベグ)という称号をもつ支配者の治める地方政権」という意味の用語で、同時代の史料に現われる言葉ではない。ベイリクの支配者たちが十三世紀の終わりころから十六世紀初めまでの期間にアナトリア各地に残した石板銘文などの刻銘文資料(全てアラビア語)中で彼らは「偉大なアミール(軍事指導者)」等と称しており、イランのセルジューク朝創建者トグリル・ベグと同じく固有名詞の後に「〜・ベグ」と名乗る例が多い。アラビア語の「アミール」とテュルク語の「ベグ」が同義語であることはカーシュガリーも記録するところである。このような各ベイリクの支配者たちの歴史について残された記録はマムルーク朝の年代記やビザンツ帝国の歴史書、地中海沿岸地域に関するイタリア商業都市の記録などに散見されるほか、十五世紀後半になって残され始めるオスマン朝史料中の断片的な記述とアナトリア各地の諸都市の礼拝所、マドラサ、墓廟などに残された石板・木彫銘文と墓碑銘、各ベイリクで発行され、残存例の希少な貨幣銘文などである。

ベイリクの多くはトゥルクマーン系であったが、かつてルーム・セルジューク朝にイラン(タージーク)系官僚として仕えていたパルヴァーナ、ムイーン・アッディーン・スライマーンやサーヒブ、ファフル・アッディーン・アリーの子孫たちが支配者となったベイリクもあり、前述のごとく中部アナトリアにはウルジェイトゥ時代から名前が出てくる、元来はモンゴル軍のウイグル人部将であったエルテナの建てたベイリクもあった。ベイリクを建てることになったトゥルクマーン集団はセルジューク朝時代に東方から移動してきたテュルク系遊牧民であったが、彼らの活動は一二四〇年代からその活動が知られるゲルミヤンを例外として、モンゴル侵入後の時期になって記録され始める。いつごろ東方からアナトリアへ移動してきたのかについては明確な記録はなく、モンゴル支配時代になってセルジューク朝政権が弱体化し、さらに中央アジアやイラン方面からモンゴル諸部族の西方移住の結果として各地で圧迫されたトゥルクマーン集団が大量にアナトリアへ流入したことが推定されている。以下に述べるベイリクの名称は現代の歴史研究上使用される便宜的なものであり、ゲルミヤンとドゥルカドルを除けばすべて創建者ないし名祖の名である。(ゲルミヤンとドゥルカドルは集団名、ジャーンダールは創建者の、「護衛」を意味する官職名である)

トゥルクマーン系のベイリクのうちで長期にわたり最も大きな勢力をもち、十六世紀にアジア、ヨーロッパ、アフリカにまたがる大帝国を打ち立てることになるオスマン朝に対して最も激しい抵抗を続けたのはアナトリア内陸部と地中海岸部を隔てるトロス山脈中央部を本拠としたカラマン朝であった。本稿では、その登場から滅亡までの期間が二〇〇年以上に及び、王家の系譜もほぼ確定することが可能であり、さらには十五世紀前半後継者争いに揺れるオスマン朝の隙を突いて本拠地ブルサを一時占領するなどの事件を起こした主体であるため、このベイリクを「カラマン朝」と呼ぶこととする。このような歴史を有するベイリクは他にない。カラマン朝の実質的な建国者で、イブン・ビービーによれば、木炭を扱う商人であったという名祖カラマンの息子、ムハンマド・ベグは一二七七年にセルジューク家の王子と称されるスィヤーヴシュを擁立して国都コンヤを一時占領し、テュルク語の公用語化を宣言した。当時のカラマン朝に単独で政権を維持できるだけの勢力はなく、スィヤーヴシュを擁立したのはアナトリアにおけるセルジューク朝の権威を利用したのである。その後ムハンマド・ベグは派遣されたモンゴル軍とセルジューク朝の追討を受けて殺害されたが、彼の兄弟たちはトロス山脈中のエルメネク、ムトなどの小都市を本拠とし、モンゴルの軍事力が手薄になると、ラーランダ(現在のカラマン)に進出し、さらにコンヤ方面にも度々来寇した。

セルジューク朝の勢力や権威が衰退、消滅した十三世紀の終わりから十四世紀前半にかけてカラマン朝は三度にわたりモンゴル軍の大規模な討伐を受けて人的、経済的に大きな損害を被った。その最初はルームでの駐在経験のあるイルハン、ゲイハトゥ即位直後のことで、ゲイハトゥは一二九一年夏アルグンの後を受けてイルハンに即位すると、イラン・アゼルバイジャン方面を留守にしてルームへ親征し、半年にわたってルームのトゥルクマーン勢力を討伐した。その主要な対象とされたのがカラマン朝であり、拠点のラーランダが占領され、モンゴル軍による殺戮と略奪を受けた。

二度目は一三一四年ウルジェイトゥ・スルタンの時代に実力者であった大ノヤン、チュパンが大軍を率いてルームへ到来し、アシュラフ、ハミード、ゲルミヤン、ジャーンダールなどのベイリク指導者たちが挙ってチュパンに服従したのに対してカラマン朝は代表者のマフムードが出頭せず、そのためチュパン率いるモンゴル軍の討伐を受けた。この時は当時支配下にあったコンヤを奪回され、再び殺戮と略奪を受けた。

三度目はチュパンの子、テミュル・タシュがルームの支配者となっていた時代のことである。一三二二年マフディー（救世主）を称して反乱したテミュル・タシュが赦免された後再びルームへ送られ、その後一三二七年までルーム各地のベイリクを頼りに攻撃し、この時もカラマン朝はコンヤを奪われた。一三二七年アブー・サイードによるチュパン一族の誅戮と一三三五年のアブー・サイード没後モンゴルの軍事的圧迫や脅威はアナトリアから解消し、この後の政治情勢はベイリク間の競合とベイリク内での主導権争いに焦点が移っていった。

十四世紀前半の刻銘文資料に記録が残るカラマン朝の指導者はカラマンの末子マフムード、その子バドル・アッディーン・イブラーヒーム、ムーサー、ハリールらであり、マフムードを継いだのはイブラーヒームであった。十四世紀前半にカラマン朝は勢力を地中海岸へ伸ばし、セルジューク朝時代に整備されたアランヤを支配下に置き、エーゲ海沿岸の諸ベイリクやマムルーク朝との連絡や交易をおこなっていた。十四世紀後半にはハリールの子、アラー・アッディーンの治世(一三六一〜九八年)以後カラマン朝の当主は刻銘文資料上で、かつてのセルジューク朝と同じ「偉大なスルターン」を称し、隣接するハミードやゲルミヤン・ベイリクを攻撃して領土を拡大し、オスマン朝と激しい抗争状態に入り、他のベイリクとも共闘したが、大勢としてオスマン朝を圧倒し、軍事的に優位に立つことはできなかった。アラー　アッディーンはオスマン朝のムラト(ムラード)一世(在位一三六二〜八九)の娘スルタン・ハトゥンと結婚し、自身の後継者となる二子をもうけるが、バルカン半島側での軍事的な成功により勢力を増した、義理の兄弟にあたるバヤズィト一世のカラマン遠征で捕らえられ、処刑された。

ティムールのアナトリア遠征後、カラマン朝が復活し、アラー・アッディーンの息子ムハンマドはオスマン朝のスルタン空位期間の後継者争いに介入して、一四一二年ブルサまで進攻したが、オスマン朝の反撃にあって後退した。その後一四一七〜九年には地中海岸東部地域の領有をめぐるラマダーン・ベイリクとの争いにマムルーク朝の軍事介入を招き、マムルーク軍に捕らえられたムハンマドはエジプトのカイロに送られて抑留された。一四二三年、解放されたムハンマドがアンタリヤ攻囲中に戦死すると、その子タージ・アッディーン・イブラーヒームがオスマン朝の支援を受けて後継者となった。イブラーヒームはオスマン朝のメフメド一世の娘と結婚し、二人の息子をもうけた。一四三三年からはイブラーヒームもまた反オスマン朝活動を開始し、バルカン半島側のセルビア、ハンガリーの軍事行動に呼応してアナトリア側でオスマン朝の領土を攻撃した。一四四二年にはハンガリー側の攻撃と並行してカラマン朝内部で有力なトゥルグート部族のピール・フサイン指揮下にオスマン朝に対して大規模な攻撃をおこなったが、この時もバルカン半島から迅速に転進したムラト二世の攻勢に押されて撤退した。

　イブラーヒームはコンヤ、ラーランダなどの町に礼拝所などの建築物を残し、アナトリア南端アナムルの海岸城塞を改修するなどの活動をおこない、石板銘文を残した。一四六四年にイブラーヒームが没した後、カラマン朝では後継者争いが起こり、オスマン朝の支援を受けたピール・アフマドが即位した。ピール・アフマドは母方でオスマン朝のメフメト二世(ファーティフ)の従兄弟にあたるが、支援を受けるにあたって割譲した領土を回復しようとしてオスマン朝に反旗を翻し、一四六六年にはファーティフ自ら率いるオスマン軍がカラマン朝の領土に侵攻し、コンヤとラーランダが占領された。ピール・アフマドは当時イランを中心に大勢力を築き、東部アナトリアをめぐってファーティフに対抗していたトゥルクマーン系アク・コユンル朝のウズン・ハサンのもとへ亡命し、その援助を求めた。これに応じてウズン・ハサンは軍隊を送ってカラマン朝を支援し、その軍事活動の結果としてオスマン朝との全面的な軍事対決に至った。ウズン・ハサンとファーティフは一四七三年八月エルズィンジヤン東方のバシュケント(オトルクベリ)で対戦し、ウズン・ハサンが敗北して東部アナトリアにはオスマン朝が進出した。この戦いにウズン・ハサン側で参加したピール・アフマドは敗戦後一時カラマン地方へ落ち延びたが、オスマン朝の追求で再びウズン・ハサンのもとへ逃亡を余儀なくされ、一四七四年東部アナトリアのバイブルトで客死した。これ以後カラマンの名はイランのサファヴィー朝下で「カラマーンルー」・トゥルクマーン集団として知られることになる。

アナムル城塞　アナトリアの南端，キプロス島へ最も近い海辺に築かれたアナトリアで最大の規模をもつ城塞(上段)。この城塞にはカラマン朝のイブラーヒームが1446/7年に建設させたことを示すアラビア語石板銘文が残されている(下段)。

アナトリア中南部にあったカラマン朝はベイリク中で最長の歴史をもち、イルハン以後のモンゴル支配期にはその軍事的圧迫に執拗に抵抗してアナトリアの山地トゥルクマーンの雄となった。ティムールやマムルーク朝、時には政略結婚を通じてオスマン朝とも関係を結び、モンゴルの軍事的な圧力が解消した十四世紀後半以降、アラー・アッディーン、ムハンマド、イブラーヒーム、ピール・アフマドの四代は独立の保持に努めていた。しかし、遊牧民が主体の政権に常態となっていた度々の後継者争いと分権的な政体から脱却できず、モンゴル軍人と何ら変わるところのない収奪と蛮行に傾きがちな軍事力を背景とした支配が経済的な支援を期待すべき都市住民によって長らく受容されなかった。また戦争の度に招集されるトゥルクマーン騎兵部隊個別の名誉と掠奪を目的とした武勇を重視する軍事力に頼っていたカラマン朝は、十五世紀に入り本格的に整備、訓練されたオスマン朝の常備軍イェニチェリ部隊には対抗できなかったために結局オスマン朝に全領土を奪われて滅亡した。

刻銘文資料上でカラマン朝より早くその活動が知られるのはコンヤの西方、淡水のベイシェヒル湖畔の町ベイシェヒルを本拠としたアシュラフ・ベイリクであり、この町の旧城門には一二九〇年五／六月に造られたことを示す石板銘文が残っている。アシュラフ・ベイリクの名祖アシュラフについて所属するトゥルクマーン集団などは不詳であり、この銘文中に出てくるのはその子スライマーンである。ベイシェヒルの町にはこの人物の建てた外郭石造、内部木造の壮麗な礼拝所(ジャーミィ)が残されており、その入口にはジャーミィのために設定されたワクフ財を列挙した一二九六／七年の石板銘文が掲げられている。その後のアシュラフ・ベイリクはカラマン朝と時に対立、時に連携しながらコンヤへも度々来寇していたが、最終的に一三二六年テミュル・タシュによって当主スライマーン二世が捕らえられて処刑され、滅亡した。

ハミード・ベイリクも一三世紀後半からその名が知られるが、彼らの本拠はアシュラフ・ベイリクの西、エイリディル湖畔のエイリディルとウスパルタであり、その後地中海岸へ進出し、海港アンタリヤを支配下に置いた。銘文資料で名が知られる最初の支配者はドゥンダール・ベグであり、彼がエイリディルの町にセルジューク朝カイホスロウ二世時代に建てられた隊商宿を転用して造営したマドラサに残された銘文は一三〇一/二年のものである。その後このベイリクもテミュル・タシュに侵攻を受けて一時滅亡し、ドゥンダール・ベグの子イスハークはカイロのマムルーク朝スルタン、マリク・ナースィルの許へ赴き、父ドゥンダールの殺害とベイリクの滅亡をもたらしたことを訴えて、亡命中のテミュル・タシュと対決したことが伝えられている。その後イスハークは帰国してベイリクを復活させ、一三三三年エイリディルでイブン・バットゥータが会見したと伝えられているのはこの人物である。前述のアシュラフ・ベイリク滅亡後その領土はハミード・ベイリクに併合された。その後ハミード・ベイリクは南方のカラマン朝、北方のゲルミヤン・ベイリクに挟まれて度々の紛争の結果衰退し、一三七四年には旧アシュラフ・ベイリクの領土をオスマン朝のムラト一世に売却、一三八九年のオスマン朝のバルカン半島側コソヴァ(コソヴォ)の戦いには援軍を派遣した。一三九三年には当主のフサインがオスマン朝のバヤズィト一世により殺害されてベイリクが滅亡した。アシュラフとハミード旧領のベイシェヒル、エイリディル、ウスパルタなどの地域は十五世紀前半から後半にかけてのオスマン朝とカラマン朝の抗争に際して争奪、譲渡の対象となり、度々帰属先を変えたが、一四六六年ファーティフの遠征により最終的にオスマン朝の領土となった。

ハミード・ベイリクの北方にあり、草創期のオスマン朝と領土が隣り合っていたのがゲルミヤン・ベイリクである。ゲルミヤンのテュルク人という表現は一二四一年に勃発したバーバー・イスハークの反乱の際にその鎮圧に加わった集団の一つとしてイブン・ビービーによって記録され、一二七七年のスィヤーヴシュ(ジムリ)を担いだカラマン朝初期の反乱においても討伐軍中にこの集団の名称が出てくる。これらの記録が同一集団のことを伝えたものならば、ゲルミヤンのテュルク人は三〇余年のうちに東方のユーフラテス流域から中西部アナトリアへ移動して来たことが示されよう。これらの記録と関連して個人名としてはアリーシール・ベグという人物が知られており、歴代の支配者は彼の子孫であるが、ベイリクの名として通用したのはゲルミヤンという集団名の方である。ゲルミヤン・ベイリクの本拠はキュタフヤ(キュタヒヤ)の町で、その北方サカルヤ(サカリヤ)川流域にはオスマン朝草創の地ソユトが位置し、西北方にあるブルサはオスマン朝最初期の本拠地であり、ムラト二世までの歴代スルタンの墓廟所在地である。

ゲルミヤン・ベイリクの領土はセルジューク朝領土の西北端部にあたり、カラマンやアシュラフのようにコンヤへ来寇することはなかったが、それでも度々モンゴル軍の討伐を受けている。十三世紀末から十四世紀前半にかけてこのベイリクの支配者であったのはヤアクーブ一世であり、一三一四年にはイルハン国の実力者チュパンに一時は服従したが、その後は独立姿勢を貫き、チュパンの子テミュル・タシュの攻撃を辛くも免れた後は安定したベイリクとなった。ヤアクーブの時代に十三世紀後半からカラヒサール（アフヨン）を拠点に独立勢力を築いてきたセルジューク朝のサーヒブ、ファフル・アッディーンの子孫たちの領土を併合した。彼は一方で内陸部からエーゲ海方面への進出を図ってビザンツ帝国を圧迫し、遠征軍の一部は十四世紀初頭にアイドゥン・ベイリクを建てた。十四世紀後半になるとバルカン半島側での軍事活動の成功により勢力の伸張著しいオスマン朝の攻勢が強まり、一三八一年当時の支配者スライマーンはオスマン朝のムラト一世の息子バヤズィトに娘を嫁がせ、その機にキュタフヤなどの領土をオスマン朝に譲渡した。一三八九年のコソヴァの戦後ヤアクーブ二世は一時譲渡した領土を回復したが、一三九〇年にはオスマン朝のバヤズィト一世に捕らわれ、投獄された。その後彼は脱走して西方遠征中のティムールに支援を求め、アンカラ戦後ベイリクが復活し、ヤアクーブは支配者に返り咲いた。一四一一／二年にはカラマン朝の来攻により、キュタフヤが占領され、オスマン朝のメフメト一世の援助により再度ベイリクが復活したが、オスマン朝の保護下に置かれた。一四二七年無嗣のためヤアクーブ二世はオスマン朝に領土譲渡を遺言し、二年後に他界して遺言通りベイリクの領土は併合された。キュタフヤの町にはヤアクーブ二世在世中に造られたイマーレト(救貧給食施設)のワクフ文書が石板上に刻まれている。使用されている言語はアナトリアの古いテュルク語で、古オスマン語と近似するが、イスラームの神を「テングリ」と表記するなど十一世紀にカーシュガリーの記録したテュルク語と共通する要素も残している。

ゲルミヤン・ベイリクの北西方からエーゲ海岸をロードス島の対岸まで、北からカラスィ、サルハン、アイドゥン、メンテシェという四つのベイリクが存在した。これらも全てトゥルクマーン系の地方政権であるが、それぞれの成り立ちは異なり、十四世紀半ばに最も早くオスマン朝に併合されたカラスィを除き、他の三ベイリクは十四世紀末に一度はオスマン朝に征服されたが、一四〇二年のアンカラ戦後復活した。その後はそれぞれに個別の歴史を辿り、最終的に十五世紀前半にすべてオスマン朝に併合された。

カラスィ・ベイリクを建てたトゥルクマーン集団の首領はかつて十二世紀にセルジューク朝と競合したダーニシュマンド朝の末裔とされており、その一族はセルジューク朝に仕えたのち、当時「ウジ」と呼ばれたビザンツ帝国との前線地帯に定着し、オスマン朝の始祖オスマンやゲルミヤン・ベイリクの創設者ヤアクーブ一世らと同時期に聖戦(ガザー)を称して配下のトゥルクマーンを率いてビザンツ領への軍事侵攻を繰り返していた。その結果として十四世紀初めに誕生したカラスィ・ベイリクの中心地はバルケスィルとベルガマ(古典古代のペルガモン)であり、ベイリクの三代目でバルケスィルの支配者デミル・ハンは一三三六年ころオスマン朝第二代のオルハンに降り、その後ムラト一世が即位する一三六二年までにダーダネルス（チャナッカレ、ヘレスポントス）海峡からベルガマに至る沿岸部に残っていたベイリク領土がオスマン朝の支配下に入り、カラスィ・ベイリクの軍人たちはオスマン朝に仕えてその軍事的な発展に寄与した。カラスィ・ベイリクに関係する遺跡や刻銘文資料、発行された貨幣が残されていないことは他のベイリクとの違いである。

カラスィの南、一三一二年に征服したマニサ（古典古代のマグネシア）を中心地としたのが初代サルハンに始まるサルハン・ベイリクである。サルハンは当時エーゲ海沿岸に勢力を張っていたジェノヴァ人やビザンツ帝国との関係から一三四四年隣接するアイドゥン・ベイリクのウムール・ベグに協力してバルカン半島側へも軍を派遣している。後継者のイルヤースは一時ビザンツ皇帝側についたこともあり、十四世紀後半にはオスマン朝を中心にベイリク間の競合が激しかった。このベイリクの最盛期はイルヤースの子イスハーク時代（一三六二～八八）でベイリクの中心地マニサにはこの時代に造られたジャーミィやマドラリが残っている。一三九〇年オスマン朝のバヤズィト一世はカラマン朝のアラー・アッディーンが主唱した対オスマン朝連合に参加したゲルミヤン、サルハン、アイドゥン、メンテシェの各ベイリクを武力で制圧し、サルハン・ベイリクのヒドル・シャーはスィノプのジャーンダール・ベイリクへ亡命し、ベイリクは一時滅亡した。アンカラの戦後復活したベイリクに戻ったヒドル・シャーはオスマン朝のスルタン位争いで、イーサー・チェレビーを支援して敗れ、一四一〇年、勝者となったメフメト一世に処刑されてベイリクは滅亡した。

サルハン・ベイリクの南、現在のイズミル、セルチュク（当時の名称はアヤスルグ、古典古代のエフェソス）、ビルギなどの町を支配するアイドゥン・ベイリクがあった。このベイリクの創始者は十四世紀初めにゲルミヤンのヤアクーブ一世によってエーゲ海方面へ送られた遠征軍の指揮者であったが、その後征服地に定着し、海軍力を育成して当時ジェノヴァ人が支配する貿易港イズミルの支配をめぐって、時にビザンツ帝国、ジェノヴァ、ロードス島の聖ヨハネ騎士団、キプロス王さらにはローマ教皇庁を巻き込んで激しい抗争を続けた。ベイリクの創建者の子ムハンマドには五男があり、後継者になった次男ウムール・ベグは当時のビザンツ帝国の内紛に積極的に介入し、皇帝に反乱していた大貴族ヨハネス六世カンタクゼノスを支援し、一三四四年ローマ教皇クレメント六世が主唱した上記のキリスト教徒連合勢力によるイズミル総攻撃で艦隊を喪失したが、陸路を取ってダーダネルス海峡を渡り、バルカン側で活動するカンタクゼノスを援助した。一三四八年春ウムール・ベグはイズミルの支配権奪回を目指し、自ら陣頭に立ってイズミル要塞に登攀中眉間に矢を受けて戦死したと伝えられ、その後継者となった長兄ヒドルはラテン勢力有利な講和条約を結ばされ、ベイリクの軍事活動は減退した。ウムールの末弟イーサー・ベグは一三六五年ころ支配者となり、現在もセルチュクの町に残る規模の大きなジャーミィを一三七五年に創建しており、学術の保護者としても知られる。

一三九〇年アラシェヒル（古典古代のフィラデルフィア）を征服したオスマン朝のバヤズィト一世に対してイーサーは領土を譲渡することを申し入れ、ここにベイリクは一旦滅亡した。アンカラの戦後べイリクの旧領はイーサー・ベグの二子に与えられたが、有能で勇猛な従兄弟ジュナイドが二人を倒して一四〇五年に支配権を掌握した。ジュナイドはオスマン朝の後継者争いに介入、当初はバヤズィト一世の長子スレイマン(スライマーン)、その没落後は別の息子ムスタファー・チェレビーを支援して実力でスルタン位を継いだメフメト一世に長らく抵抗を続け、波瀾万丈の生涯を送ったのち、最終的にムラト二世時代の一四二六年に降服して斬首されるまでオスマン朝勢力と戦い続けた。

アイドゥンの南、アナトリアの南西端を支配権としたのがメンテシェ・ベイリクである。このベイリクの名祖メンテシェを首領としたトゥルクマーン集団は内陸経由ではなく、アナトリアの南岸沿いに移動してその南西端に至り、ここから内陸部へと勢力を伸ばしていったと推測されている。前述のアイドゥン・ベイリクと並び、メンテシェ・ベイリクは建国当初から海軍力を有し、第二代マスウード・ベグは十四世紀初めにビザンツ領土であったロードス島の一部を占拠した。その後ロードス島は、一二九一年マムルーク朝の攻勢により地中海岸のアッカー(アッコン)が陥落し、暫時のキプロス滞在後にローマ教皇とフランス王フィリップ四世(端麗王、在位一二八四〜一三一四)の支援によりロードスへ渡った聖ヨハネ騎士団によって一三〇七〜九年の間に奪われたが、メンテシェ・ベイリクはその後も何度か奪回の企てをおこなっている。イスラーム教徒に対して海賊行為を盛んにおこない、海上交易や巡礼旅行を妨害していたこの騎士団のロードス島での活動が終わるのは、一五二二年に全盛期を迎えつつあったオスマン朝のスレイマン一世が大軍を率いて長期に親征をおこなった時以降である。

一三三三年、イブン・バットゥータはベイリクの中心地の一つペチンでマスウードを継いだシュジャーウ・アッディーン・オルハンと会見している。この他に支配下にあったのはムウラ、ミラース、バラート（古典古代のミレトス）、フェティエなどの諸都市であり、メンテシェ・ベイリクの領土は古代のイオニア地方にあたり、なかでもバラートは古来内陸アナトリアからエーゲ海につながる重要な交易港であり、アイドゥン・ベイリクのイズミルと並んでアナトリアの諸ベイリクにとって輸出入に関わる税収をもたらす経済的に重要な位置を占めた。メンテシェ・ベイリクには地政的な理由から海洋国家の側面があり、オルハンの子イブラーヒームはヴェネツィア人との対立からバラート港が危険にさらされ、一三五五年には領事の駐在やキリスト教会の建設を認めることを余儀なくされた不利な条約を結んだ。

十四世紀後半にはオスマン朝の勢力がアナトリア西部に伸張し、バラートを支配する、イブラーヒームの子ムハンマドは一三八九年のバルカン半島コソヴァの戦いに赴くオスマン朝のムラト一世に援軍を送ったが、次代のバヤズィト一世に圧迫されて、サルハン、アイドゥン、ゲルミヤン・ベイリクとともに領土はオスマン朝に征服され、ムハンマドはスィノプのジャーンダール・ベイリクに亡命した。アンカラ戦後メンテシェ・ベイリクもまた復活したが、当主となったイルヤースはオスマン朝の後継者争いでイーサー・チェレビーを支援して敗れた。その後はオスマン朝に服属し、その権威を認めていたが、イルヤースが他界したあと、一四二四年、ムラト二世により領土が占領されてベイリクは滅亡した。先述したアイドゥン・ベイリクのジュナイド・ベグの抵抗を排除したオスマン朝の攻撃で破壊されたイズミルの要塞に代わり、ロードス島騎士団によって、現存するボドルム（古典古代のハリカルナッソス、古代ギリシアの歴史家ヘロドトスの出身地と伝えられる）要塞が築かれたのはイルヤース時代のことである。

以上に述べてきたベイリクはアナトリア中部から西部にかけての地域を支配していたが、黒海沿岸を含む北部にはジャーンダール・ベイリクがあった。このベイリクの中心地はアナトリア北部の森林地帯に位置するカスタモヌと黒海岸のスィノプである。このベイリクの創建者シャムス・アッディーン・ヤマンがセルジューク朝のジャーンダール（護衛）出身であったためにベイリクはジャーンダールと呼ばれる。このジャーンダールの子スライマーン・パシャはイルハン、ゲイハトゥ時代にセルジューク朝軍の討伐を受けており、一二九一年秋、マスウード二世が率いたこの軍事行動には歴史家アクサラーイー自身が参加し、マスウード自身がトゥルクマーン軍の急襲を受けて捕らえられ、その後救出されたことは前述した。アクサラーイーはトゥルクマーン集団の首領としてスライマーン・パシャの名を記していないが、この地域の当時の状況を考慮すると、ジャーンダール・ベイリクのごく初期の歴史の一齣である可能性が高い。因みに「パシャ」という称号はオスマン朝時代を通じて重視・多用されるが、この称号の初出はこの人物についてであり、語源はペルシア語の「パーディシャーフ」（皇帝）の短縮形と考えられている。その後スライマーンは一三一四年イルハン国の権臣チュパンに一時服従したが、その後は独立傾向を強め、一三二二年黒海岸の海港スィノプを支配していたセルジューク朝時代のパルヴァーナ、ムイーン・アッディーンの曾孫ガーズィー・チェレビーが亡くなるとその領土を併合した。一三三二年にはイブン・バットゥータがカスタモヌでスライマーンと会見している。

ジャーンダール・ベイリクは一三九一年バヤズィト一世が、オスマン朝軍に加わってコソヴァの戦いに参陣した功績もあるスライマーン・パシャ二世を倒してカスタモヌを占領したことで、大幅に領土が縮小した時期があったが、その後一四六一年まで創建から一六〇年以上にわたる期間を生き延び、オスマン朝と度々相互に政略結婚をおこなって独立確保に努めた。ベイリク支配者のうち最後のイスファンディヤール、イブラーヒーム、イスマーイール三代はとくに有名でイスファンディヤールの母スルターン・ハトゥンはオスマーン朝第二代オルハンの長子スレイマン・パシャの娘であり、一三九五年に死去した彼女の墓廟は現在もスィノプ博物館構内に残されている。こうした関係からジャーンダール・ベイリクはオスマン朝側からイスファンディヤール・ベイリクと呼ばれるようになるが、在位期間が半世紀を超えたイスファンディヤール・ベグはオスマン朝への協力と反抗を繰り返し、独立したベイリクの存続を図った。イスファンディヤールの子イブラーヒームはオスマン朝のムラト二世の義父であると同時にムラトの姉妹セルジューク・ハトゥンと結婚しており、そのあいだに二男二女をもうけた。彼女の墓廟は現在もカスタモヌ市内に残っている。

実質的にベイリク最後の支配者となったイスマーイールは著名な文人君主であり、カスタモヌにジャーミィ、マドラサ、ハンマーム、ザーウィヤなどの文化施設を残したほか自らが七八章からなるフィクフ(イスラーム法学)の個別命題(ファルウ)に関するテュルク語の著作『フルウィーヤート』を残し、詩人を保護し、医学、数学などの分野で有名な学者たちを援助することで学術振興に貢献した。一四五三年コンスタンティノープルの征服に成功したオスマン朝の「征服者」メフメト二世による一四六

カスタモヌのイスマーイール・キュリーイェ
カスタモヌ市内の丘陵上にあり，ジャーミィ，マドラサ，墓廟などの複合施設群。上段の写真で右側の建物がジャーミィ，左側が墓廟。ジャーミィには1454年にジャーンダール・ベイリクの「スルターン・イスマーイール」が建設させたことを示す石板銘文が残されている(下段)。

一年のトラブズン(トラブゾン)遠征に際してイスマーイールは協力を拒んでスィノプへ逃亡したが、それ以上の抵抗はせず、大宰相マフムード・パシャに降服して領土を明け渡した。イスマーイールは一四七九年最終的に移されたバルカン半島側のフィリベ(フィリッポポリス、ブルガリアのプロヴディフ)で生涯を閉じたが、最後までかつて保護した詩人に慕われる人柄であったと伝えられる。

イスマーイールの弟クズル・アフマドはかつて兄から離叛し、その後オスマン朝に庇護されてファーティフのトラブズン遠征に率先して参加した。しかし彼が期待したカスタモヌやスィノプなどのベイリク領土ではなくバルカン半島側のモラ(ペロポネソス半島)に領土を与えられたことに承服せず、先にカラマン朝のイブラーヒーム、のちにはアク・コユンル朝のウズン・ハサンの許へ逃亡して再起を図り、バシュケント(オトルクベリ)の戦いにも参加したが、最終的にバヤズィト二世時代にオスマン朝に帰順した。

ジャーンダール(イスファンディヤール)・ベイリクは、一二一四年セルジューク朝によってジャーニート(グルジア〈ジョージア〉語で黒海沿岸のラズ/レズギ人を意味する)の王から征服され、十三世紀前半のアナトリアに経済的な繁栄をもたらした南北貫通交易路の北方起点、黒海に突出した半島に築かれた良港スィノプを領土とし、この港と黒海北岸のクリミア半島に交易都市を展開するジェノヴァ人を通じて大きな利益を得ていた。またカスタモヌの周辺は鉄や銅を産し、良馬の産地としても有名であったため、好戦的でない支配者イスマーイールの学術文化愛好の姿勢とこうした財源が結びついて他のベイリクに例をみない文化を育成することが可能な地方政権となったのである。

最後に十四世紀半ばからアナトリアとシリア境界付近にあった二つのベイリクについて述べておく。それはドゥルカドルとラマダーンと呼ばれるベイリクであり、両者ともセルジューク朝時代に言及されることはない。またイルハン国の歴史ともほとんど関係を持たない。二つのベイリクは十四世紀後半からドゥルカドルはマラシュとエルビスタン、ラマダーンはアダナの町を本拠として、ユーフラテス西岸からトロス山脈までの間に隣接した領土を有し、十四世紀後半にはカラマン朝やカーディー・ブルハーン・アッディーンなどアナトリアの勢力とシリア北部のマムルーク朝のあいだで緩衝国家として存続した。

ドゥルカドル・ベイリクの建国者ザイン・アッディーン・カラジャはシリア北部に広がっていたトゥルクマーン集団ドゥルカドル族の首領であり、一三三九年独立傾向を強めていたエルテナからエルビスタンを奪い、マムルーク朝のスルタン、マリク・ナースィルにこれを承認された。カラジャ・ベグはその後もシリア北部の政治情勢に適応しながら次第に自立傾向を強め、最終的には一三五三年マムルーク朝に反乱し、討伐軍を送られてエルテナの息子、ムハンマドの許へ逃亡したが、ムハンマドはカラジャの身柄を引き渡し、カイロへ送られて処刑された。この後マムルーク朝がカラジャの地位を委ねたのがラマダーン・ベイリクの創建者ラマダーン・ベグである。ドゥルカドル部族はオグズ＝トゥルクマーン集団のうちボズ・オク（破矢）に属したのに対して、ラマダーンはウチ・オク（三矢）に属し、トゥルクマーン内部でも競合関係にあった。

その後ドゥルカドル・ベイリクは中央アジアからシリア、アナトリア方面へ進出したティムールに一時服従したが、その後はオスマン朝とマムルーク朝に両属するかたちで、カラマン朝と友好的であったラマダーン・ベイリクに対抗した。一四四二年から一四五四年までベイリクの代表者となったスライマーンは二人の娘をそれぞれオスマン朝のメフメト二世とマムルーク朝のスルターン、チャクマクに嫁がせて両朝との友好を維持した。その後一時後継者争いが起こり、アク・コユンル朝やマムルーク朝の介入を受けた後、一四六六年オスマン朝の支援を受けて支配者となったシャフスヴァール・ベグはマムルーク朝に敵対して討伐軍を送られ、敗北して捕らわれ、一四七二年カイロに送られて処刑された。これを受けてマムルーク朝は兄弟のシャーフ・ブダグを援助し、対するオスマン朝は別の兄弟アラー・アッダウラを支援した。アラー・アッダウラは娘アーイシャ・ハトゥンをオスマン朝のバヤズィト二世に嫁がせ、この結婚により生まれたのが、アラブ地域を一気に征服し、三大陸に跨がる領域を形成し、マッカ(メッカ)とマディーナ(メディナ)、イスラームの両聖地を守護するという栄誉を担うことになるスルタン、セリム(サリーム)一世(在位一五一二〜二〇)である。

オスマン朝の未来のスルタン、セリムの祖父であったアラー・アッダウラはその後オスマン朝に反抗し、十六世紀初頭にはマムルーク朝側についたため、一五一四年イラン国境のチャルディランで当時日の出の勢いで勃興してきたサファヴィー朝の創業者シャー・イスマーイールの軍隊を撃破、矛先を転じて一五一五年一気にシリア国境に迫ったセリムの攻勢を受けて敗北し、その首級はカイロへ送られた。後継者にはかつてオスマン朝が支援したシャフスヴァールの子、アリーが就いたが、一五二一年オスマン朝の宰相ファルハード・パシャに殺害され、ベイリクは滅亡した。

一方のラマダーン・ベイリクもまたオスマン朝、マムルーク朝に対して時代状況に合わせた両属関係にあり、ラマダーンの了、イブラーヒームは一四一八年カラマンのムハンマドと共闘してカイセリ占領をめざしたが、敗れ、一四二七年には共闘相手のカラマン朝に捕らえられてカイロに送られ、殺害された。ベイリク独立期最後の支配者はガルス・アッディーン・ハリール(在位一四八〇〜一五一〇)であり、彼の名はアダナ市内に残る建築物の刻銘文資料などで多く目にすることができる。ハリールは父ダーヴドがマムルーク朝の支援を受けたのに対してオスマーン朝との友好関係を重視し、後継者となった兄弟のマフムードは一五一七年スルタン、セリムのエジプト遠征に参加中死去した。この後もラマダーン家はハリールの子孫たちが継承してオスマン朝下総督(ワーリー)としてアダナ地方に残り、一六〇八年、ピール・マンスール・ベグが引退してのち、アダナ地方はオスマン朝の直接統治下に入った。

以上、セルジューク朝統治の末期からオスマン朝の支配確立までの期間アナトリア各地を支配していた主要なトゥルクマーン系ベイリクの歴史を概述した。これらのうちには、歴史上多少なりともセルジューク朝との関連があり、その後モンゴル支配時期を経て独立志向を持ちながらも時流に合わせて周辺勢力との共闘や対立を選んでいたカラマン、ゲルミヤン、アシュラフ、ハミード、ジャーンダールの各ベイリク、モンゴル軍の一部将が独立して建てたエルテナ・ベイリクとそれを簒奪するかたちで勃興したカーディー・ブルハーン・アッディーンの在地政権、セルジューク朝との直接的な関わりをもたず、十四世紀初頭から実力でエーゲ海沿岸に進出してビザンツ帝国、ジェノヴァ、ヴェネツィアなどのイタリア半島の都市商業国家、時にはロードス島の聖ヨハネ騎士団とも戦い、また一方で交易関係を築いていたメンテシェ、アイドゥン、サルハン、カラスィの各ベイリク、さらには十四世紀後半からシリア・アナトリア境界地帯に勢力を広げ、十五世紀後半にはマムルーク、オスマン両王朝に挟まれるかたちの緩衝国家になっていたドゥルカドル、ラマダーン・ベイリクなど多様な地方政権が興亡を繰り返した。この時代はさながら群雄割拠する大名たち相互の連携や抗争を特徴とする、日本の戦国時代のような歴史的様相を帯びており、強力な統一政権不在のために徒に混迷を深めた動乱期のようにみられがちだが、見方を変えれば、多様な統治や軍事の形態がみられた躍動期と見なすことも可能であり、アナトリアがテュルク系ムスリムの住地となる重要な時期であった。

ウジのベイリクに始まるオスマン朝の発展

十三世紀後半と十四世紀前半に書かれたイブン・ビービー、アクサラーイーのペルシア語史書には度々「ウジ地方」という表現が出てくる。「ウジ」とは特定の地域を指す固有名詞ではなく、テュルク語で「先端、辺境」という意味で、カーシュガリーの『テュルク諸語集成』にも収録されている。イブン・ビービーやアクサラーイーではルーム・セルジューク朝とビザンツ帝国、キリキア・アルメニア王国、トラブズンのキリスト教徒勢力等との前線、境界地帯を指して使用される。ウジの住民は前述したベイリクを建てて独立傾向をもっていたトゥルクマーン系の遊牧集団が主体であり、在地の旧ビザンツ帝国臣民であるキリスト教徒の人々と時には争い、時には融和しながら共存していた。十四世紀前半に財務官僚の体験を基に史料を残したアクサラーイーによってルームの税収のうちジズヤ（異教徒に課される人頭税）の額が多かったことが報告されているので、ルーム・セルジューク朝に始まるムスリム支配下の時代にも相当数のキリスト教徒が各地で生活を営んでいたことがわかる。

前述したベイリクの多くはウジに建てられたが、十六世紀前半にアジア、ヨーロッパ、アフリカに跨がり、アラビア半島のイスラームの両聖地マッカとマディーナの守護者という栄誉を担うことになるオスマン朝がベイリクの一つとして十四世紀初めに誕生したのもウジ地方においてであった。オスマン・ベイリクの創建者で名祖であるオスマン・ガーズィーがビザンツ帝国との戦いにおいて最初に姿を現すのは一三〇二年のことで、オスマン率いる小規模な軍事集団はイズニク（ニカエア）周辺でビザンツ帝国軍と衝突した。オスマン・ベイリクの西にはビザンツ帝国、南はゲルミヤン、西南にはカラスィ、東北にはジャーンダール・ベイリクがあったが、ビザンツ帝国とのあいだ以外に大規模な軍事衝突はなかった。セルジューク朝の首都コンヤに近かったカラマン、ゲルミヤン、アシュラフ、ハミード、ジャーンダールなどのベイリクがモンゴル支配時代に軍事的な圧迫や脅威を受けており、一方エーゲ海沿岸のカラスィ、サルハン、アイドゥン、メンテシェなどのベイリクはビザンツ帝国と時に連携、時に叛逆の関係にあったジェノヴァ、ヴェネツィアなどの海洋都市国家との関係が重要な外交課題になりつつあったのに対して、オスマン・ベイリクは地政的な理由で初期にはビザンツ帝国のみを対象として征服を進めていた。彼らの本拠地は黒海へ注ぐサカルヤ川流域のスユト付近であり、現在でもここには後世に建てられた、オスマン・ガーズィーの父エルトグルル(エルトゥールル)の墓廟が残っている。

一三二四年のオスマン没後二代目のオルハン・ベグの下で最初の拠点となるブルサが一三二六年に、イズニクは一三三一年に征服された。イズニクやブルサはビザンツ帝国の首都コンスタンティノープル(ビザンティウム、イスタンブル)からイズミト湾を隔てて約百㎞の距離にあり、オスマン・ベイリクはビザンツ帝国に最も近接して脅威を与えるムスリム・テュルク勢力となった。一三三〇年代前半にアナトリアの各地を旅行したイブン・バットゥータはイズニクの町で「ブルサのスルターン」と呼ぶオスマン朝の君主オルハン・ベグに会見している。当時のオスマン朝はアナトリア西北部のブルサとイズニク周辺を支配するベイリクの一つに過ぎなかった。オスマン朝ではオルハン時代から刻銘文資料が残されているが、オルハン時代の初期にスルタンという称号を使用することはなく、代わりに二十世紀にオスマン朝が滅亡するまでその支配者が一貫して使用し続けたのは「ガーズィー(聖戦士)」

という称号である。すなわち異教徒と領土を接し、常態的にイスラームの拡大、発展に献身して聖戦（ガザー、ジハード）をおこなうという意識を表現したのが「ガーズィー」称号であり、オルハン以来連綿と歴代君主たちが公文書に署名して使用したトゥグラー（花押）中にも必ずこの称号が使用される慣例ができた。ガーズィーの称号は他のベイリク支配者たちも好んで使用したが、通時的な遺例が圧倒的に多いのはオスマン朝の君主たちである。

一三四四年アイドゥン、サルハン、カラスィなどのベイリク指導者がビザンツ帝国の内紛に絡んでバルカン半島側に渡海し、軍事活動をおこなっていたが、その過程でキリスト教徒勢力の手に落ちたイズミル奪回に注力するためアイドゥン・ベイリクのウムール・ベグが手を引いたあとを受けてオルハンがビザンツ帝国の叛逆者ヨハネス六世カンタクゼノスを支援することになった。一三五〇年代にはダーダネルス海峡を渡ってヨーロッパ側のトラキア地方に進出し、この地方の征服を進めて一三六一年にはメリチ（マリツァ）川沿岸のエディルネ（ハドリアノポリス、アドリアノープル）を征服した。のちにアナトリアのブルサから首都がこの町に移され、ヨーロッパ側の活動拠点となった。オルハン時代はまだ海軍力が脆弱であったためにヨーロッパ側（ルーメリ）での軍事活動が不安定であったが、カラスィ・ベイリク主要部の併合（一三四五年）やダーダネルス海峡を扼するゲリボル（ガッリポリス）港占領によって次第に増強された。

イズニクの町に残された石板銘文上でオルハンの子ムラト一世はオルハンが使用し始めたスルタン

の称号と併せて「ハーカーン」(可汗)という北アジア、内陸アジアで五世紀の鮮卑時代以来の遊牧政権君主の称号を用い始めたのは注目に値する。一三七五年の年代をもつアンカラ郊外の石造橋に付された石板銘文のなかでムラトは自らを「ムラード・ハーン」と呼んでおり、この「ハーン」という称号はモンゴル政権イルハン国のゲイハトゥ・ハンやガザン・ハン等と同じものであり、この君主称号も王朝が滅亡する二十世紀まで使用され続けた。この称号の使用に関する限りオスマン朝は「ハーン国」であったといえる。

ムラト一世時代はアナトリア、バルカン半島の両方で征服活動が目覚ましく進展し、西方ではトラキアからテッサリア、マケドニア、ブルガリア、セルビアへと征服が進み、東方ではハミード、ゲルミヤン・ベイリクを圧迫し、カラマン朝のアラー・アッディーンを破ってコンヤを包囲するまでになった。一三八九年六月オスマン朝の影響下にあったメンテシェ、アイドゥン、サルハン、ゲルミヤン、ジャーンダール各ベイリクからの援軍が参加していたコソヴァ(コソヴォ)の戦いでセルビア、ボスニア、ワラキア諸侯軍に完勝したが、ムラト一世は戦闘中に殺害された。

後継者のバヤズィト一世は「ユルドゥルム」(稲妻)と綽名《あだな》される勇猛な征服者で東方では一三九七年までにジャーンダールを除くアナトリアの主要なベイリクを全て滅ぼし、西方では一三九五年ブルガリア王国を滅ぼしたのち、一三九六年にはニイボル(ニコポリス)でハンガリー王やブルゴーニュ公が率いる十字軍に勝利した。一三九八年にはオスマン朝とティムール双方に抵抗の構えを示していたスィワスのカーディー、ブルハーン・アッディーンが殺害されたのちにその領土を併合し、一三九九年にはユーフラテス沿岸まで進軍して当時マムルーク朝の領土であったマラトヤやエルビスタンを征服した。まさに日の出の勢いにあったバヤズィトが次に対戦した相手は中央アジア、イラン全域を征服した後ヒンドゥークシュを越えてインド遠征を敢行、南ロシアに及ぶ中央ユーラシアを支配下に収めていた稀代の大征服者アミール、ティムールであった。歴史上両雄と呼ぶにふさわしい両者の直接対決は一四〇二年七月二八日アンカラ郊外でおこなわれ、バヤズィト一世側が大敗を喫し、バヤズィトは捕囚となり、翌年捕虜のまま死去した。

アンカラの戦後、ティムールの許《もと》へ赴いていたカラマン、ゲルミヤン、サルハン、アイドゥン、メンテシェ各ベイリクの支配者たちはその承認と許可を得て旧領へ帰還し、ベイリクを復活させた。オスマン朝ではバヤズィト一世の息子たち、スレイマン、イーサー、ムーサー、メフメトが後継者をめぐって争う状態となり、皇子たちが周辺勢力を巻き込みながら互いに牽制し、武力抗争を続けた。最終的な勝者はアナトリアのアマスヤ、トカト方面に勢力の中心を置いたメフメト一世であり、一四一三年までには彼の下でオスマン朝が再始動した。バヤズィト一世時代の勢力拡大があまりにも急激であったため、アンカラ戦後の内紛を通じて多くの領土が失われたが、メフメトは精力的にアナトリアとルーメリでの失地回復とオスマン朝権威の復興に努めた。後継者争いを好機とみてゲルミヤン領を貫通して、オスマン朝歴代スルタンたちの墓廟のあるブルサを占領したカラマン軍は後退し、一四一四年にはコンヤが包囲された。イーサーを支持してメフメトに対抗したサルハン、アイドゥン、メンテシェ・ベイリクは敗北し、メフメトの宗主権を認めた。

一四二一年メフメト一世の死後即位したムラト二世は、ビザンツ帝国に庇護、支援される叔父のムスタファーと自らの兄弟ムスタファーという二人の同名親族の反乱を鎮圧し、メフメト一世が遺した事業を完成させていった。その在位期間（一四二一〜五一）にエーゲ海沿岸部のサルハン、アイドゥン、メンテシェ・ベイリクは完全に消滅し、その領土と育成された海軍力はオスマン朝の手に移った。ゲルミヤン・ベイリクはヤアクーブ二世の遺言により全領土がオスマン朝に譲渡された。アナトリア側に残るベイリクはカラマン朝と北部のジャーンダール、アナトリア・シリア境界のラマダーン、ドゥルカドルだけになったが、ディヤール・バクル、アゼルバイジャン、イラン西部にはトゥルクマーン系のカラ・コユンル朝、さらにその後アク・コユンル朝が勃興しつつあり、シリア・エジプトを支配するマムルーク朝（チェルケス・コーカサス系のブルジー・マムルークが主導する国家）もアナトリア進出の戦略を捨ててはいなかった。

バルカン半島側ではワラキア、セルビア、ボスニア、アルバニア方面で征服活動を進め、当時この地域に南下しつつあったハンガリー（ウンギュルス）王国の勢力としばしば衝突した。エーゲ海、地中海方面ではジェノヴァ、ヴェネツィアが中心となったイタリア半島の海洋商業都市国家が、北方のハンガリー王国、ポーランド王国、さらにローマ教皇庁、ロードス島の聖ヨハネ騎士団とも時には連携して地中海交易の利益確保を目的にますます活動を活発化させていた。

十五世紀から十六世紀にかけて、傑出した才能と優れた政治力を有するムラト二世、メフメト二世（ファーティフ）、バヤズィト二世、セリム一世という直系四代のスルタンたちはこのような国際情勢のなかで上記の諸勢力と渡り合い、輝かしい勝利を重ねながらオスマン朝国家をさらに拡大、発展させていくのである。

セルジューク朝とベイリク時代のアナトリアの文化

十二世紀の後半からアナトリアでは、ルーム・セルジューク朝の政治的な覇権の下で文化活動が始まった。これ以前の時代については、アナトリアのイスラーム文化の痕跡を伝える建築物や遺物もほとんど見出せない。ルーム・セルジューク朝の宮廷は、イラン方面のセルジューク朝と同じく、イラン的なイスラーム文化の影響を強く受けた。ルーム・セルジューク朝スルタンたちの名前が十二世紀末からカイホスロウ、カイカーウス、カイクバードなどイスラーム以前のサーサーン朝時代に生まれたと思われるペルシアの伝説にあらわれ、その後ペルシアの大詩人フィルダウスィー（フェルドウスィー）の『王書』に取り入れられて名高いカイ（カーヤーニー）王朝の君主たちに因んでいるところはその典型である。このような命名はベイリクやオスマン朝時代には見当たらず、「剣獅子」を意味するクルチ・アルスランというスルタンの名前が唯一テュルク語である。

セルジューク朝の宮廷を中心とする公的な場で使用された言語はアラビア語、ペルシア語であり、テュルク語が文字化されて文学や思想を伝達する役割を担うことはなく、断片的な単語や表現以外にまとまった文献は残されていない。十三世紀に入ると東方のセルジューク朝政権は滅亡し、その後に支配権を掌握したホラズム・シャー朝はセルジューク朝の支配体制を継承したが、当初軍事活動に注力して文化的な庇護は弱く、かつてイラクのセルジューク朝の庇護を受けていたラーヴァンディーが、自らペルシア語の美文を駆使して著わしたセルジューク朝の歴史である『胸の安らぎと喜びの証し』を献呈すべく赴いたのは、コンヤのスルタン、カイホスロウ一世の宮廷であった。本稿で度々名を挙げたイブン・ビービーやアクサラーイーはアナトリア在地の出身者であるが、イラン本土の著者たちに勝るとも劣らない教養を背景に自作の定型韻文を多用し、美文の典型ともいうべきペルシア語史書を残した。二人とも宮廷の書記や財務官僚という社会のエリート層に属しており、民衆文化を代表してはいないが、彼らの史書を読む限りアナトリアにペルシア語の文学的伝統とイランで生まれたイスラーム文化が根付いていたことを確認できる。セルジューク朝はテュルク系出自の王朝でありながら、王朝の成員たちはテュルクの民族文化振興を図ることなく、ペルシア語とイラン起源のイスラーム文化を愛好していたのである。

一二二〇年以降イラン方面にモンゴルの侵攻が始まり、ホラズム・シャー朝が壊滅すると、中央アジア、イランを中心とする東方からアナトリアへ多くの文化人、宗教家、芸術家、職人、官僚などが避難、移住してきた。そのなかで最も有名な人物が先述したジャラール・アッディーン・ムハンマド・ルーミーである。ルーミーは一二〇七年、現在のアフガニスタン領内のバルフに生まれたが、家族とともに離郷し、一七年アナトリア東部のマラトヤに到着、二八年には当時のスルタン、カイクバード一世の招請に応じてコンヤへ移り住んだ。以後ルーミーはコンヤを活動の拠点とし、一二七三年末に亡くなるまでこの町に住み続けた。ルーミーの墓廟は「緑のドーム」の名で知られ、現在も参観者の絶えない、アナトリアで最も有名なイスラーム建築の一つである。ルーミーの父、バハー・アッディーン・ヴァラドは有名な神秘主義教団の指導者であったが、ルーミーも父やその弟子の指導を受けて神秘主義(タサッウフ)の修行に励んだ。ルーミーはアラビア語で「マウラーナー(我らが師)」と尊称されたので、ルーミーを名祖とする神秘主義教団(タリーカ)はマウラウィー(トルコ語でメヴレヴィー)教団と呼ばれる。ルーミーはコンヤで放浪の修行者シャムス・タブリーズィーに出会い、ペルシア語で詩作を始め、詩人としても名声を高めた。代表的な作品には『シャムス・タブリーズィー詩集』と『精神的マスナヴィー』があり、自筆の原本がコンヤのメヴラーナ博物館に保管されている。

十三世紀の前半、ルーミーより早く、西方から神秘主義哲学の理論家ムフイー・アッディーン・ムハンマド・イブン・アラビーがアナトリアを訪れている。彼は一一六五年イベリア半島のムルスィアに生まれ、マッカ巡礼の際にアナトリアから来ていたマジド・アッディーン・イスハークに出会い、その招きで一二〇五年アナトリアに入った。以後一二三〇年シリアへ出国するまでアナトリアに居住し、後に神秘主義哲学の分野で「存在一性論」と呼ばれることになるイスラーム神秘主義理論の基本的著作である『マッカの開示』などの執筆に専念した。イブン・アラビーをルームへ誘ったマジド・アッディーン・イスハークはルーム・セルジューク朝宮廷きっての知識人であり、一二一四年にはカイカーウス一世による黒海岸の要港スィノプ征服を伝える使者として当時のアッバース朝カリフ、ナースィルの許へ派遣され、カリフの許よりスルタンがフトゥーワ（原義は若者らしさ、転じて職業別の騎士道的な同胞精神）に入ることを赦される免状を持ち帰った。マジド・アッディーン・イスハークの息子がサドル・アッディーン・ムハンマド・クナウィー（コネヴィー）であり、イブン・アラビーに師事してその学問的な後継者となった。クナウィーは師イブン・アラビーの死後アナトリアに戻り、コンヤで教育を続けた。彼はモンゴル期のシーア派の大学者で、イルハン国のフレグ、アバカ父子の学術・政治両面での顧問として信認厚かったナスィール・アッディーン・ムハンマド・トゥースィー

コンヤの「緑のドーム」　マウラーナー・ジャラール・アッディーン・ルーミーの墓廟。マウラウィー（メヴレヴィー）教団の本拠となったコンヤの町を象徴する，現在のトルコでもっとも有名なイスラーム建築のひとつである。

（一二〇一〜七四）と文通をおこなっていたことでも知られ、一二七四年に亡くなった彼の墓廟はコンヤ市内に現存しており、礼拝所と図書館が併設されていた。

ルーミーやイブン・アラビーの例からも明らかなように、十三世紀前半のアナトリア、とくにコンヤのルーム・セルジューク朝の宮廷は当時の西アジアでも屈指の文化・文芸保護の中心地であり、東西から一流の文化人、知識人が訪れる場所であった。こうした状況の背景にはカイクバード一世をはじめ歴代ルームのスルタンたちの治下、アナトリアが政治的に安定し、東西南北の通商交易の十字路として経済的に繁栄していたという事情がある。一二四三年のキョセ・ダグでの敗戦後、モンゴル人征服者による政治的、経済的な圧迫が強化されるにつれて状況は悪化し、宮廷を中心とする文化的な輝きも急速に失われていった。ベイリク時代もそれぞれの中心地で文化活動は続けられたが、統治の不安定とそれに伴う経済的基盤の脆弱さから一時的で小規模な現象に終わることが多かった。十五世紀後半にオスマン朝によるアナトリアの政治的統一が成り、経済的な繁栄が戻った時期からは三大陸に跨がる大帝国の首都となるイスタンブルに人的・経済的資源が過度に集中したため、アナトリア各地の都市にかつてのような独自の優れた文化活動が復興することはなかった。

ルーム・セルジューク朝の歴代スルタンたちは揃って建築を愛好し、領内の各地に城郭、宮殿、墓廟、隊商宿、橋梁、病院、公衆浴場、泉水、マスジドやジャーミィ（礼拝所）、マドラサ（高等教育施設）などを建設させ、宮廷に仕える有力者たちもスルタンたちに倣って多くの公共施設を造営した。

マスジド、ジャーミィなどの内部装飾やミンバル（説教壇）などの木製、または石造品についても技術の粋と入念な工夫が凝らされ、逸品が少なくない。とくにカールワーン・サラー（キャラヴァン・サライ）、リバート、ハーンなどと呼ばれる主要な交通路上に建設された隊商宿はセルジューク朝時代のものが多く現存しており、西アジアの他地域に例をみない極めて堅牢な石造の優れた建築物である。これら多数の隊商宿建設がアナトリアを東西南北に縦・横断する商業交易路の安全を保証し、十三世紀前半にセルジューク朝の経済的な繁栄と富の集積をもたらしたのである。

マドラサ、礼拝所、病院、図書館などの施設はワクフ制度によって運営され、不断に維持・補修が続けられ、のちのベイリクやオスマン朝時代にもそれらの機能は引き継がれていった。これらの建築物の多くにはワクフ条件を規定し、在地の裁判官（カーディー）や法学者たちの署名によってイスラーム法上瑕疵なく認知されたことを明示する紙上のワクフ文書（ワクフィーヤ）の他に建設や修復、再建の年次や由来が刻まれた、多くはアラビア語の石板銘文が残されており、史書の記述を補完する歴史研究に有益な現場証言となっている。

ベイリク時代にアナトリア各地に造られた各種の建築物も基本的な構造はほとんどセルジューク朝期のものを踏襲しており、地方による建築資材などの差異を除けば、ベイリク時代に固有の特徴は少ない。建築文化の面でベイリク時代はセルジューク朝の模倣と後続の時代である。

カラマン朝がアナトリアの歴史上に初めて登場した一二七七年、コンヤで即位したスルタン、スィヤーヴシュ（ジムリ）から宰相に任命されたムハンマド・ベグは宮廷でテュルク語の公用語化を宣言したとイブン・ビービーは述べている。この宣言を裏付け、それに応じて出されたテュルク語の文書などはまったく残されていないが、この記事は当時のアナトリアの住民のあいだでテュルク語が広範囲に流通していたことを示すものである。ルーミーの息子で、後継者となったスルターン・ヴァラド（一三一二年没）には断片的ながらテュルク語の韻文作品が残されている。また、先述したベイリク時代にメンテシェ・ベイリクのイルヤース（十五世紀前半）、アイドゥン・ベイリクのイーサー（十四世紀後半）、ジャーンダール・ベイリクのイスマーイール（十五世紀半ば）などの支配者たちは文芸保護者として有名であり、彼らには詩集、医学書、実用書（鷹狩りの書）などがテュルク語に翻訳されて献呈されている。十四世紀後半、スィワスを中心に統治した高い文化的教養をもつ支配者であるカーディー、ブルハーン・アッディーン・アフマドには自作の長大なテュルク語詩集があり、ジャーンダール・ベイリクのイスマーイールも前述のようにテュルク語で法学書を著わしている。

セルジューク朝時代には文字化された言語として重視されていなかったテュルク語がセルジューク朝末期からベイリク時代を通じて次第に文学・学術語としての役割を果たし始めたことがこれらの例から窺える。イスラーム社会の書写言語として基盤や伝統を持たなかったテュルク語が文化・学術言語として成長、進化するために先進のペルシア語で書かれた既存作品の翻訳という手法が取られたことは注目すべき点である。イスラーム世界に限らず、東アジアやヨーロッパでも他言語による既存作品の翻訳や模倣という過程を経ながら現存する日本語やヨーロッパ諸語の原型が生まれたことにはあまたの類例がある。

本稿の結びとしてペルシア語からテュルク語へと翻訳され、その内容が文化面のみならず、王朝の自己認識と結びついて政治史にまで影響を及ぼしたと想われる例を一つ挙げておく。それは『集史』第二部世界史のなかに存在する『オグズ史』という資料である。原著は一三一四年筆写、ミニアチュール付きの写本がイスタンブールのトプカプ宮殿博物館の図書館に残されており、編纂者(作者)はイルハン国の宰相で歴史家でもあるラシード・アッディーンである。この作品は歴史と名付けられているものの、年代などはまったく出て来ず、生まれながらに唯一神教徒(ムスリムと特定されていない)であるオグズという人物の一代記とその子孫たちの長期にわたる伝説的な物語である。物語中にはオグズによる世界各地の征服とその過程で男性は犬、女性は人間である国の征服や闇の国(カラフルン)探検、テュルク語で日(キュン)、月(アイ)、星(ユルドゥズ)、天(キョク)、山(タク)、海(テンギズ)という名のオグズの六男(ハンの称号が付される)、そのそれぞれから四子が生まれ、この六×四に由来するオグズ族は全部で二四氏族から成ることなどの話が含まれており、オグズの生涯は千年であったという記述もあって荒唐無稽な内容が織り込まれている。オグズは全体として二集団に大別され、日、月、星の年長三子に由来する部族集団は「ボズ・オク」(破矢)と呼ばれ、右翼となり、天、山、海の年少三子に由来する部族集団は「ウチ・オク」(三矢)と呼ばれ、左翼となるという説明もあり、これはベイリクのところで名を挙げたドゥルカドルとラマダーン・ベイリクがそれぞれ所属するとされた部族集団名であった。十五世紀前半にはオスマン朝の始祖がオグズの長子キュン・ハンの長男カユに由来する、二四氏族の筆頭部族に属するとの伝説も伝わっていた。

十一世紀のカーシュガリー『テュルク諸語集成』にもオグズの二二氏族名は挙げられており、それらはすべて『オグズ史』に出ているが、記載の順番がまったく異なり、カーシュガリーはオグズという人物やその事績にはまったく言及していない。『集史』第一部『ガザン・ハーンの祝福された歴史』と題されたモンゴル史、そして第二部世界史中の『中国史』、『インド史』、『フランク史』、『イスラーイール史』、『イスラーム諸王朝史』などの諸史はどれも明白な情報源を持ち、歴史としての体裁を取っているのに対して、この『オグズ史』の内容は一読して奇妙な内容を伝えている。しかもこの二四氏族の記述を中心とする『オグズ史』中核部分の要約が『集史』全体の序文に続くモンゴル、テュルク諸部族の起源を説明した部分にも引用されているので、『オグズ史』が作品全体から孤立して特異な内容を伝えたものとはいえないのである。『オグズ史』執筆時の情報源の逐一を明らかにすることは容易ではないが、カーシュガリーとは明らかに共通の情報が利用され、また闇の国探検の部分は内容的に伝カリステネス作『アレクサンドロス大王物語』中の説話と酷似しており、犬人国の話も一二四六年夏にカラコルムにおいて挙行されたモンゴル帝国のグユク・ハン即位式に居合わせたフランシスコ会修道士ジョヴァンニ・ディ・プラノ＝カルピニの旅行記中に類話があることから、おそらくは十四世紀初めころにイラン方面に伝わっていたオグズ＝トゥルクマーンに関する各種の口承説話や民間に流布していたアレクサンドロス・ロマンスなどを下敷きにラシード・アッディーンが多くの伝説と断片的な史実を織り込んで書き下ろした創作であると思われる。

オスマン朝のムラト二世時代に『セルジューク朝史』という作品が一四二三／四年に宮廷でヤズジュ・オウル・アリーという人物により古オスマン語で書かれ、写本二点がトプカプ宮殿博物館の図書館に所蔵されている。この作品は冒頭にラシード・アッディーンの『オグズ史』の一部、その後イランのセルジューク朝の部分はラーヴァンディーの史書からの翻訳、ルームのセルジューク朝の部分は

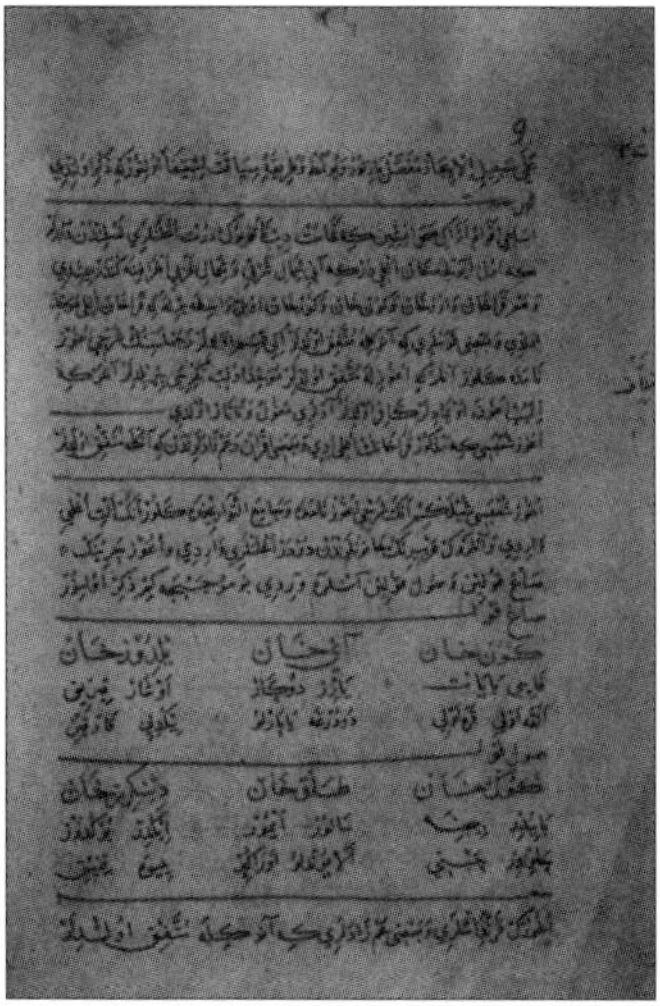

オグズの24氏族　オスマン朝のムラト２世(在位1421〜51)時代にトルコ語訳された『セルジューク朝史』の冒頭部にある，オグズの24氏族について書かれた部分。カーシュガリーの時代には，オグズは22の氏族に数えられているが，14世紀初めのラシード・アッディーンの著作『集史』では，オグズ部族の伝説的な始祖オグズ・ハンにテュルク語で太陽，月，星，空，山，海の名をもつ６人の息子があり，そのそれぞれから４人ずつの孫が生まれたとして，合計で24の氏族が生じたと説明される。カーシュガリーの挙げる22氏族の名称は，すべてラシードの記録する24氏族の名称に含まれるが，名称の列挙される順番はまったく異なっている。ここに掲げたテュルク語訳『セルジューク朝史』は，イスタンブルのトプカプ宮殿博物館の図書館に所蔵される写本(登録番号：Revan 1390)。

イブン・ビービーの記事の翻訳、ガザン・ハンのイスラーム改宗からその死までの部分はラシード・アッディーンの『集史』からの抜粋翻訳という構成である。この書物の終わり近く、十三世紀末から十四世紀初め、セルジューク朝末期のスルタン、マスウード二世とカイクバード三世の名前が出てくる部分に、オグズ・カユ部族の首領であるオスマン・ベグがテュルクのベグたちの相談によりハンに立てられたという短い記事がある。これは原著にはなく、明らかに翻訳者であるヤズジュ・オウル・アリーがテュルク語訳文のあいだに脈絡なく挿入したもので、ムラト二世の時代になると、実力ですでに多くのベイリクを征服、平定するという実績を挙げて国家体制を整備しつつあったオスマン朝は、オグズ＝トゥルクマーンの歴史や伝統の面でもアナトリアに君臨する資格を有する王朝としての体裁を保つためにこのような挿入がなされたものであろう。

オスマン朝だけでなく、同じくトゥルクマーン集団を母体に発展した東方のカラ・コユンル、アク・コユンル両王朝も十五世紀後半に書かれた史書ではラシード・アッディーンの『オグズ史』に発祥するオグズ伝説を改変利用しており、オスマン朝ではアナトリアの諸ベイリク時代に各地で始まっていたペルシア語作品のテュルク語翻訳事業という文化活動の流れのなかに『オグズ史』が王朝の自己認識に影響するという結果を生んでいたのである。

第二章　オスマン帝国の時代

1　オスマン支配の拡大とイスタンブル政権の形成

二つの勢力の葛藤の時代

十五世紀後半から十六世紀前半にかけてのオスマン帝国は、その拠点であった南バルカンと西アナトリアの領域をこえて東西にその領土を拡大した。軍隊はスルタンの指揮のもとに巧みにまとめられ、征服の成功は、戦利品、捕虜、領土というかたちで国家に膨大な富をもたらした。このころのオスマン帝国は、複雑な官僚機構や華美な宮廷をもたず、得られた富を軍隊の強化とさらなる征服に振り向け、その結果、領土の拡大はほぼ一世紀にわたって続いた。

戦時体制下にあったともいえる当時のオスマン帝国の軍事力は、トルコ系騎士兵団とバルカン出身者による常備軍兵団(カプクル軍団)の二系統からなっていた。トルコ系騎士はスィパーヒーと呼ばれ、戦功により村落からの徴税権（ティマール）を与えられ、おもに夏におこなわれる対外遠征への従軍義務を負っていた。ティマールは遊牧民部族の長や上級の軍人を介さず、スルタンから直接スィパーヒー一人ひとりに与えられ、彼らは封建的な主従関係をスルタンとのみ取り結んだ。この過程でかつてトルコ系騎士を支配していた分権的な遊牧集団原理は徐々に払拭されていった。スィパーヒーは政府の側からみれば騎兵であると同時に、農村の徴税担当者でもあった。彼らを征服に駆り立てたものはスルタン直属の書記機構を通じて的確におこなわれるティマール授与という経済的な報償であったが、十五世紀中葉ころから「異教徒世界への聖戦（ガザー）」のイデオロギーも整備され、彼らの軍事奉仕は精神面でも正当化された。

スィパーヒーに授与されるティマールの多くはバルカンの新領土からのものであった。征服が成功すれば、神秘主義教団戦士やスィパーヒーの従者など、従来、「軍人」として政府に登録されていなかった者にも、スィパーヒーとして取り立てられるチャンスが与えられた。アナトリアで長く続いた群雄割拠の時代を生きてきたトルコ系遊牧民出身の半農半牧、あるいは半牧半軍の人々は、こうした過程でオスマン帝国の軍人階層に参加する機会を得ていた。トルコ系遊牧民出身の騎士たちの多くは、ティマール授受を通じてスルタン中心のオスマン帝国中央集権体制に取り込まれてスィパーヒー化し、部族的靭帯を失っていった。

この動きと平行して、かつてオスマン王家から独立した政治的・経済的基盤をもっていたオスマン帝国支配下のトルコ系名家はその影響力を失っていく。彼らと末端の騎士たちを結ぶものがなくなったためである。彼らが果たしていた軍事的・政治的リーダーの役割は、「スルタンの奴隷（カプクル）」と称されるオスマン宮廷出身の軍人政治家たちの手に移っていった。

戦争捕虜やデヴシルメと呼ばれる強制徴用制度によっておもにバルカン諸地方のキリスト教徒社会から供給されたカプクルは、通常、二つのグループに分けられる。ひとつのグループは、常備軍兵団員である。彼らは歩兵部隊のイェニチェリ軍、騎兵部隊のスィパーフ軍、予科軍団のアジェミーオーラン軍などからなり、スルタンのお膝元である首都に駐屯した。とくにイェニチェリ軍は十分な訓練を受けた少数精鋭の近衛兵部隊で、最新の火器で武装し、戦場ではつねにスルタンの周囲を囲んだ。これに対し捕虜や徴用された少年たちのなかから特別に選び出された若者たちは、常備軍には配属されず、スルタンの宮廷で養育され、エリート軍人への道を歩んだ。この第二のグループに属した若者たちは、長じると県（サンジャク）や州（ベイレルベイリキ）の司令官、常備軍兵団長などとして軍隊の指揮や地方の統治にたずさわり、成功した者は宰相、大宰相など軍人政治家として活躍した。彼らはスルタンに一身従属を誓う「スルタンの奴隷」勢力の中心としてスルタン権限の拡大、中央集権体制の整備と連動して台頭した。

オスマン帝国の十五世紀後半の歴史の底流には、トルコ系名家とスィパーヒーからなる「アナトリア勢力」と、宮廷出身軍人政治家と常備軍兵士からなる「バルカン出身のカプクル勢力」の葛藤が存

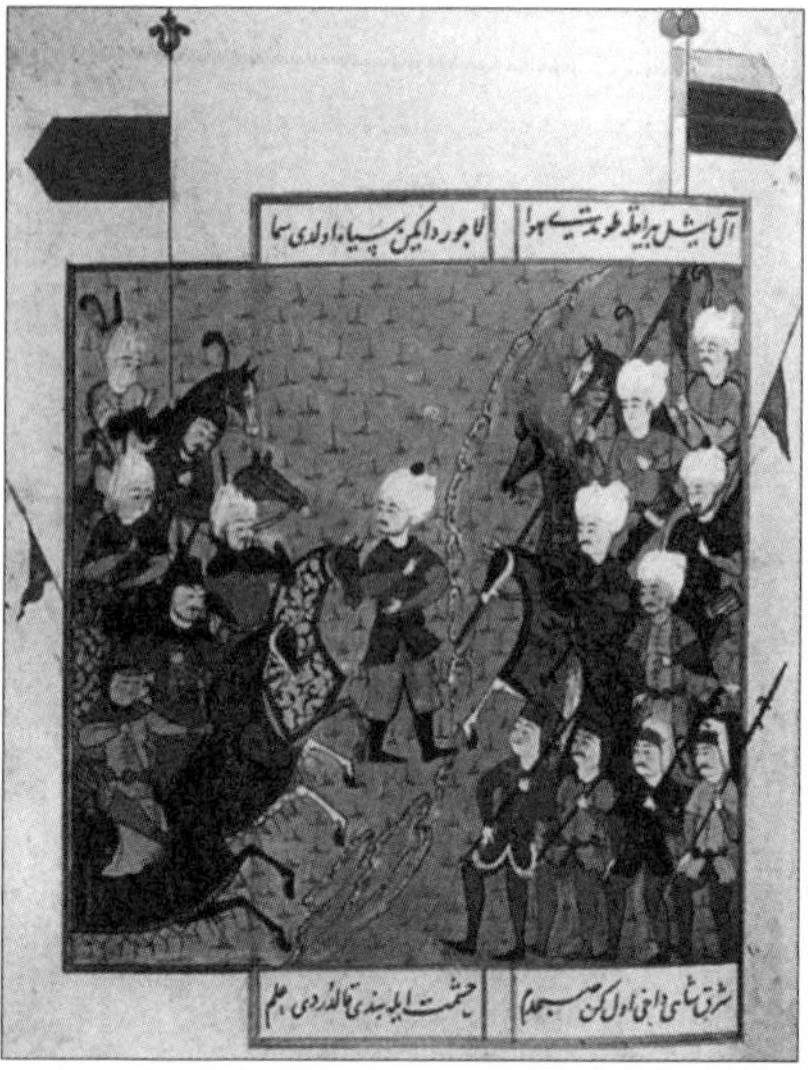

イェニチェリ　イェニチェリ諸団のひとつソラック部隊はとくに選抜された精鋭軍で，スルタンを囲んで行進した(上)。白いかぶりものが特徴的。下は戦場でのイェニチェリ兵。右下で銃をもつ。

在し、やがて、後者が前者を凌駕していくことになった。続く十六世紀のスレイマン一世の時代、スィパーヒーたちが構成するトルコ系騎士兵団は依然重要な軍事力であったが、しかし彼らを指揮するのは宮廷出身の軍人政治家に限られた。新エリート集団に守られたオスマン帝国スルタンに対する不満は遊牧民的心性をもつアナトリアの人々のなかにくすぶり、しばしば首都での主導権争い、アナトリアでの反乱、あるいは、東部アナトリアからイラン高原に展開するトルコ系遊牧民政権への同調として表れ、時にイスタンブルのオスマン政権を足下から脅かした。

コンスタンティノープルの征服

宮廷出身の軍人政治家がトルコ系名家出身者を凌駕する劇的な転機は、メフメト二世(在位一四四四〜四六、五一〜八一)のコンスタンティノープル征服によってもたらされた。宮廷出身の側近に支えられた二十歳の若いスルタン、メフメト二世は、トルコ系名家チャンダルル家出身の大宰相ハリル・パシャの反対を抑えてコンスタンティノープルの征服を成功させ、スルタンの権威を著しく高めた。まもなくハリル・パシャは処刑され、以後の大宰相のほとんどは宮廷出身の軍人政治家が占めることになった。メフメト二世時代の大宰相たちの出身をみると、寵臣マフムト・パシャやルム・メフメト・パシャのように、バルカン諸国やビザンツの旧貴族層出身と思われる者が多い。戦争捕虜やデヴシルメを通じての登用は出身者の階層を特定するものではなかったが(それゆえ農民出身者も含まれ得たが)、宮廷入りした捕虜についてみると、旧秩序下での上流階層出身者である可能性が高かった。その結果、旧キリスト教徒貴族の子弟がオスマン帝国下でイスラームに改宗し「スルタンの奴隷」として活躍するという構図が生まれた。こうした新興のスルタン側近集団はトルコ系の名家やスィパーヒーたちの目には異質の存在として映っていたに違いない。しかし側近集団に囲まれたスルタンの絶対化と国家諸制度の中央集権化は、メフメト二世の時代、著しく進んだ。

カレンデルハーネ・モスク　コンスタンティノープルの征服後，町の教会・修道院の一部はモスクやマドラサなどのイスラーム教関連の施設に転用された。カレンデルハーネ・モスクも13世紀ころのギリシア正教会にさかのぼる。

中央集権体制は、バルカンとアナトリアにまたがる領土の地勢的な結節点であるイスタンブルを核にするかたちで整えられていった。イスタンブルのトプカプ宮殿で開かれる御前会議が政治の中心となり、イスタンブルを頂点とした軍事機構や行政機構の階層化、組織化が始まる。統治の基本は法令（カーヌーンナーメ）に明文化された。スルタン直属の書記官僚組織も徐々にととのえられていった。スルタンは、戦場に赴き軍事指導者としての役割を続ける一方で、首都イスタンブルの再建に努め、そこを壮麗なモスクや堅牢な市場などの大建造物で飾り、世界帝国の「皇帝」としてのイメージづくりも怠らなかった。首都には一万人以上の常備軍が駐屯し、イスラーム教徒に限らずキリスト教徒、ユダヤ教徒の商人・職人が呼び寄せられ、首都の経済的振興がうながされた。ビザンツ皇帝の千年の都コンスタンティノープルは、中央集権的なオスマン政権の一極集中の核としてのイスタンブルに生まれ変わった。

しかし中央集権体制のシンボルであるイスタンブルの興隆にはアナトリアの人々からのさまざまな抵抗があった。軍人や商人・職人の首都イスタンブルへの移住はスルタンの命令どおりには進まず、しばしば強制移住措置がとられている。また、建設と征服・破壊を繰り返す不吉な都市コンスタンティノープルをモチーフとする『アヤソフィア伝説』が人々のあいだに流布し、首都にとどまることなく「聖戦」の続行を主張するアナトリア出身の神秘主義教団兵士やスィパーヒーのあいだには、遠征の前線基地たる旧首都エディルネへの根強い支持がみられた。

十五世紀後半のアナトリアの状況

メフメト二世はコンスタンティノープルの征服に続きバルカン方面でギリシア、セルビア、アルバニア、ボスニアの征服を達成した。一方、アナトリア方面でも積極的な拡大政策をとった。ひとつの目的は、黒海をオスマン帝国の内海とすることであった。まずアマスラなど黒海沿岸に点在していたジェノヴァの植民都市を一掃し、続いて一四六一年にビザンツ・コムネノス朝の系譜を引くトレビゾンド王国を滅ぼした。さらにクリミア・ハン国の混乱を理由に艦隊を派遣し、同国を宗主権下に置いた(一四七五年)。従来、黒海の制海権を握っていたヴェネツィアはこうした展開に対抗して各地でオスマン帝国と衝突したが、一六年間の抗争の末一四七九年に和議が結ばれ、黒海は事実上オスマン帝国の内海化した。ドナウ川下流域の穀倉地帯や南ロシア平原への入口クリミアを結んだ黒海海運は、イスタンブルの海運業者らの手に委ねられ、奴隷や毛皮などの北方交易産品やドナウ川下流域の小麦などが安定したかたちで首都へ供給された。

一方、中・東部アナトリアでは、依然トルコ系諸侯国の支配が続いていた。なかでも中央アナトリアを支配したカラマン侯国はヴェネツィアと結んでオスマン帝国に対抗したが、内部には遊牧民政権特有の後継者争いを抱えていた。一四六六年、オスマン軍はコンヤやカラマンの町を征服し、カラマン侯国君主ピール・アフメト・ベイは、東部アナトリアの支配者、アクコユンル朝ウズン・ハサンのもとに逃走した。それに前後してアランヤ侯国なども征服され、オスマン帝国のアナトリアへの拡大

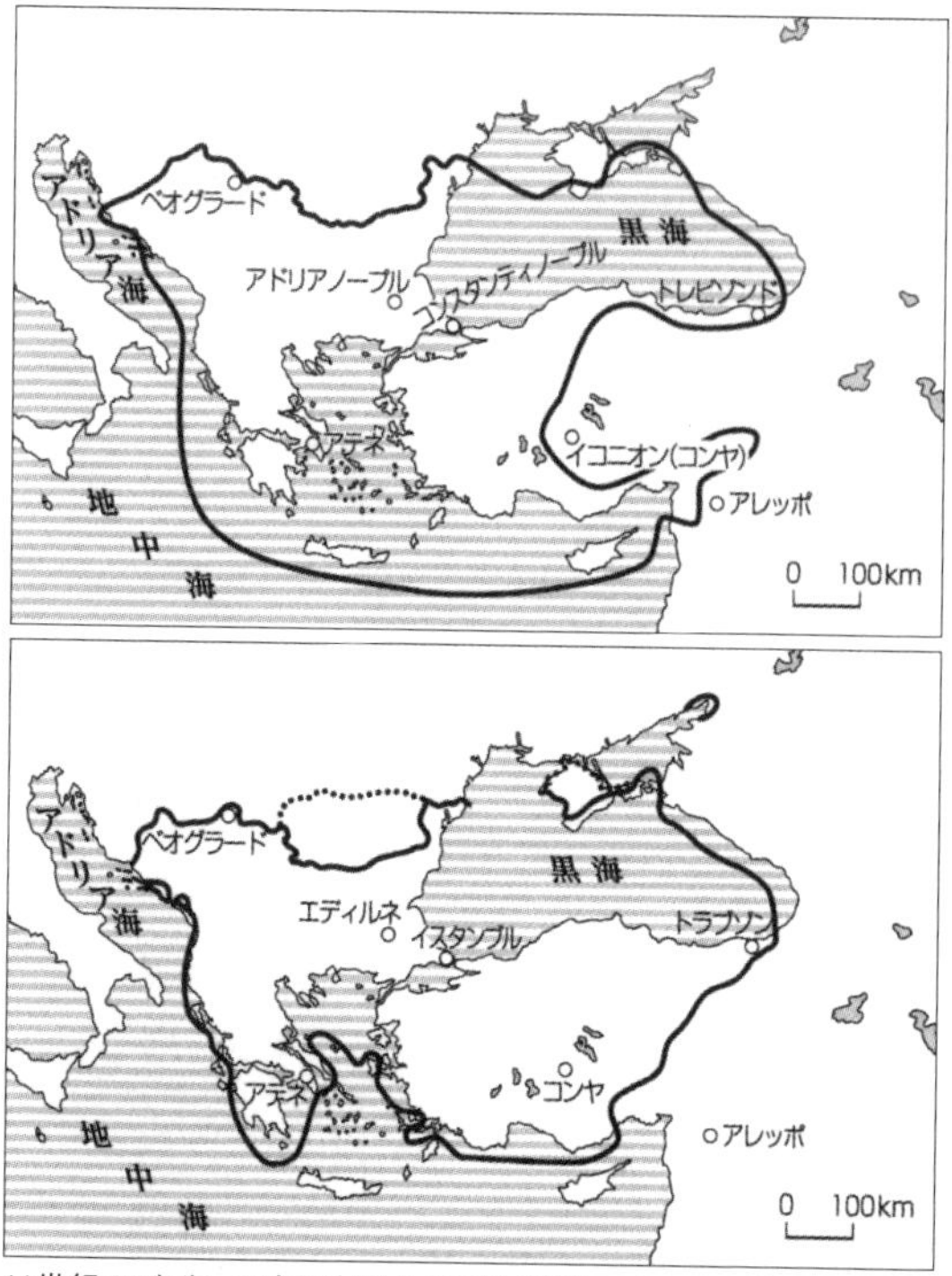

11世紀のビザンツ帝国(上)と15世紀後半のオスマン帝国　オスマン帝国が拡大した領域は，かつてのビザンツ帝国の領域とほぼ重なる。遊牧民政権の伝統の強い東アナトリアへの拡大は，16世紀に残された。

は急速に進んだ。これに危機感をいだいたアクコユンル朝のウズン・ハサンはヴェネツィアやローマ教皇庁、ロードス島の聖ヨハネ騎士団との同盟を画策し、一四七三年、オスマン帝国と直接対峙した。東部アナトリアのオトゥルクベリで決戦におよんだ両陣営の戦いでは、鉄砲の威力などによりオスマン軍が勝利をおさめた。この結果、旧カラマン侯国領たる中央アナトリアのオスマン帝国への帰属が確定した。

このようにメフメト二世時代は、バルカン、アナトリアの両方面で領土の拡大が実現され、それを可能にしたスルタン中心の集権的な軍事体制と国家機構の妥当性が認識されるに至り、スルタンの権威は著しく高まった。同時に、経済的にも、税源の国家への集中が意識的に推進された。従来、トルコ系名家や神秘主義教団はバルカンやアナトリアに膨大な私領地を保有し、その多くはワクフと呼ばれる宗教寄進財に設定されていたが、メフメト二世は国有地原則をたててこれらの多くを没収し、国庫に加えた。一方、国庫に属する税源の一部をオスマン王家のハス(直轄地)とし、ハスからの収入の一部をスルタン寄進のワクフ財源に指定し都市の公共・慈善・宗教的使途にあてるという「帝室ワクフ」の仕組みが広められた。国有地や関税、鉱山などからの税収は、細かな収税項目に分けられ、その一部はティマールや「帝室ワクフ」として目的を特定して分与され、残りは徴税官や徴税請負人を通じて国庫に納められ、スルタン政府の財源となった。オスマン家スルタンへの権力集中は、経済的な配分権もスルタンに集中させ、実際にはスルタンの名のもとに諸業務をおこなうスルタン直属の書記官僚機構の発展をうながした。

バヤズィト二世とセリム一世

急速な拡大を実現したメフメト二世に対し、続くバヤズィト二世（在位一四八一〜一五一二）の時代は対外的に消極政策の時代であった。その原因のひとつには、スルタン位争いに敗れたバヤズィトの弟ジェムがカイロからロードス島、フランス、イタリアへと逃亡し、対抗勢力によりいつでも担ぎ出される状況にあった点がある。バヤズィトとジェムのスルタン位争いの際にバヤズィトを支持した勢力はイェニチェリなどの常備軍勢力と宮廷出身軍人政治家たちであった。これに対し、ジェムは大宰相カラマーニー・マフメト・パシャをはじめとするトルコ系名家出身者の支持を受けていた。バヤズィトは勝利し即位したものの、彼を支持したイェニチェリ軍への報償と反対勢力への妥協を余儀なくされ、メフメト二世時代の集権化の流れは一時後退した。

弱腰のバヤズィト二世を批判し、彼を退位へと追い込み、そのあとを襲ったセリム一世（在位一五一二〜二〇）は一転、積極策をとる。王子時代にトラブゾン知事として東方との関係に精通していたセリムは、その短い在位のあいだに東アナトリアやアラブ地域の征服を果たした。その引き金となった東アナトリア情勢の緊迫化は、オスマン帝国の東にトルコ系遊牧民の騎兵軍団に支えられたサファヴィー朝政権が誕生したことによってもたらされていた。もともと東部アナトリアの遊牧民を教団員とする一神秘主義教団から成長したサファヴィー朝は、アクコユンル朝の旧領の継承を主張し、東アナトリアを版図に加えようとしていた。遊牧民の心情に通じるサファヴィー朝の宗教的プロパガンダはアナトリアで支持を広げ、一五一一年に勃発したシャー・クルの反乱など、それに呼応する動きがアナトリアの各地で発生した。サファヴィー朝の君主シャー・イスマーイールのトルコ語の詩は民衆のあいだに広まり、「シャー」の語は、オスマン支配の受容を潔しとしないトルコ系遊牧民のあいだで一種の救世主の響きをもって迎えられた。

こうした状況に対しセリム一世は断固とした態度で臨み、アナトリアのサファヴィー朝同調者の反乱を徹底して弾圧、さらにサファヴィー朝本体を一五一四年にチャルディランの戦いで破り、エルジンジャン、エルズルムをこえヴァン湖に至る東部アナトリアの領域をオスマン支配下に組み込んだ。翌年にはマムルーク朝と結んだ南東アナトリアのドゥルカドゥル侯国を滅ぼし、さらに南東アナトリアの主要都市ディヤルバクルをサファヴィー朝から奪った。

セリム一世の征服はアナトリアの歴史の大きな転換点となった。アナトリア出身の国家と考えられがちなオスマン帝国であるが、今日の「トルコ」が位置するアナトリア全域がオスマン帝国の支配下に入ったのはこのセリム一世の時代である。これ以後アナトリアの中部以東に対しても、バルカンや西アナトリアで確立していた統治システムが徐々に適応されていくことになった。すなわち、アナトリアの中・東部も州や県に再編成され、州知事にはイスタンブルから宮廷出身の軍人政治家が派遣された。納税戸と税目に関する綿密な調査(タフリール)が実施され、税収はイスタンブル政権に掌握された。軍事力による威嚇を背景に、政治的・行政的なネットワークへの組み込みが進められたといえよう。しかしタフリールの結果、一律にティマール制が施行されたかというとそうではない。オスマン支配を受け入れたアナトリアの旧来の遊牧民族長支配者らに対しては征服以前の権利が一定保証され、税収を政府と旧支配者が折半するディーワーニー・マーリキャーネ制がとられる場合も多かった。統合は地域の状況に応じ時間をかけておこなわれ、早急で画一的な政策は回避された。統合の過程では、イスタンブルから各地のカザー(郡)に行政官としてカーディーが派遣され、エリート色の強い正統派スンナ派の教学・法学が地方に適用されるようになった。この点は、その後もアナトリアにおいて根強い摩擦の原因となった。

ところで、オスマン帝国のスンナ派化をより推し進める要因のひとつになったのは、東部アナトリアに続いてセリム一世によってなしとげられたシリア・エジプト、さらにメッカ・メディナ(一五一七年)の獲得である。イスタンブルに膨大な経済的利益をもたらしたエジプト支配を永続させるには、イスラーム文化の長い伝統をもつアラブの人々にオスマン帝国支配を認知させる論理が必要であった。外敵からイスラーム世界を守り、メッカ・メディナを保護する「イスラーム世界の盟主」の役割はこうした文脈でオスマン帝国君主に付されることになった。またチャルディランの戦いのあともイラン高原に覇をなしたシーア派政権サファヴィー朝との違いを鮮明にし、彼らを討つことを正当化した言説も、「スンナ派世界の擁護」であった。こうした正統派意識は、統治にも深く関わったイスタンブルのウラマーのあいだで成長し、アナトリア民衆のなかにあるシーア派的傾向の強い土俗的なイスラーム信仰を異端視する度合いを深めていった。

スレイマン一世期の拡大

一五二〇年、スレイマン一世は、セリムに生存するほかの男子がなかったことから問題なくスルタン位を継承した(在位一五二〇〜六六)。これはオスマン史では例外的な事例といえよう。オスマン帝国では長く相続者決定のルールが確立されず、十七世紀に至るまで、男子兄弟のあいだでの継承争いとスルタン即位後の兄弟殺害が慣例化していた。イスタンブル中心のネットワークで束ねられていた領土には分割の余地はなく、王子たちにとっては全領土の継承か死かという二つにひとつの道が待っていた。幸運なスレイマンに比べ、彼の息子たちの運命は悲惨であった。スレイマンの長い在位のあいだにすでに継承問題が表面化し、有能といわれていたムスタファとバヤズィトの二王子がいずれも権力闘争に敗れ、スレイマンの命で処刑された。オスマン王家の血統は重視されたが、それはあくまで一子による一筋の流れに限定された。分家が王権の周囲に貴族層をつくり出すことは、あくまで防止されたのである。

さてスレイマン一世の前半期には、前代からたくわえられた経済力を利用してとくに中央ヨーロッパ方面に積極的な拡大政策がとられた。一五二一年のベオグラード征服、二六年のハンガリー平原のモハーチでの戦勝、二九年のウィーン包囲と続く一連の遠征は、十六世紀ヨーロッパの覇者、神聖ローマ皇帝ハプスブルク家カール五世の喉元まで「オスマン帝国の脅威」を突きつけた。オスマン帝国とハプスブルク家という両勢力の対峙は、ヨーロッパ諸国家や新教・旧教間の衝突をこえて、当時のヨーロッパ政治関係の基調をなした。海上でも、オスマン海軍は一五二二年にロードス島を征服してエジプトとイスタンブルを結ぶ東地中海の制海権を握り、さらに地中海一の海賊として名をはせていたアルジェリア水軍のバルバロスを登用して海軍を強化、彼の活躍でヴェネツィア・スペインの連合艦隊を破り(プレベザ沖の海戦、一五三八年)、アルジェリアに至る地中海の制海権を握った。オスマン帝国はハプスブルク家を共通の敵とするフランスと同盟し、ニース攻撃など両国は時に共同の作戦をとった。

このような拡大の結果、ハンガリーの中央部にブダ州(一五四一年)などのオスマン帝国の州が置かれ、ティマール制の施行とともにオスマン支配が定着していった。州体制が敷かれた地域の外側には、ワラキアやトランシルヴァニア、ハンガリー王国(ハンガリーの西部)、クロアチアのようなイスタンブルへの貢納義務を認めた諸国家が取り囲み、オスマン領と「外敵」の世界との緩衝地帯がベルト状につくり出された。その意味で、イスタンブルを中心とした支配領域は均整のとれたかたちで姿をあらわしてくる一方、征服・拡大の限界もまた明らかになってきた。

同様のことは東方の戦線についてもいえる。アナトリアの領有はオスマン側に確保されたが、その外側のアゼルバイジャン、バグダードを含むイラク地方は、サファヴィー朝とオスマン帝国とのあいだの長い争奪戦の舞台となる。対立のきっかけはスレイマン一世の統治の初期に実施されたタフリールが中央集権体制の浸透を嫌う東部アナトリアの遊牧民を刺激し、サファヴィー朝同調者の反乱の連鎖がアナトリアで発生したことにあった。背後にあるサファヴィー朝を討つことはスレイマン一世の命題のひとつとなり、一五三四年、四八年、五四年の三次にわたり対サファヴィー朝遠征が実施された。その結果、一五五五年のアマスィヤ和議によりイラクやアゼルバイジャン西部のオスマン領有が認められたが、この条約はサファヴィー朝側にとっても力の均衡を確認した外交上の勝利でもあった。イラクに対してはバグダード州が設置され、ユーフラテス水運の監督など積極的な統治が試みられたが、一方のアゼルバイジャン領有は安定せず、サファヴィー朝とのあいだの一種の緩衝地帯を確保する性格をもった。

このようにオスマン帝国の支配可能な範囲が徐々に定まってくる一方で、「イスラームの盟主」オスマン帝国は、時にその枠をこえた挑戦もおこなった。国際関係や在地勢力の援助要請などによって実現された冒険的政策のなかには、アルジェリアに至る北アフリカ沿岸部の支配やマルタ島包囲、インド洋への展開、アラビア半島のイエメンやオマーンの確保、紅海対岸のエチオピアへの出兵などが含まれる。多くの場合、在地勢力を温存し一定の宗主権を認めさせるにとどまったこれらの拡大はイ

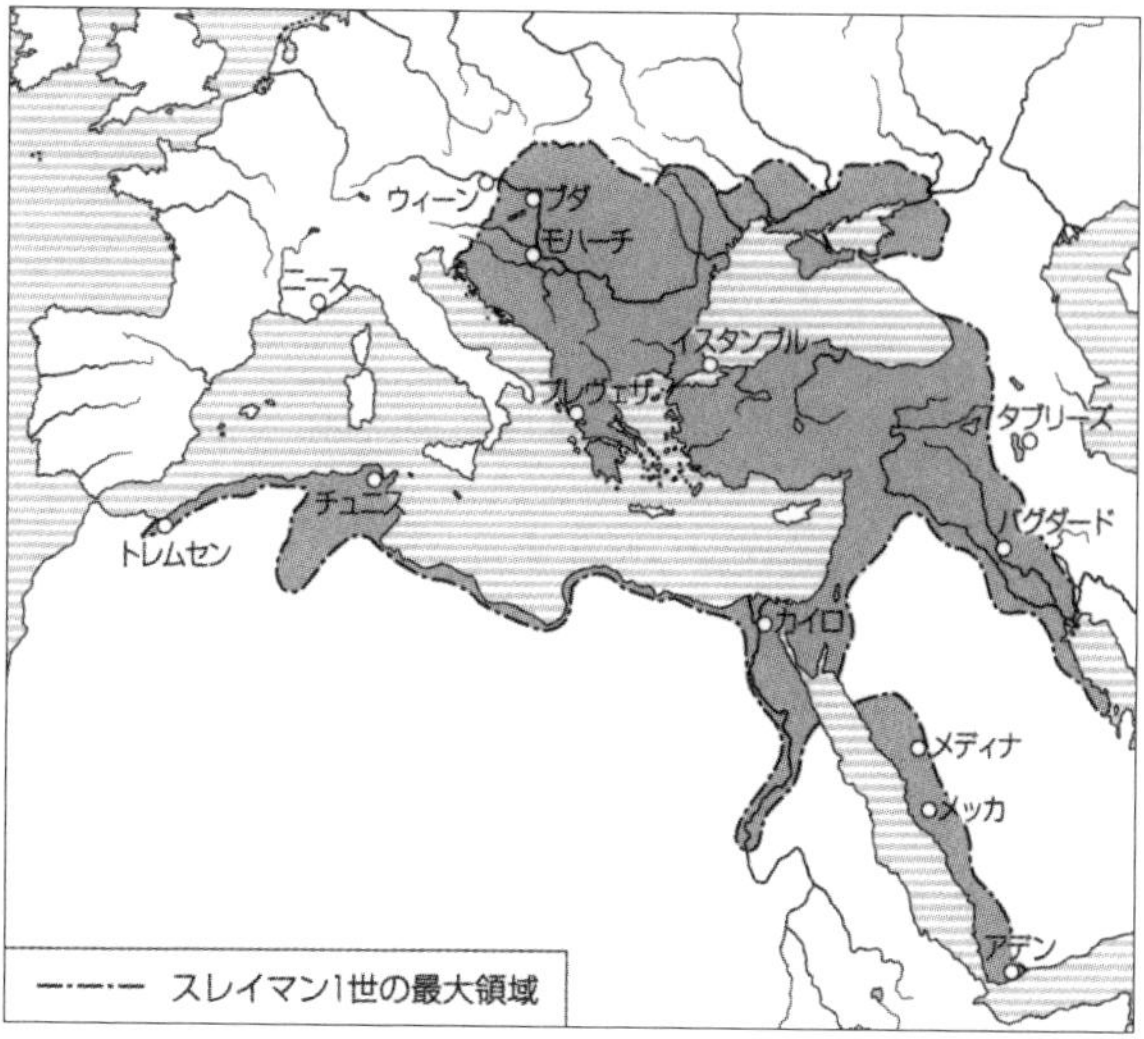

スレイスマン１世時代のオスマン帝国

スラーム世界におけるオスマン帝国スルタンの権威を高めたが、財政的な負担は大きく、やがてオスマン帝国の財政が緊迫していくなかでさらなる拡大の野心は放棄されることになった。

財政の悪化は、一五五〇年代から感じられ始める。長引く遠征や人気の高かった王子の処刑は軍隊内部に不満を残し、スレイマン一世はその晩年、遠征をひかえ内政の整備に専念した。それはイスタンブルから可能な範囲の征服はすでに完了し、オスマン帝国がすでに獲得された領域をより丁寧に統治する時代が到来したことによるものでもあった。

スレイマン一世は、オスマン帝国の人々によってのちに、カーヌーニー（立法者）の名で呼ばれた。これは彼が征服者としてよりも、国内秩序の構築者として記憶されたことに由来しよう。

全土を郡・県・州からなる軍管区に分け秩序正しくティマール制を施行すること、末端のスィパーヒーを法(カーヌーン)によって縛り農民に対し公正な統治を実施すること、常備軍と書記官僚機構をスルタンのもとに厳しく束ねること、市場における物価と供給の安定などが支配の理想とされ、スレイマン一世のもとでそれらけ実現されたと自負された。さらに対外戦争の勝利も加わり、スレイマン一世の時代は「理想の時代」として、のちのオスマン帝国人士によって回想されることになる。ただし、ティマール制に代表される拡大・成長期の制度は、征服の終焉とともに歴史的役割を終えていた。スレイマン一世の時代の「理想形態」は、実際には、新しい行財政体制の登場により乗りこえられていくことになるのである。

アナトリア社会と帝都イスタンブル

オスマン帝国期のアナトリアは、農民の保有地とされる農地を二頭の牛を使って耕作する小家族の自営農民と、牧畜を生業とする遊牧民が構成する農業牧畜社会であった。農民の多くは家畜も飼育し、遊牧民もまた農村社会と深い関係をもちつつ生活していた。山がちな高原では灌漑はおこなわれず、通常は天水によった。一戸の農民が手がける産物は多種目におよび、穀物のほか、都市向けの茜《あかね》(赤色の染料)や米、綿花などもしばしば栽培された。地域によって異なる徴税対象や収税慣習、税率などは、政府による農地・農村の調査(タフリール)によってつぶさに調べられ、その結果は県単位の法令（サンジャク・カーヌーンナーメスィ）に取り込まれて施行された。オスマン帝国以前からの収税慣習の多くは、この過程でオスマンの法として取り込まれた。徴税のプロではないスィパーヒーに地方の徴税を任せるにあたっては、こうした調査と徴税に関わる法の布告が不可欠であったといえよう。遊

スレイマニエ・モスク　写真上，奥。建築家シナンの代表作。イスタンブルの高台には大ドームをもつスルタンのモスクが配され，オスマン権力を印象づけた。写真上，手前のモスクはスルタン，スレイマンの女婿で大宰相を務めたリュステム・パシャのモスク。同じくシナンの作。

牧を営む部族もまた、調査の対象となった。遊牧民一人ひとりの名と集団（ジェマート）への帰属を示した台帳が作成されたが、その過程で部族・氏族の絆を弱めて、なるべく小集団単位でオスマン支配に結びつける努力がなされた。イスタンブル政権の意図は、どこからどのような税が取れるのかを掌握することにあり、末端の農民・遊牧民に至るまでその網はおよんでいた。農民や遊牧民の有力者は、徴税に関する不満や不正の告発をしばしば政府が各地方都市に開設したカーディー法廷にもち込み、その内容は首都イスタンブルの宮廷にも報告された。農民がイスタンブルのスルタンへ直接訴える構図は、スルタンを中心にした「あるべき公正な秩序」が末端の農民・遊牧民にも理解されていた証左にほかならない。

十六世紀のアナトリア社会では、「オスマンの平和」の到来とともに農業生産が向上し、人口が増加した。農村の余剰人口は、地方の小都市やイスタンブルに流入し、都市に下層の職人徒弟層を供給した。農村や遊牧民のもたらす原料産品が都市にもち込まれた結果、都市における手工業生産が拡大し、流入人口を吸収する原動力になった。ブルサの絹織物、アンカラのモヘア、カイセリに集まる羊毛や穀物など、各地に特産品が生まれ、それを扱う市の数が増加、アナトリア全土で都市が成長した。インド洋から紅海、ペルシア湾を経てアレッポにもたらされる香辛料、ブルサやアレッポに入るイラン産の生糸にみられるように、東西交易も活発化した。都市の繁栄の多くは、国際的な商業ルートの活発化と、農業・遊牧後背地の産品の安定した供給の二つにより支えられた。その結果、関税や取引税など都市での税収が増加し、オスマン帝国の財政を潤した。

一五二〇年代までアナトリア各地で遊牧民や農民を巻き込んで頻発した小規模な反乱が、十六世紀中期になるとみられなくなるのは、こうした安定の結果でもある。「オスマンの平和」の恩恵は、当初、オスマン帝国の支配を異質のものと感じていたアナトリアの人々のうえにもおよんだ。

一方、十六世紀のイスタンブルは帝国の首都として成長し、人口は二〇万とも四〇万ともいわれている。首都の住民や宮廷・軍隊への食糧・原料の供給は、オスマン帝国政府の重要課題のひとつであった。それにともないドナウ川下流地帯の小麦、バルカンやアナトリアの羊、エジプトの砂糖など各地の重要な生産品は、イスタンブルの市場と直接的に結びつけられることになった。主要な商品を扱う商人はムスリム、非ムスリムを問わずスルタンから許可状を受け、特権商人として活動した。

イスタンブルが首都として成長していく過程では、文化の分野でも、オスマン的ないしはイスタンブル的ともいえる独特のスタイルが生まれてくる。そのパトロンは、スルタンや中央集権体制下で成長した軍人政治家たちであり、実際の担い手は彼らのもとで働くムスリムの文人たち、あるいは宮廷工房の職人たちであった。詩や絵画(ミニアチュール)は元来イランの伝統を引くが、トルコ語での詩作、記録性を重視したミニアチュールなど、模倣を脱し独自の世界を築いた芸術家が輩出した。最も顕著なのは建築の分野である。ビザンツのドーム建築の技法を消化・吸収し、大ドームと高いミナレを特徴とするモスクの建築様式がオスマン宮廷建築家の手により完成された。その代表的な建築家は宮廷建築家長を長く務めたシナンである。シナンの手になる均整のとれた威風堂々たる外観をもつモスクの内部は、美しく繊細な花文様の彩色タイルで飾られた。大ドーム型のモスクは、地方に派遣された軍指令宮などの命で帝国の各地に建設され、イスタンブルの支配を印象づける道具立てとしても使われた。

2 オスマン官人支配体制の成長

オスマン官人支配の始まり

スルタンを中心とし、軍隊に基礎を置く軍事国家であったオスマン帝国は、スレイマン一世の治世の後半ごろからイスタンブルの官職者群によって運営される官僚国家への移行を始めた。十五世紀以来、オスマン帝国の官僚機構は陰で国家を支えてきたが、この時代になると狭義の書記だけでなく、上級の軍人やウラマーたちも官僚機構のなかに位置づけられ、彼らは互いに役割を分担し国家運営を担うようになった。こうした支配層の人々を指してオスマン官人ということばを用いておこう。当時のことばでは、オスマン家やそれに仕える者たちを意味する「オスマンル」がそれにあたる。

オスマン官人の代表は軍人政治家が務める大宰相であった。大宰相はスルタンにかわり実質的に軍事、行政、財政全般を統括した。大宰相優位の始まりは、スレイマン一世末期からセリム二世、ムラト三世の時代に権勢を誇ったソコッル・メフメト・パシャに見出せる(大宰相在職一五六五〜七九)。ソコッル・メフメト・パシャはボスニアのキリスト教徒の名家出身で、デヴシルメを経てオスマン宮廷に加えられ、スレイマン一世の晩年に大宰相となった。彼はその有能さでスレイマン以後のスルタンにかわり実質的な政策立案をおこない、軍隊や統治制度の組織化に努めた。同時に、血縁的・地縁的・個人的な結びつきを最大限に利用して有用な人材を周辺に集め、その後のオスマン官人社会の特徴となる、私的結びつきによる党派形成の先例をつくった。

メフメト・パシャの盟友の一人にウラマーの世界に属するエブースード・エフェンディがいる。彼はコーランの注釈書の執筆を生涯の仕事とするなど宗教家としての一面を残す一方、シェイヒュルイスラームという政府の宗教顧問職に長くあり、国家の実務に深く関わった。彼は、一五二八年にマドラサでの教育を終えた神学生たちを各種の推薦に応じて任官台帳に記載し、順次官職に就かせるミュラーゼメト制度を創始し、職業的ウラマーの組織化に努めた。この制度の定着以後、オスマン帝国のマドラサは行政職に就く職業的ウラマーを養成する場となった。職業的ウラマーの多くはカーディーとして郡レヴェルの行政官の役割を果たした。

ソコッル・メフメト・パシャとエブースード・エフェンディのつながりにもみえるように、宮廷出身の軍人政治家は各種の常備軍司令官、ウラマーや書記官僚と結び、政局を動かしていった。こうした軍人政治家の台頭によって、以後のスルタンの多くは象徴的な存在となり、実際の政治に発言力を行使することはまれになってくる。ただし、大宰相の地位もまた安泰ではなかった。経済政策の失敗や対外戦の敗北の責任はつねに大宰相に帰され、失脚ばかりでなく処刑されるに至った大宰相も少なくない。またポスト争いは官職全般にみられ、その過熱から「敗者」はしばしばアナトリアで反乱を起こし、農村や地方都市にも甚大な被害を与えた。

官僚国家化の流れのなかで、国政の質を決するものが適切な任官であることは当時の人々に正しく認識されていた。スレイマン一世のころから盛んに著され始める政治論は、正しい政治の指針を何より有能な大宰相の推挙に求め、賄賂や売官を批判、適任者に官職が与えられていない現状を憂えた。国家体制の瑕疵《かし》を憂い過去の繁栄への回帰を求める政治論の著作は、伝統的なスタイルに則った一種の文学作品でもあったが、しかし、そこで展開された官職者の質を問う議論は時代の動勢を切実に反映していた。オスマン官人やその予備軍の人々は、大宰相を頂点とする宮僚機構のなかで官職を得ることを何より求めていたからである。政治論の著者が指摘する「縁故・賄賂・買官行為の横行」と、官僚各職における登用や昇進の制度化は、厚さを増したオスマン官人のなかでの熾烈な官職争いから生まれたものであり、二つの動きは表裏一体であった。

「長期戦」と経済困難の時代

後継者争いに勝利してスレイマン一世の後継者となったセリム二世(在位一五六六〜七四)の時代には、大宰相ソコッル・メフメト・パシャのもとでオスマン帝国の拡張が依然続いていた。一五六九年、ソコッル・メフメト・パシャはカスピ海に近いアストラハンにまで兵を派遣し、ドン川とヴォルガ川を結ぶ運河の建設を計画した。一五七一年にヴェネツィアからキプロス島を奪い、反発したヴェネツィア・スペイン・教皇庁の連合艦隊により、同年アドリア海のレパント沖で海軍ほぼ全滅の敗北にみまわれるが、一年後には海軍の再建を果たし、七四年にはチュニスを攻略する。

しかしながら、十六世紀の末になると状況の変化が顕著になってくる。西のハプスブルク家オーストリア、東のサファヴィー朝との両戦役はともに膠着《こうちゃく》化し、かつての夏期の季節的な戦争から兵の配備を解けない長期戦へと戦争の形態が変化する。これは、武器や築城術が変化し、全体的な軍事力が均衡してきたことによる。近世ヨーロッパの技術革新を経つつあったハプスブルク家はいうにおよばず、サファヴィー朝も進んだ火器を備えた常備軍を編成し、オスマン軍の軍事的優位は失われる。兵力の主力は火器を使う常備軍が担い、戦費の負担は増大した。

対サファヴィー朝戦(一五七八〜九〇年)では、アゼルバイジャンがふたたびオスマン帝国に加わるが、シャー・アッバースのもとで体制をととのえたサファヴィー朝はアゼルバイジャンを奪還する(一六〇三〜一二年)。さらにバグダードを含むイラクの領域をサファヴィー朝が獲得する(一六二三〜

二四年)とオスマン帝国は反撃に出た。グルジア・アゼルバイジャン・イラクと続く長い境域は、休戦期間を挟みつつオスマン・サファヴィー両陣営の争奪の対象となり、戦いは一六三九年のカスリ・シーリーン条約の締結によりアゼルバイジャンのイラン帰属、バグダードのオスマン帝国帰属が確定するまで断続的に続いた。

トランシルヴァニア王家の後継者問題をめぐって始まったハプスブルク家との紛争は、ポーランドやクロアチアでの衝突に発展し、一五九三年、両国は戦争状態に入った。双方にとって長い消耗戦となったこの戦争は、一六〇六年の和議でオスマン・ハプスブルク双方が互いのかつての領域を確認し合い終結した。一三年間続いた戦争の結果、領土拡大の終息は多くのオスマン帝国の人々の意識するところとなった。中央ヨーロッパ領を保守するための戦費の負担は重く、戦争のバランスシートは明らかにマイナスに傾き始めていたのである。

このころからオスマン帝国の財政は、恒常的な赤字に転落する。その主たる原因は東西の戦線での過重な戦費にあったが、急速な価格上昇に対する経済政策の失敗も財政に負担をかけた。十六世紀を通じて安定していた物価は、人口の増加とアメリカ産銀の流入による銀の流通量増加などの結果として十六世紀末に急速に上昇し、以後のオスマン帝国の支配者たちは、ふくらむ中央政府の支出をまかなうための税収の確保と通貨の安定に向けて、むずかしい経済の舵取りを迫られることになった。

首都の混乱とアナトリアの争乱

劇的な物価高騰は、一五八四年ころに発生した。オスマン政府は貨幣改鋳を余儀なくされ、銀含有量を約半分にしたアクチェ(オスマン銀貨)を市場に出し、経済的な混乱の原因となった。首都では価値の低いアクチェで俸給を払われた常備軍兵士らが反乱を起こし(一五八九年)、貨幣改鋳をめぐる混乱は十七世紀前半まで繰り返された。一六九〇年に新銀貨クルシュが登場するまでのあいだ、オスマン帝国は銀貨の安定に成功せず、アクチェの流通量が減少、かわって外国銀貨の流通が広まった。

こうした経済的な混乱の原因と推移については依然不明な点が多いが、経済的な要因はその他の政治的要因と結びつき、首都とアナトリアでの騒乱というかたちで表面化した。すなわち十七世紀前半、首都ではイェニチェリの反乱や宮廷を舞台にした権力闘争が頻発、アナトリアでは、幾度となくジェラーリーと呼ばれる暴徒の反乱が発生、オスマン帝国の安定を揺さぶった。

アナトリアでの反乱分子がジェラーリーと呼ばれるのは、十六世紀初頭の叛徒の長ジェラールの名に由来する。以後、反乱の性格の違いを問わずアナトリアの反乱者やその軍勢は、おしなべてジェラーリーと呼ばれた。一五七〇年代にアナトリアの小都市において自然発生的に続いたジェラーリー反乱の主体は都市の無頼《ぶらい》者たちであった。彼らのなかにマドラサに籍を置く学生(ソフテ)も含まれたことから、ソフテの乱とも呼ばれる。本来、宗教と学問の道に進むべきソフテがなぜ無頼者となったのかは十分には明らかでないが、マドラサが農村から流入する人口を受け入れるひとつの窓口であったために推測される。物価の上昇にともなう窮乏で寄宿先のマドラサを追われたソフテたちが起こした騒動は、雑多な不満分子を結集してジェラーリー反乱へと発展していった。この時期の反乱は小規模なものでその影響力は限られたが、アナトリアに流動性をもたらし、軍人政治家に主導された十七世紀初頭以後のジェラーリー反乱の土壌を提供することになった。

一五八〇年代には首都においても政治の混乱が始まった。ソコッル・メフメト・パシャの暗殺(一五七九年)ののち、指導力の弱いスルタンのもとで大宰相はつぎつぎに交代する。軍隊内の対立から首都で反乱が発生、敗れた元常備軍騎兵たちは無頼化し、アナトリアでジェラーリー反乱に合流した(一六〇三年)。オスマン帝国政府は東西の前線で続く戦役のためアナトリアの動乱の鎮圧に割く余力がなく、それのみならず一六〇六年にハプスブルク戦役が終結すると、そこから解雇された非正規兵が徒党を組んでジェラーリーに合流し、アナトリアの町や農村を襲う反乱による被害はさらに深刻になった。

この時期の反乱の特徴としては、非正規兵として戦場に赴いた農民・遊牧民出身の新参兵、さらにティマール制の解体にさらされたスィパーヒーなどがアナトリアの町にあふれ、彼らが反乱に参加したことであった。先に挙げた政治論の著者たちは、アスケリー(支配層)とレアーヤー(被支配層)の区別をわきまえる重要性を繰り返し説いたが、これは、逆にその区別が強調される必要が差し迫っていたことを示していよう。ところでジェラーリー反乱の討伐に向かう大宰相やその他の有力軍人政治家は、配下の私兵軍団を率いていた。そもそも、十六世紀末以後、在地のスィパーヒー軍は実効性を失いつつあり、地方に赴任する州知事たちは自前での私兵軍の養成を余儀なくされていたのである。ここにも新規の非正規兵が入り込む余地があり、こうしてアスケリーとレアーヤーの中間に位置する不安定な軍事力は再生産され続けることになった。

ジャンブラットオールやカレンデルオールなど、地方の下級軍人に主導されたジェラーリー反乱の波は一六〇八年を頂点に一旦は終息するが、この時期以後、首都ではスルタン位の継承をめぐる抗争が続いた。アフメト一世(在位一六〇三〜一七)は強硬なクユジュ・ムラト・パシャを登用してジェラーリー反乱を鎮めるなど、内政で一定の成果をあげたと評価されるが、続くムスタファ一世(在位一六一七〜一八、二二〜二三)は精神に問題があり、イェニチェリ軍の改革をめざしたオスマン二世(在位一六一八〜二二)は逆にイェニチェリの反乱で殺される(一六二二年)。それまでも毒殺と推測されるスルタンの「謎の死」はあったが、刃を向けられての明らかな殺害は人心の不安をあおった。スルタンの殺害に至ったイェニチェリの横暴に抗議してエルズルム州知事アバザ・メフメト・パシャが反乱を起こし、この決起はやがてジェラーリー反乱としてアナトリア全土に広がる。アバザ・メフメト・パシャには首都の軍人政治家のなかにも同調者がいたため彼への討伐が徹底することはなく、やがて要職の授与により反乱は収拾された(一六二八年)。短期間再即位したムスタファ一世を継いだ幼少のムラト四世(在位一六二三〜四〇)は、一六三二年ころから政治の表舞台に立ち、規律の回復をめざし一

オスマン２世　スルタン・オスマン２世の拙速な改革を嫌ったイェニチェリたちは，彼をトプカプ宮殿からイェディクレ城の牢獄に移し絞殺した。没時18歳であった。

定の成果をあげる。彼の治世下では、コーヒーハウスや酒・タバコの禁止、非ムスリムの服飾法などユニークな施策もみられ、イスラーム的な公正を旗印に綱紀粛正がめざされた。

ムラト四世、続くイブラヒム一世（在位一六四〇～四八）の時代は、スルタンの母后として政治に介入したキョセム・スルタンの時代でもあった。「操りやすい」スルタンを望む有力軍人政治家やイェニチェリ司令官たちは、宮廷にこもったスルタンに影響力を行使すべく宮廷内の勢力を利用し、その結果、母后や愛妃などのハレムの女性が政治的な影響力を獲得した。デリ(狂人)とあだ名されるイブラヒムは一六四八年の降位後に殺害され、続いて即位した甥のメフメト四世(在位一六四八〜八七)はわずか六歳であった。その母后トゥルハン・スルタンとハレムの権力者キョセム・スルタンの争いは宮廷の一室でのキョセムの殺害に発展した(一六五一年)。宮廷では、ジンジ・ホジャという名の占い師が一時権勢を振るうなど(一六四八年処刑)、オスマン家が実質的な政治担当能力をもたないことは誰の目にも明らかだった。

こうしたなか、クレタ島をめぐってヴェネツィアとの対立が深まり、イスタンブル近郊の海峡がヴェネツィアにより封鎖され、首都では物価高騰とそれに抗議するイェニチェリの暴動が深刻になった。一六五六年にキョプリュリュ・メフメト・パシャが大宰相として全権を掌握するが、それに対し、アナトリアではアバザ・ハサン・パシャら反主流の軍人政治家がイスタンブルの政権に反旗をひるがえした。その勢力はアナトリアに広がりジェラーリー反乱が再燃した。

十七世紀中ごろのジェラーリー反乱は、イスタンブルで政権を争う軍人政治家間の抗争が地方に波及したものであった。しかし、その彼らが集めた軍事力には、非正規兵など雑多な半軍人身分のトルコ系の人々を含んでいた。反乱軍のなかには宮廷にこもりきりのスルタンに対し、謁見(アヤック・ディーワヌ)を要求して異議申し立てをするなど、遊牧民社会の対等な秩序意識もみえ隠れする。中央集権化のなかで押し込められたトルコ系遊牧民の伝統は、混乱のなかで時にオスマン支配に反抗するイデオロギーとしてあらわれてきた。

書記官僚機構の整備と税制改革

ところで、こうした混乱した政治史の展開は、実は水面下で進行していた官僚制度の再構築、地方統治システムの改編、新たなシステムから得られる富の再配分における不公平、新秩序への感情的な反発といった要素から生み出されたものでもあった。

前述のように、スレイマンの時代が終わるころ、オスマン帝国にはひとつの転機がおとずれていた。それは領土の拡大が終息したことであり、それは限られた領土から効率よく徴税し、領土の防衛と国家運営の採算をあわせていくという課題をオスマン官人に突きつけるものであった。その帰着として、大幅な税制改革と官僚機構の発達がうながされた。おおむねその改革が成功したことにより、中央政局の表面上の混乱にもかかわらず、この時代、帝国全土に対するイスタンブルの吸引力は維持された。

税制改革はつぎの三点で実施された。第一は、農村からの収税を在地のスィパーヒーに委ねることをやめ、財務局の徴税システムに集約、ムカーターと呼ばれる収税項目単位に請負契約に出すこと、第二は、アヴァールズ税と呼ばれる人口単位に徴収される臨時税を恒常化すること、第三は、収税業務を地方に派遣されるオスマン官人諸職の共同責任とし、イスタンブルの指示のもと、各部局に任務を分担させることであった。第一、第二の転換にともない、ティマール保有者であったスィパーヒーの没落と、それにかわる徴税責任者として、帝国全体にネットワークを広げた財務官僚層の台頭がもたらされた。第三の点は州(エヤーレット)を単位にした地方行政システムの再編と、その長としての州知事職の地位の向上、地方官吏としてのカーディーの責任範囲の拡大とその組織化をもたらした。

この点を少し詳しくみておこう。まず、財務官僚は、十六世紀後半以後、急速にその数を増加させていった重要なグループである。経済的な手腕が為政者に求められるようになった十七世紀、軍人政

大宰相府内の書記局で働く書記の姿(想像図)
広大な帝国は，発達した文書行政によって束ねられた。

治家たちの政治的な成功は、彼らが配下に置いた財務官僚たちの成果によっていた。また上級の財務官僚は、しばしば軍事司令官を兼ねる職にも任命され、「軍人」のポストの境域は曖昧になりつつあった。

中央財務局全体の責任者は、バルカン領担当の財務長官(デフテルダール)が務めた。その職は大宰相につぐ要職とみなされ始めた。中央の財務官僚は、地方に派遣された財務官との密接な連絡のもと各地域の財務行政を監督していた。彼らの手によりスィ

パーヒーやその他の官職者に分与されていたティマールが徐々に回収され、直接、徴税官によって収税をおこなうか、あるいは徴税請負契約により財力のある第三者に収税をまかせるかのいずれかに移行した。これにより、国庫に直接入る税額は飛躍的に増加し、拡大する常備軍への俸給や対外戦の戦費がここから捻出された。

地方に派遣された地方財務官は、各州の知事のもとで業務をおこなった。州域内の収入は、州運営の必要経費を差し引いて中央の国庫、または資金を必要とする別の州や戦線に直接送られた。州知事職は、かつての州の軍事司令官の役割から、むしろ州の行政・財務全般を掌握する職に変化する。その職は私兵軍を養うなど支出も大きかったが、それに倍する収益の得られる職でもあった。十七世紀のジェラーリー反乱の首領の多くが州知事出身なのは、彼らがそこで力をたくわえ、さらなる政治的・経済的権益を求めたからにほかならない。

徴税業務全般は、中央から郡に派遣されたカーディーにより監督・査察された。オスマン帝国全土に張りめぐらされたカーディーの組織化は、十六世紀後半以後のオスマン帝国の官僚制度の成長をもっとも象徴的に示すものである。二、三年の早い周期で任地を交換したカーディーたちは、オスマン帝国全体で同じイスラーム法解釈と財政システムが適用されるのを保証した。

財務官、ならびにカーディーたちのキャリアに共通した特徴として、その任官に有力者の推薦が必要であった点が挙げられる。カーディーの場合、マドラサでの教育を終えて任官台帳に登録されるには、その実力以上に上級ウラマーやほかの分野（軍人など）の有職者の推薦が不可欠であった。統一的な任官制度のない財務官僚の場合は、出仕先の有力軍人政治家の斡旋によって公職への任官が実現した。その意味で、有力者の子弟には大きなアドバンテージが与えられたし、賄賂や売官が入り込む余地は無限にあったといえる。

十六世紀後半以後の徴税制度の変更にともない、地方社会では在地のスィパーヒーが表舞台から退場し、かわって中央から派遣されたオスマン官人たちの影響力が増すようになった。中央と地方を結び、オスマン官人主導で進められる政治過程に在地の勢力が発言力をもつことは、依然としてほとんどなかったようにみえる。しかし、官職者たちが短いサイクルで交代していく地方支配体制を支えるには、在地の人間の協力は不可欠であった。徴税請負権購入者の代官、または下請けとして、実際に現場で徴税にあたったのは在地の人間であり、そのなかから徐々に有力者の家系が育っていった。やがて十七世紀末に至るころ、彼らは政治過程の表舞台にも姿をあらわしてくるのである。

キョプリュリュ家の時代

ヴェネツィアの艦隊がイスタンブルから地中海への出口であるダーダネルス海峡を封鎖、イスタンブルの物価は高騰し、スルタンは宮殿を離れアジア側に逃げ出すという混乱のなかで、メフメト四世から全権委任を受けて大宰相に就任したのは、老齢のキョプリュリュ・メフメト・パシャであった

（一六五六年）。彼は海峡の封鎖を解き、首都の混乱を収拾、対外的にもトランシルヴァニアへの遠征を成功させ（一六五八年）、半世紀ぶりに安定した政権を実現した。対抗するイェニチェリ勢力や地方のジェラーリー反乱の頭領となった有力軍人たちをつぎつぎに処刑し、強圧的な施策でオスマン官人内の反対勢力を一掃した。続いて一族の政治家たちが大宰相職を受け継ぎ、十七世紀後半はキョプリュリュ時代と呼ばれる。

キョプリュリュ一族の興隆は、十六世紀後半以来顕著になってきた有力な軍人政治家による党派形成の典型である。彼自身は、その経歴をおもに地方で積み、首都との関係は薄かったといわれるが、彼を大宰相に推挙したイプシール・パシャをはじめ宮廷内に多数の同盟者を得ていた。党派の核になったのは、有力な軍人政治家の家組織である。すなわち、成功した軍人政治家の家が、オスマン宮廷のミニチュア版組織に発展し、それが政治の核となる現象である。カプハルクと総称される家組織の用人は、家産を扱う書記や執事、私兵軍団、その司令官などからなり、その外側にはさまざまなネットワークでつながった軍人政治家たち、さらに縁故を求めるウラマーなどが取り巻いた。その関係はあくまで個人的なものであるが、中心にいる軍人政治家の政治的浮沈はグループ全体の命運を左右した。結びつきの契機は、血縁、地縁、婚姻などさまざまであるが、ウラマーや書記候補の文人がパトロンと結びつくための手段のひとつは、著作や詩の献呈であった。才能が認められれば、スルタンや有力者のサロンに加わることが可能になり、そこでの活躍いかんでは官職への斡旋も受けられた。十六世紀中葉以後に積極的に執筆された、現状を批判する言説に満ちた政治論の多くは、こうした文脈で生み出された。

メフメト・パシャは、執務をトプカプ宮殿に隣接する大宰相邸(のちの大宰相府)でおこなった。大宰相の主催する会議が実質的な「政府」の役割をもち、宮廷での御前会議は徐々に形式的なものになっていく。大宰相に直属する書記局の独立性が高まり、その長たるレイスュル・クッターブ(書記局長)が、地方と中央を結ぶ文書行政や外交全般の実務の長に成長していった。こうした変化は、キョプリュリュ時代に顕著になった。

メフメト・パシャの人脈は、ウラマーの世界にもおよんでいた。息子のファズル・アフメト・パシャにウラマーの経歴を歩ませているのは、そのあらわれである。彼は十六歳でマドラサ教授職を得ており、父親の推挙が彼のウラマーとしての経歴を押し上げているのがわかる。父親が大宰相になると軍人政治家に転じ、父親を継いで大宰相に任じられた。クレタ島の征服などを成功させ、オスマン帝国のヨーロッパ側の領土を最大にするという功績を残したファズル・アフメト・パシャのあとを継いだのは、その娘婿カラ・ムスタファ・パシャであった。自分の家で育てた有力用人に娘を嫁がせるのは、スルタンの皇女の多くが大宰相に降嫁しているのと同じ関係である。

カラ・ムスタファ・パシャは一六八三年にウィーン包囲を断行して失敗し、巻き返しをはかってつぎの遠征の準備でベオグラードにとどまっている際に、スルタンを味方につけた敵対党派の計略で処刑の憂き目をみた。政局は党派争いのダイナミズムのなかで決定され、遠征の失敗のような外的要因はそれに口実を与えたにすぎないのである。

軍事体制の弱体化

ウラマーや財務官僚の組織化に比して、十七世紀にその輝きを失うのは、かつてのオスマン帝国の屋台骨であった軍隊組織である。騎馬兵たるスィパーヒーは、十六世紀末には軽量の火器に頼る戦法の変化により、その重要性を失った。スィパーヒー軍団は後列の予備軍団に格下げされ、それに連動して政府は彼らに分与していたティマールの多くを国庫に戻し、スィパーヒーの経済的基盤を弱めていった。一方、常備軍の主力たるイェニチェリは、デヴシルメがほぼ停止され、その地位を世襲化させた。妻帯の禁止は過去のこととなり、兵舎での集団生活から都市内での居住が一般化、多くのイェニチェリ(およびその出身者)は平時には都市の商工業に生産者、警護役などさまざまな立場で参加するようになった。彼らの祖先はバルカン出身者であったが、十七世紀のイスタンブルに生きたイェニチェリたちはすでにムスリム人口に同化しており、都市の商工業者と共通する利害をもっていた。徐々に数を増やすイェニチェリへの俸給の支払いはすでに政府の重い負担となっていたが、加えてスルタン即位や戦役からの帰還に際しては武器をちらつかせてボーナスを要求し、政府を苦しめた。ジェラーリー反乱の時期以後、イェニチェリは地方の主要都市にも駐屯するようになった。イスタンブルから離れたイェニチェリは、より積極的に非軍事部門に参加し投資を始める。地方の徴税請負権の購入者としても、彼らは大きな割合を占めていた。

こうした状態に対し、オスマン二世のようにイェニチェリの廃止を計画したり、イェニチェリを敵視したジェラーリー反乱などが起こるが、いずれもイェニチェリの勢力を削ぐには至らなかった。それにかわる正規の軍隊が存在しなかったからである。すぐに反乱を企てる危険な集団に対し、最新の武器を与える必要は感じられなくなり、イェニチェリたちの兵力としての魅力は色あせていった。かつての少数精鋭の近衛兵イェニチェリの姿はそこにはなく、十七世紀にはかわって都市の顔役としてのイェニチェリが誕生していた。

スィパーヒー軍とイェニチェリ軍のいずれもが弛緩した状況での戦争遂行がいかに困難なものであったかは想像にかたくない。その不足は、セクバンやレヴェントとよばれる非正規兵やクリミア・タタールなど属領の軍団によって補塡されたが、それも十分に機能するものではなかった。

オスマン帝国がいずれの戦線でも苦戦を始める原因は、こうした軍事力の危機的状況にも求められよう。にもかかわらず、それへの抜本的な改革は長いあいだ、着手されなかった。戦場はイスタンブルから遠く、属領の軍隊や非正規兵など広い領土内のさまざまな人的資源を利用することで、危機は一時的にしのがれた。いかなる犠牲を払っても旧勢力を一掃し、新たな軍団を再編しようと試みられるまでには、なお一世紀の時間を要した。

アナトリアの混乱からの回復とイスタンブル

十六世紀末から十七世紀初頭のアナトリアは、物価変動とジェラーリー反乱の被害で混乱をみたが、それらは比較的短期間に克服され、十七世紀中葉以後は安定した状態に回復したと考えられている。その基礎には十六世紀以来の農村人口の増加とそれにともなう生産力の向上がある。農産物市の立つ小都市の成立、都市と都市を結ぶネットワークの形成、ネットワークの中継点となる既存都市の発展は、十六世紀に引き続き、アナトリアのほぼ全域で進んだ。

ただし、徴税をおこなう政府の目からみた場合、ジェラーリー反乱のさなか、農村の位置が移動したり、農民が逃散し遊牧生活に戻った結果、徴税対象となる農民の数は減少した。スィパーヒーにかわり新たな収税担当者となった徴税請負人は、こうした状況に対処するため、荒れ地や農民の逃散した村に植民、開拓、水利工事などを実施する必要に迫られた。中央で競売される大口の徴税権の購入者は、軍人政治家やその家産関係者、宮廷官吏、ウラマー、富裕な商人などであり、彼らは「再開発」が成功すれば大きな見返りが見込める徴税請負契約に競って投資した。やがて徴税請負契約は二、三年の短期契約から終身契約に移行し（一六九五年）、契約者により有利なものとなった。また地方レヴェルで売買される下請負契約については旧スィパーヒー層、在地化したイェニチェリほか、さまざまな在地有力者が獲得していた。アナトリアからの収税業務は、カーディーによる監督と財務官僚による統括のもと、財力のあるオスマン官人各層により分割・分担される状態になった。

公衆浴場　公衆浴場(ハンマーム)は，浴場経営者に貸し出され，その賃貸料はモスクやマドラサの維持費にあてられた。浴場通いは，都市住民の娯楽のひとつであった。

農民は、アヴァールズ税などの現金納の税への対応のため、余剰の生産物を市で売り、徴税担当者たちも、同じく現物納された農産物の一部を市で売却し現金化した。各地の特産物も地方商人たちによって取り引きされ、沿岸部の港湾都市や首都イスタンブルにもたらされた。こうした経済活動の活発化はアナトリアの都市を潤したが、一方で、相場変動が直接に地方都市まで影響する状況ともなった。沿岸部や都市にあらわれるヨーロッパ商人との取り引きの機会も増え、在地有力者のうち経済感覚に優れた者が次代に台頭してくる環境が整えられていった。

イスタンブルをはじめとする大都市でも、富裕なオスマン官人層は、都市の商業不動産への投資を活発におこなった。大勢のカプハルクを擁する有力軍人政治家たちは多角的な投資によりその財力をたくわえる必要があったからである。投資は、通常、投資対象全体の何分の一かの株(ヒッセ)をもちあうかたちでおこなわれ、利益は細かく分配された。都市不動産への投資は、ワクフ財である商業物件の賃貸借市場への参入というかたちでおこなわれた。オスマン官人やその家族は、ワクフ財である賃貸権を買い取った市場の店舗や工房をギルドの商人・職人たちに貸し出し、安定した収入を得ていた。財産の一部をイスラーム法により守られたワクフ財にかえておくことは、失脚や死亡にともなう財産没収から財産の一部を守る有効な手段でもあった。

こうして都市の大市場やキャラバンサライ、公衆浴場などの営利施設はオスマン官人層によってワクフ財として提供され、それらからの収入で運営されるモスクやマドラサ、水道施設や泉水は町を埋め、人々の暮らしを豊かで都市的なものにした。ただし、富裕層による投資の対象が不動産と徴税権に限られ、製造業に向けられなかったことは、特産品生産が国際的競争力のある産業に育つ機会を逃す結果につながった。もっぱらギルド制の枠内でおこなわれていた製造現場では、同業者間の平等の建前から、問屋制的発展の萌芽は早期につみ取られた。ギルドの既得権益は彼らと結んだイェニチェリの反乱により暴力的に守られたから、政府の都市行政は自ずと保守的なものとなっていた。

文化活動

十六世紀後半から十七世紀末に至る時代は、質と量の両面でイスタンブルの文人たちによる学問・創作が頂点に達した時代であった。ディーワーン詩の分野では、オスマン語での作詩の完成者といわれるバーキー（一六〇〇年没）、ムラト四世の保護を受けながらのちに処刑されたネフィー（一六三五年没）などが挙げられる。歴史叙述や論説の分野では、ムスタファ・アーリー、セラーニキー、ナーイマーなどが活躍した。彼らは、因果関係を重んじ、社会の現状を批判的に観察する記述を残したが、改革の指針としては、「過去の正しい政治への回帰」を示唆するにとどまった。オスマン帝国最大の「知性」としては、キャーティブ・チェレビーの名が挙げられる（一六五七年没）。書誌学から地理書、世界史など多方面の著作を残したキャーティブ・チェレビーの博識は、イスラーム世界の知的活動を総決算する性格をもつ。書道もまた広く愛好された。書家の大家ハーフズ・オスマンはキョプリュリュ家の保護下で育ち、ムスタファ二世から褒美にディヤルバクルの徴税権を与えられたと伝えられる。オスマン官人の世界の文化活動の舞台は有力軍人政治家たちのサロンであった。

これに対し、一般の庶民による知的活動は、多くの場合、神秘主義教団の修道場でおこなわれた。道場での儀式や宗教教育、音楽や書道の鍛練は、神秘主義教団専従のエリート教団員たちだけでなく広く民衆にも開放されたものであった。教団のシェイフの伝記集には、ギルドの親方や職人など市井の人が多く登場する。神秘主義教団は、都市を共通の生活の場とする支配層と被支配層の交点に位置していた。

一方で、十七世紀は、オスマン帝国のスンナ派正統主義が著しく進む時代でもあった。アナトリアに広く残る土俗的なイスラーム信仰の痕跡は多くの神秘主義教団の活動に包含されていたが、首都イ

メヴレヴィー教団の修道場　神秘主義教団のひとつメヴレヴィー教団は，旋舞修行を特徴とする。図左上に楽団がみえるように，儀式には音楽も欠かせない。

スタンブルでは、反シーア派的な潮流として、カドゥザーデ派と呼ばれる勢力が台頭してくる。説教師やイマームなど、モスクの諸職に従事する下級のウラマーたちを多く引きつけたカドゥザーデ派は、神秘主義的イスラーム信仰に反発し、正統的スンナ派の立場をことあるごとに強調した。コーヒーやタバコの流行に強い反対を示したのも、こうした「原理主義者」たちであった。

3　地方社会の自立と中央政府

十八世紀のオスマン帝国

十八世紀のオスマン帝国では、前世紀からの官僚機構の発達がさらに進行し、一般行政・財務行政の両部門が複雑な機構をもつに至った。その全容は依然十分に明らかではないが、従来の「衰退」イメージとは逆に、十八

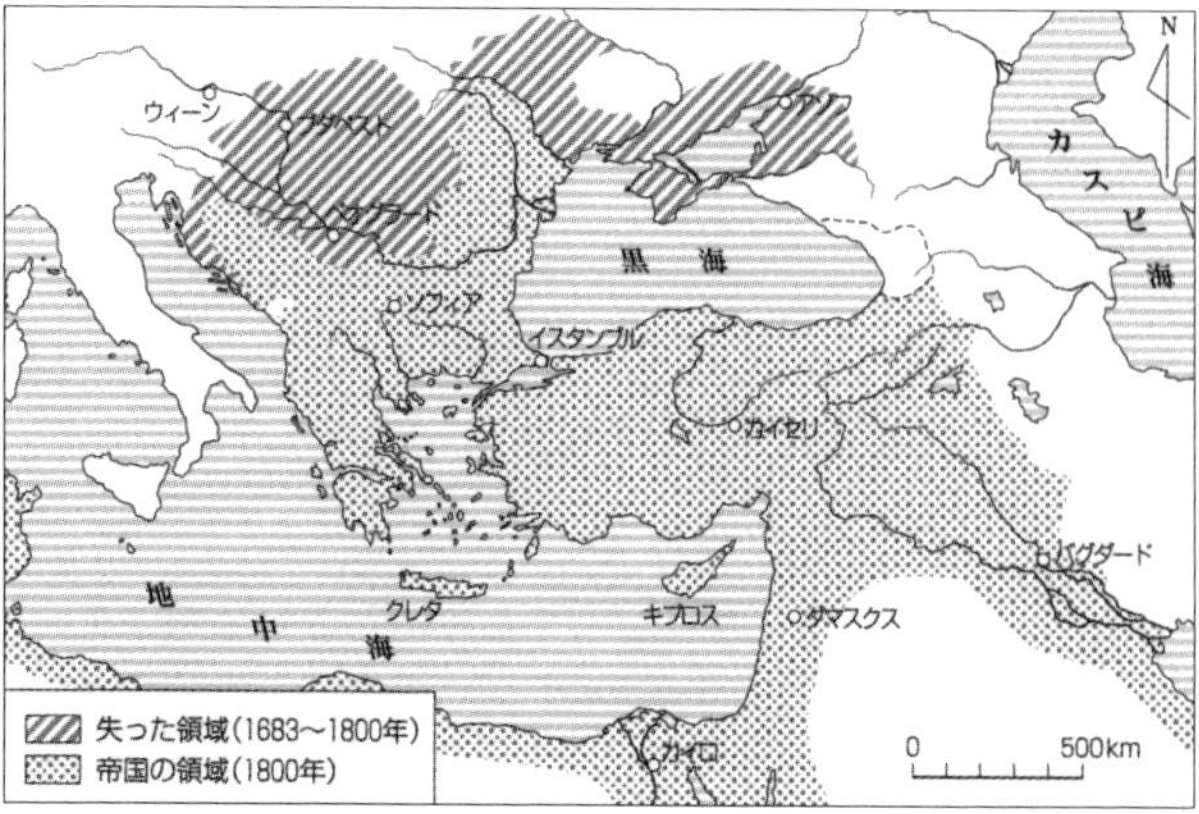

18世紀のオスマン帝国

世紀においてもオスマン帝国独自の行財政メカニズムが十全に機能していたことは確認される。政府に掌握された税源は、細かく分割されたうえで、請負契約や官職者の給与代替分に指定された。名目上の常備軍兵士と官僚機構は肥大化し、税収の多くはその維持のために割かれることになった。オスマン官人にとって官職は富の源泉であったため、時とともに台帳に登録される人員の数が増えていったからである。イスタンブルの有力者のあいだでは、官職の継承と斡旋を目的とする家組織と家間の党派形成がより進行する。一方で、こうした税源の分割の結果、直接国庫に入る財源は減少し、国家としては常備軍の刷新や産業育成へ投資をおこなう余力をもたなかった。その意味で相対的な国力の低下は否めない。財政難に直面する国家は、戦争や宮廷、あるいは首都イスタンブルに必要な物資をしばしば生産者から強制的な手法で徴用し、国家の需要はむしろ産業の育成を阻害する要因となったといわれる。

それでも新通貨クルシュの登場などで、十八世紀前半のオスマン経済は比較的安定していた。閉じられた空間としてオスマン帝国を考えた場合、域内での経済活動は活発で、伝統的な経済構造は堅調を保っていた。ヨーロッパを中心に成立しつつあった新しい世界経済秩序との関係でみると、オスマン帝国は依然、生産地としても市場としても、その域外にとどまっていたといえよう。しかし、相対的な国力の低下は、対外的には軍事的な敗北、国内的には中央政府に縛られない在地勢力の台頭を招き、十八世紀末には旧来のオスマン体制の危機が現実のものとして意識されるようになる。

外交の時代の始まり

第二次ウィーン包囲(一六八三年)の失敗ののち、さらに一六年にわたり、オスマン帝国は、ハプスブルク・ポーランド・ヴェネツィア同盟(一六八六年にロシアも参加)とのあいだに一進一退の攻防を続け、その決着は一六九九年のカルロヴィッツ条約によってなされた。外交交渉団の長として書記官長ラーミー・メフメトが参加した協議の結果、オスマン帝国は、南部の一部を除くハンガリーの領有放棄に合意し、大規模な領土の喪失をはじめて経験した。カルロヴィッツ条約は、イギリスとオランダを仲介者とした外交交渉の結果締結されたもので、ヨーロッパの列強間の国際関係にオスマン帝国を同質のメンバーとして加えることになった点で画期的な意味をもつ。続く時代のオスマン帝国は、ほかのヨーロッパ諸国同様、武力と外交交渉の二つの手段で領土の防衛をおこなうことを余儀なくされる。「国際外交」への参加は、オスマン帝国の支配層のなかで外交を理解する実務派官僚の成長をうながしていくことになった。

イスタンブルの民衆暴動

カルロヴィッツ条約後に、財政建て直しのために方策を探っていたムスタファ二世(在位一六九五〜一七〇三)は、党派的なオスマン官人勢力の圧力の強い首都イスタンブルを離れ、彼に先行する三人のスルタン同様、おもにエディルネに滞在していた。彼は、書記出身の実務派官僚を登用し、敗戦の原因となった軍制の改革を志したが、その政策はイスタンブルの旧勢力の反対を招き、一七〇三年エディルネ事件が発生する。これは、給料の遅延を理由に反乱を起こしたイェニチェリらにウラマーなど下級のオスマン官人が同調したもので、スルタンに強い影響力をもっていたシェイヒュルイスラームのフェイズッラー・エフェンディをおもな標的とした。この反乱には都市の商工業者も参加した。スルタンのエディルネ滞在で宮廷からの受注が減り、さらに「改革」のための新税に反発していたためである。反乱者の代表が大挙してエディルネに迫り、フェイズッラー・エフェンディの罷免を要求、結果的に彼の殺害とスルタンの退位を勝ち取った。

この事件は、イスタンブルのイェニチェリ・商工業者の叛徒に下級のオスマン官人層も加わった点で大きな意味をもつ。アスケリー（支配層）とレアーヤー（被支配層）の別は、社会の流動化のなかで次第に意味を失いつつあり、少なくともイスラーム教徒住民は、政策担当者に「反イスラーム」のレッテルを貼ることで、容易に連帯した。この反乱の過程では、オスマン王家にかわり、より操りやすい新たな「王家」をかつぎ出そうとする議論すらみられた。絶対にして唯一の「オスマン王家」の神話は葬り去られた。以後のスルタンたちは、これまでにも増して首都の民衆の脅威を感じることになった。

このエディルネ事件後に即位したアフメト三世（在位一七〇三〜三〇）はイスタンブルに宮廷を戻し、イスタンブルは旧状を回復することになる。アフメト三世は即位後、大宰相を頻繁に交代させ、オスマン官人のあいだにスルタンに対抗するような中心が生まれることを防ぎ、十七世紀を通じて弱体化したスルタンの権威を高めるべく努力をした。内政の安定を重視したが、一七一〇年代に入ると外的状況から対外戦争の再開も余儀なくされた。ロシアに対しては黒海岸のアゾフに進出していたピョートル帝を破り（プルートの戦い、一七一一年）、ヴェネツィアからはモレア半島を奪い返すなど一定の勝利があったが、対オーストリアでは、ハプスブルク家のオイゲン公の活躍などにより後退を続け、一七一八年に締結されたパッサロヴィッツ条約の結果、最後のハンガリー領タミシュヴァールとベオグラードを奪われるに至る。

パッサロヴィッツ条約ののち、イスタンブルには一二年の平和がおとずれる。この一二年は、「外交」の時代の到来を肌で感じたアフメト三世とその大宰相イブラヒム・パシャの主導のもと、オスマン帝国の人々が手強くなった敵の姿を正確に学ぼうとし始めた時代であった。対外戦が一体止した平和な環境下で、イェニチェリなどの軍団員の数を減らし国庫の負担を軽減することが模索されたが、それは同時に自らの軍事力を弱体化させる試みでもあった。

チューリップ狂の時代

アフメト三世はチューリップの栽培を好み、トプカプ宮殿内にチューリップ花壇をつくったことで知られる。チューリップはそもそも東方原産であるが、十七世紀のヨーロッパで投機的なブームを引き起こした。オスマン帝国のチューリップ・ブームは、同時代のヨーロッパでのチューリップ人気に呼応するものである。軍事的な後退が自覚され、領土的な野心が失われるなかで、この時代、現世の快楽と美を求めて文化への投資が著しく増えていた。チューリップの花はその時代の雰囲気を象徴する存在であった。

アフメト三世とその大宰相イブラヒム・パシャは積極的に文芸や芸術を保護した。そのもとでオスマン文化の新たな展開が生まれた。レヴニーの絵画はなやかな色彩が特徴的で、ポートレート的な図柄にはヨーロッパ絵画の影響も指摘される。オスマン帝国の人々の美意識は新しい要素を素早く消化し、従来の伝統にとけ込ませた。ヨーロッパ領事との接触などで異文化との接触の機会は増え、開明的なオスマン官人のあいだでは、ヨーロッパの人々を単に「異教徒」として見下す態度は影をひそめていった。パッサロヴィッツ条約のあと、パリとウィーンに派遣されたオスマン使節団は、それぞれに見聞をまとめた報告書をスルタンに提出している。技術や軍事に始まり、ヨーロッパにあってオスマン帝国にないものを学ぶ一歩が踏み出された。

しかし、その受容は容易ではなかった。その代表例が活版印刷技術である。十八世紀前半のヨーロッパではすでに新聞が印刷され、さまざまな知識が広く社会の諸層に共有される基盤がつくられよう

レヴニーの描いた女性　長袖のブラウス，パンタロンのうえに，エンターリと呼ばれる半袖の丈の長い上衣を重ね着し，薄いベールをかぶった女性。髪はスカーフに巻き込む。当時の上流の婦人の服飾を伝える。

としていた。オスマン帝国でも非ムスリム住民のあいだでは活版印刷はすでにおこなわれていたものの、アラビア文字を用いるトルコ語、アラビア語を印刷する最初の印刷所の開設の許可が下りるには一七二七年を待たねばならず、出版の範囲も非宗教的な書物に限られた。知識や教養の一般化の必要性が認められず、むしろ、書写をおこなうマドラサ学生の生計を奪うことから、宗教への脅威と宣伝されたためである。オスマン官人は、特定の「民族」を基盤としない勢力であっただけに、出身母体の社会との一体感が薄く、民衆の啓蒙には無頓着であった。こうしてオスマン帝国の最初の印刷所は一七種の出版を果たしただけで一七四二年に一時閉鎖されることになった。

それでも、十八世紀前半のイスタンブルにははなやかさがあふれていた。半世紀にわたって、事実上の首都をエディルネに奪われていたイスタンブルは、久方ぶりに積極的な建設ラッシュを体験する

イギリス領事邸で演奏する音楽団　18世紀のイスタンブルでは，オスマン帝国の人々とヨーロッパの人々とのあいだの日常的な接触がみられた。オスマン帝国の歴史や風俗に関する優れたヨーロッパ人の著作もあらわれ始める。一方，オスマン帝国側からの関心は軍事技術に集中した。

ことになった。アフメト三世の泉水として知られる瀟洒《しょうしゃ》な水場が町を飾り、さらに、サーダバード離宮やチャーラヤン宮殿など、庭園にチューリップを配した離宮の造営があいついだ。庭園での優美な宴席は上流のオスマン官人を引き寄せた。富裕なオスマン官人たちを「消費」へと誘ったこの文化活動は、彼らの余剰な財力を割こうとするスルタン側からの働きかけであったともいわれる。

しかし、こうした富裕層の消費は庶民からの税に支えられたものであったから、十七世紀以来、都市反乱という「異議申し立て」の手段を身につけている商工業者とイェニチェリ、下級のウラマーたちは、やがて、浪費への反発を大宰相ダーマード・イブラヒム・パシャとスルタンに向け、大宰相の処刑とスルタンの退位を勝ち取る(パトロナ・ハリルの乱)。新たに建設された離宮などの多くは破壊され、改革を嫌う守旧派の要求は、都市民の手を借りて実現された。以後、ヨーロッパ趣味や技術革新を受け入れる改革派官僚は、しばしば「反イスラーム」という非難にさらされた。

マフムート一世の時代

パトロナ・ハリルの乱の直接の原因となったのは、イラン戦役の暗転であった。サファヴィー朝の混乱に乗じて一七二二年にコーカサス・アゼルバイジャンに侵攻したオスマン軍は、ロシアと牽制し合いながら、この地方を支配下に入れた。しかしナーディル・シャーの援助を受けてタフマースプ二世のもとでサファヴィー朝が態勢を立て直すと事態は逆転し、獲得した領土を確保するため大規模な

アフメト3世の泉水　トプカプ宮殿の入口近くにつくられた泉水の内部には水がたくわえられ，人々は外壁の蛇口から飲料水を得た。柔和で繊細な様式は，オスマン建築の新傾向である。

遠征が必要となった。このためにイスタンブルに軍隊を集結させているまさにその時期に発生したパトロナ・ハリルの乱は、大宰相とスルタンを交代させることになった。新スルタン、マフムート一世(在位一七三〇～五四)のもと、一七三二年、タフマースブ二世とのあいだで一時、和議が結ばれるが、タフマースブ二世を追放してサファヴィー朝を滅ぼしたナーディル・シャーは、むしろオスマン帝国側に攻勢に出て、バグダードやユーフラテス上流地域を繰り返し攻撃した。一四年間、断続的に続いたオスマン帝国のイラン戦役は、結局、ナーディル・シャーの死(一七四七年)まで続き、双方は侵攻と防衛を繰り返しながら、カスル・シーリーン条約での両者の境界線に戻っていった。この間、ナーディル・シャーは、シーア派をスンナ派の四法学派と対等に扱い、五つめの法学派とするなどの奇抜な宗教的提案をおこなうが、それに同調するアナトリアのトルコ系遊牧民の動きはなく、イラン世界とトルコ世界の境域は、長い抗争の結果、互いに認め合う「国境線」として定着していた。

一方、イラン戦役の休戦中にはオーストリアおよびロシアとの戦いも勃発した。オーストリアには勝利し、一七三九年のベオグラード条約でベオグラード、ボスニア、セルビアの奪還を果たした。この勝利は、十八世紀においてもオスマン帝国が軍事的に退潮一方ではなかったことを示している。

マフムート一世の時代は、このように、対外戦で一定の勝利があり、また、パトロナ・ハリルの乱の首謀者たちをのちに厳しく処刑した手法にもみられるように、断固とした政策で一種の安定がみられた。これは、アフメト三世時代の改革の延長線上に彼の治世があったからにほかならない。この時代、フランス出身のフンバラジュ・アフメト・パシャ（フランス名ボンヌヴァル伯アレクサンドル）に命じて西欧をモデルにした軍隊が試験的に編制された。また、ウシュクダルに創設されたヘンデセハーネ（技術学校）で軍人たちに近代数学を教えるなど、西欧的な知識の導入が部分的に開始された。

平和の三〇年とアーヤーンの台頭

一七三九年のベオグラード条約ののち、六八年にロシアと開戦するまでの三〇年間、オスマン帝国はイランとの短期間の衝突を除けば、戦争のない時代を過ごした。この間の平和はけっして自然に生まれたものではなく、戦争を回避し国力を回復しようとしたオスマン官人たちの努力の結果であった。

たとえば、オスマン帝国のベルリン使節はオスマン帝国を七年戦争に引きずり込もうとするプロシアの説得に耳を傾けず、ロシアの挑発に乗ることもなかった。

この平和のあいだにオスマン帝国の中央政庁では戦争経験のない書記系官僚と宮廷官吏の台頭が著しく、オスマン帝国の文官支配が進んだ。大宰相にも文系官僚出身者が多く任命された。その一方で西洋的な兵器や軍事技術に関心は示されたものの、根本的な軍制改革には着手されなかった。弱体化する軍事的な空白を一時的に埋めたのは、地方に台頭した「アーヤーン」の私兵部隊であった。

アーヤーンは、通常、地方名士と訳される。バルカン、アナトリア、アラブ地域のいずれにおいても、十八世紀を通じ、オスマン帝国の官職制度を利用しながら官職をこえた影響力をもつに至った地方有力者の成長が目立ってくる。アナトリアにおける彼らの台頭の契機は、徴税請負権の獲得と土地集積の二つであった。在地に顔のきく有力者は、終身徴税請負権をもつ中央のオスマン官人の下請負人として次第に一地方の徴税請負権を集積していった。彼らは、負債の担保に農民から奪った農地(法的には国有地)と新規に開墾した農地をあわせ、私的な農場(チフトリキ)経営を営む地主としても成長し、地方社会に地歩を築いた。アーヤーンの出自は下級の軍人や遊牧民の族長、宗教指導者などさまざまであるが、オスマン帝国の官僚体制の外側に育ち、のちに地方代官職(ミュテセッリム)などのオスマン帝国の官職を得ている点で共通する。さまざまな役得をともなう官職授与を通じて、政府はアーヤーンを体制内に取り込んだが、アーヤーン側にとってもそれは自らの地位を確実にするための有効な手段であった。当初、アナトリアの各地に無数にいたと思われる地方有力者は、徴税請負制が広まった十七世紀以来の抗争・淘汰を経て、やがてアダナのコザンオール家、マニサのカラオスマンオール家、チョルムのチャパンオール家のように各地方に一大名家が残るに至った。彼らは、家畜の飼育や市場向け作物の栽培を含む多角的な農業経営、金融、農作物の輸出を主とする外国交易など、複合的な経済基盤をもち、さらにその配下には、ボディーガード集団から成長した雑多な私兵軍を抱えていた。

十八世紀のオスマン帝国では、徴税権が官職者のあいだで公式（＝俸給）または非公式（＝終身請負権）に分配されていたが、その取り分の一部を獲得するかたちで地方有力者は台頭したといえる。これにより地方の富は一方的にイスタンブルに吸い上げられるのではなく、地方社会に残されることになった。トルコ系の地方有力者たちは、キャラバンサライなどのワクフ財と、そこからの収入で運営されるモスクなど宗教施設の建設を積極的におこない、蓄財の一部を積極的に地方社会へ還元した。それは彼らが名士として民衆の支持を集めるのに必要な投資でもあった。

政府の目からみた場合、オスマン帝国の徴税システムを蚕食し、さらに軍事力を備えるに至ったアーヤーンの成長は危険な動きであった。しかし、同時に在地のさまざまな利権に通じ、経済力をもつアーヤーンは有用な存在でもあった。それゆえ、政府は監視・介入する口実にこと欠かなかったにもかかわらず、十八世紀においては、当主の死亡時の財産没収や対外戦争への出兵の強制などで彼らの経済力を削るにとどまった。

ロシア戦役とキュチュック・カイナルジャ条約

十八世紀中葉のオスマン帝国の平和は、南下を試みるロシアの動きによって終わりを告げた。ポーランドの情勢に干渉し、ウクライナからドナウ川へと進軍したロシアに対し、オスマン帝国は対外消極主義を捨てることを余儀なくされ、一七六八年、戦争に突入した。しかし、三〇年のブランクを経て以前にも増して弛緩したオスマン軍は興隆するロシアの前に陸海で敗れ、一七七四年、キュチュック・カイナルジャ条約の締結を余儀なくされた。この間、ギリシアのモレア半島ではギリシア人の蜂起が起こり、エーゲ海にはイギリスとロシアの連合艦隊が出現した。この戦争においてオスマン帝国は、物資の補給と兵力の両面で各地のアーヤーンの力に頼らざるを得なかった。

キュチュック・カイナルジャ条約により、オスマン帝国は十五世紀以来のクリミア・ハン国への宗主権を失い、ロシアの全オスマン帝国の正教徒住民に対する保護権、さらには黒海でのロシア商船の活動が認められた。続く一七八三年にはロシアはクリミアを占領し、属国化する。こうした動きをオスマン帝国はなすすべもなく静観せざるを得なかった。

この事態に直面し、軍隊の再建の必要性は明白だった。それへの財源を確保するために徴税機構を改革することも避けられない課題であった。しかし、官職と徴税権が複雑に結びついた構造にメスを入れられるだけの指導力を、イスタンブルの中央政府はもち得なかった。なぜなら、中央政府そのものがその利権構造のうえに成り立っていたからである。オスマン帝国の官僚機構の特徴ともいえる官職者への徴税権の配分構造を改革し、国庫収入を増やし、スルタンが改革のイニシアティヴを発揮するまでには、さらなる犠牲が必要であった。すなわち、戦争での敗北という外圧、アラブ領やバルカン領における諸「民族」の離反運動という内圧、そして、改革派官僚を支持する既得権益をもたない中・下級の官僚層の成長を待って改革は着手された。改革のモデルとしては、十八紀初頭以来の流れをくみ、ヨーロッパ諸国のものが採用されることになる。

次代を担う中・下級の官僚層や新しい兵力は、イスタンブルだけでなくアナトリアやバルカンのイスラーム教徒住民(その大半はトルコ人)のなかから供給された。こうして地方社会の有力者のみならず、オスマン帝国のイスタンブル政権もまた徐々に「トルコ化」していくことになるのである。

第三章

オスマン帝国の近代

1 絶対君主の復活

ニザーム・ジェディード

一七七四年の対ロシア戦役での敗北は、オスマン帝国にとって重要な転機だった。危機意識を強めた政府は、戦後に(一部は戦中から)軍事改革に着手し、海軍技術学校の設置、新しい砲兵隊の創設、フランス人顧問の招聘などを試みた。しかし、クリミアの奪還をかけて八七年にふたたび始めたロシアとの戦争では、オーストリアも敵国に加わり、オスマン軍は敗北を重ねた。結局、九二年のヤッシー条約でクリミア併合を認めざるを得なかった。

一方、オスマン帝国各地は強力なアーヤーン(地方名士)の割拠状態にあった。政府は対ロシア戦争を遂行するために、軍需品の調達や兵力の供出などにおいてアーヤーンの協力を必要とした。アーヤーンは見返りに官職や官位を与えられ、州総督の職や名誉職としての「宰相」の位を得るアーヤーンもあらわれた。こうして、広域を一円支配するアーヤーンが各地で勃興し、政府は彼らとの交渉なしには政策を遂行できなくなっていた。

一七八九年にセリム三世(在位一七八九〜一八〇七)が即位すると、彼は高官や高位のウラマーを集めて諮問会議を開催し、改革の方向性を議論させた。諮問会議は、その後も頻繁に開催され、マフムト二世(在位一八〇八〜三九)に継承された。セリム三世はさらに、高官ら二二名(外国人二名を含む)に改革論を提出させた。こうした準備を経て、セリム三世は本格的な改革に着手した。一七九二年、イスタンブル郊外に西洋式の歩兵軍団が創設され、ニザーム・ジェディード(新秩序)軍団と名づけられた。おもにフランス人軍人の指導により訓練がおこなわれ、西洋風の軍服が採用された。また、新軍団の財源を確保するために「新財務局」が九三年に設置され、徴税請負に出されていた主要な税源や、没収されたティマール、酒税などが移管された。

ニザーム・ジェディードは新軍団の名称であると同時に、セリム三世が主導した軍事・行政改革全般の総称であった。砲兵隊、工兵隊、海軍等においても西欧から軍人や技師を招いて改革をおこない、陸軍技術学校も設置した。技術学校に併設された印刷所により、出版事業が本格的に再開した。また、一七九三年から西欧諸国に大使を常駐させた。それまでも使節を派遣することはあったが、常駐ではなかったのである。

一七九八年七月、ナポレオンによるエジプト占領は、フランスと友好関係を築いてきたオスマン帝国にとって大きな打撃となった。オスマン帝国はイギリス(とその同盟国ロシア)と組んでフランス軍と対抗し、最終的にフランスを一八〇一年十月にエジプトから撤退させた。エジプトでは、カヴァラ(現ギリシア北東部)から非正規軍を率いてフランス軍撃退に参加したムハンマド・アリー(メフメト・アリ)が、フランス撤退後の混乱を収拾してエジプト総督に就任した。彼は、いわばエジプトのアーヤーンとして独自路線を追求し、中央政府に挑戦することになる。フランスと一八〇二年に講和したオスマン帝国は、ヨーロッパでのナポレオンの勝利を受けて、フランスに接近した。その結果ロシアとの関係はふたたび悪化し、一八〇六年末にロシアがモルドヴァを占領したことにより、オスマン帝国はロシアとの戦争に突入した(一二年終結)。

ニザーム・ジェディード軍団の兵士はおもにアナトリアの農民の出身であり、彼らを徴集するには、各地のアーヤーンの協力が不可欠だった。アナトリアの親改革派のアーヤーン＝総督のおかげで、一八〇六年には兵力は二万を超え、アナトリア各地に駐屯するようになっていた。しかし、新軍団をヨーロッパ側にも拡大しようとする企ては、エディルネに集結したバルカン地方のアーヤーンたちの強い反対にあって挫折した(〇六年六月)。この事件をきっかけに改革派の大宰相とシェイヒュルイスラームは失脚し、改革は失速した。

一八〇七年五月、ボスフォラス海峡の守備にあたる下級兵士が西洋風の軍服と訓練を拒否したことがきっかけで反乱が始まった。指導者の名を取ってカバクチュ・ムスタファの乱と呼ばれる。イェニチェリや民衆が加わって叛徒集団が宮殿近くに迫ると、セリム三世は彼らの要求を飲んで、ニザーム・ジェディード軍団の廃止を宣言した。しかし、それでも納得しない叛徒たちはセリム三世の退位を求めるに至り、ウラマーの支持も取りつけた。ついに五月二九日にセリムは廃位されて、従兄弟にあたるムスタファ四世(在位一八〇七〜〇八)が即位した。その際、新スルタンとイェニチェリ、ウラマーらは「法的証書」と称される文書を作成し、セリム三世は「異教徒の模倣」である改革を推進したがゆえに廃位されたとして、反乱を正当化し、スルタンは叛徒の罪を問わないことを約束した。

反乱ののち、改革派の高官たちはブルガリア北部のルスチュク(ルセ)に逃れ、ルスチュクのアーヤーンでドナウ方面の軍司令官、アレムダル(バイラクタル)・ムスタファ・パシャの保護下で新政権打倒の計画を練った。そして一八〇八年七月、アレムダルは軍勢を率いてイスタンブルに入り、クーデタを決行した。当初の目的は先帝の復位であったが、彼が宮殿に入ったときにはムスタファ四世の命令によりセリム三世は殺害されていた。アレムダルは、ムスタファの異母弟で、残された最後の皇位継承者であるマフムトを救出し、マフムト二世として推戴した。そして自身は大宰相に就任した。こうしてアーヤーンの力によってスルタンが交代し、アーヤーン出身の最初の大宰相が生まれた。

大宰相となったアレムダルは、バルカンとアナトリアの有力なアーヤーンを首都に招聘し、アーヤーン、高官、ウラマー、そしてマフムト二世が一堂に会して「同盟の誓約」と呼ばれる文書を取り交わした(一八〇八年十月七日)。この文書は、アーヤーンがスルタンと国家への忠誠を誓い、王権を守護し、政府の軍事改革に協力する見返りに、国家はアーヤーンの地位とその家系の存続を保障することを約束したものであり、スルタンもその内容の履行に責任を負うことを誓約した。これは、君主権力がアーヤーンとの互酬関係によって保障されることを意味し、オスマン帝国史上、画期的な文書である。そして、スルタンや中央政府に権力を集中させるのではなく、国家中央とアーヤーンとの同盟関係を通じて改革を推進するという、オスマン帝国の近代化がとり得たもうひとつの道を示すものであった。しかし、そのような道が実際にとられることはなかった。

アレムダルはニザーム・ジェディードの復活を果たすために、「新セクバン軍」をアーヤーンたちの私兵団から集めた兵士によって組織した。しかし、一八〇八年十一月までにアーヤーンたちの軍勢が引き返すと、イェニチェリがその隙をみて大宰相府を襲撃し、アレムダルを爆死に追い込んだ。イェニチェリの要求によって新セクバン軍は廃止され、改革は再び頓挫した。

マフムト二世の改革

反乱とクーデタを短期間で経験したマフムト二世が得た教訓は、イェニチェリにもアーヤーンにも頼ってはならず、君主に権力を集中させなければ、国家を存続させるための改革は断行できないということだった。一八一二年にロシアとの戦争を、ベッサラビア(現在のモルドヴァ共和国とウクライナ南西部）の割譲を認めることで終結させると（ブカレスト条約）、マフムト二世はアーヤーン勢力の排除に乗り出した。当主の死亡後に財産没収や、官職の世襲を認めないといった措置により弱体化を図る一方で、武力による強硬手段も用いてアーヤーンを屈服させた。ギリシアからアルバニア南部にかけての一帯を支配していたテペデレンリ・アリ・パシャは、中央の統制に抵抗したが、二二年に殺害された。こうして三二年までには、バルカンとアナトリアのほとんどのアーヤーンは排除され、一部は取り込まれて恭順な官僚になった。一八三〇年代にはイラクやリビアなどアラブ地域の地方勢力も排除され、中央の直接支配下に入った。

しかし、マフムト二世が最後まで従わせることのできなかったアーヤーンが、エジプトのムハンマド・アリーであった。彼はニザーム・ジェディードを参考にしながら軍事改革を進め、一八二二年には徴兵制を導入して近代軍を創設した。また、綿花栽培を奨励して経済力の強化を図るなど、オスマン帝国中央に先行して、さまざまな改革を断行した。一八二一年に始まったギリシア人の蜂起に対して手を焼いたオスマン政府は、ムハンマド・アリーに援軍を要請し、それによって二六年にようやく一時的に反乱を鎮圧した。

エジプトの新軍団がみせた実力は、イスタンブルの世論に影響を与え、イェニチェリ軍団への幻滅と軍事改革への支持を広めた。マフムト二世は一八二六年、西洋式の新軍団の創設を発表し、イェニチェリにも訓練に加わるよう要求した。これはイェニチェリが反乱するように仕向けた罠のようなもので、実際にイェニチェリは六月十五日に反乱を起こし、すみやかに鎮圧された。マフムト二世はイェニチェリ軍団の廃止を宣言し、四世紀以上にもわたってオスマン帝国軍の主力を担ってきた軍団の歴史に終止符を打った。イェニチェリにまつわる称号やシンボルも一掃され、イェニチェリの兵舎だけでなく墓石まで破壊された。イェニチェリと深い関係にあった神秘主義のベクターシー教団は閉鎖され、そのワクフ財産は没収されて新軍団の財源にあてられた。

ここから、本格的な改革の時代が始まる。イェニチェリ軍団に代わって設立された新軍団は「ムハンマド常勝軍」と命名された。ヨーロッパ各国出身の軍人、技師、医師らがお雇い外国人として採用され、指導にあたった。西洋風の軍服に加えて、フェスと呼ばれる縁なしのトルコ帽が採用された。洋服とトルコ帽という服装は官僚にも適用され、ターバンはウラマーやマドラサ学生の象徴となっていった。一八二七年に軍医学校、三四年には陸軍士官学校が開設された。制度的な徴兵の導入はすぐにはできず、兵士は主にバルカンとアナトリアから徴募された。また、地方における軍事力の不足を補うために一定

マフムト2世

期間交代で訓練を受ける予備軍（レディーフ）が組織された。

徴兵制導入を見据えて、一八三〇年から翌年にかけて全国一律の人口調査が初めて実施された。このほか臣民を掌握して管理する政策として、国内の移動許可証の導入、ムフタル（街区長・村長）の任命、検疫制度の設立などの改革がおこなわれた。一八三〇年代後半には政府機構も再編され、外務省、内務省、財務省が設立された。外務省は、十七世紀末以来外交を担当することで重要性を高めてきた書記官長職を組織化したものである。外務省設立に先立って、ギリシア独立戦争勃発時に、従来のギリシア人翻訳官に代えてムスリムの翻訳官を養成するために翻訳局が大宰相府に設置された。翻訳局は、一八三四年に常駐大使派遣が再開されると随行員に人材を供給し、のちには外国事情に通じた改革派官僚を輩出することになった。マフムト二世は三八年に、行政、立法、司法の権限をもつ意思決定機関として最高評議会を設置し、十八世紀末以来の合議の慣行を制度化した。同年に、官僚への給与支給を定め、財産没収も廃止し、官僚制の整備を図った。また、官僚養成のための学校も設立したが、これは小規模なものにとどまった。

度重なる戦争に加えて、新軍の創設などの諸改革は、国家財政に過重な負担を強いた。財政悪化に対してマフムト二世がとった政策のひとつが、貨幣改鋳による銀含有率の引き下げだった。彼の治世末期には、即位時と比べて貨幣価値は六分の一以下に低下した。当然ながらこれはインフレーションを招いた。そのほかに、非ムスリムに対する人頭税の増税、商工業者に対する市場監督税の導入、後述の専売制などが、歳入増加のために実施された。

　こうした一連の政策がおそらく民衆に不人気だったからこそ、マフムト二世は改革を広く知らしめ、正当化するために、新しい手段に訴える必要があった。一八三一年の官報発行はその手段のひとつであり、政府の意向や内外の情報を帝国全土に向けて発信した。また、一八二九年以降、五度にわたって巡幸をおこなった。これは、国内の視察以上に、スルタンが自らの姿を民衆にみせることに目的があった。マフムト二世は洋装で人々の前に姿を現し、改革者としてのイメージを打ち出すとともに、巡幸先でムスリムだけでなく非ムスリムにも下賜を与えることで、全臣民を保護する君主であることをアピールした。一八三〇年代に創出された勲章もまた、君主個人の恩恵をほどこすことで、君主と臣民とを結びつける意図があった。さらに、スルタンは自らの洋装の肖像画をヨーロッパの画家たちに描かせ、それを政府の建物や兵舎に飾らせた。西洋化を象徴する行為としてみられがちだが、君主の存在の可視化を狙ったものといえる。

東方問題の発生

　セルビアでは一八〇四年に反乱が始まり、オスマン・ロシア戦争を機に拡大して独立をめざすに至っていたが、ロシアとオスマン帝国が一二年に講和を結ぶと、オスマン帝国の反撃に遭って瓦解した。しかし、一八一五年にミロシュ・オブレノヴィチが指導者となって第二次セルビア蜂起を起こすと、セルビアはオスマン帝国から自治権を獲得した。その後、オスマン帝国とロシアのあいだで結ばれた一八二六年および二九年の条約でセルビアの自治権は保証され、三〇年には、オスマン帝国の宗主権下でオブレノヴィチ家が世襲的支配権をもつセルビア公国が成立した。

一八二一年三月には、ギリシア人の秘密結社フィリキ・エテリアがモルドヴァで蜂起し、これがギリシア独立戦争の発端となった。これに呼応して発生したペロポネソス半島の蜂起は、オスマン帝国がテペデレンリ・アリ・パシャの討伐に注力していたこともあって、勢力を拡大した。イスタンブルでは、オスマン政府は反乱の責任をギリシア正教の総主教に負わせて、彼を処刑した。また、キオス島での蜂起に対してオスマン軍がギリシア人住民を虐殺したとの報せは、ヨーロッパでギリシア人支持の世論をかき立て、各地から義援金が集められ、義勇兵がギリシア反乱軍に加わった。ムハンマド・アリーの派遣した援軍により独立運動は一時的に沈静化するが、ここにきて、イギリス、ロシア、フランスが、互いへの対抗心から介入した。

オスマン帝国の弱体化に乗じて、列強諸国が勢力バランスを崩さずにどのようにその領土を支配するかをめぐる問題は、ヨーロッパ側から「東方問題」と呼ばれる。ロシアの一人勝ちを警戒して英仏などが介入するという構図は、東方問題の典型的なあらわれ方として、以後繰り返されることになる。

一八二七年十月、英仏露の連合艦隊はナヴァリノの海戦でオスマン・エジプト艦隊を撃沈させ、戦争の趨勢《すうせい》を決定づけた。マフムト二世はロシアに対して二八年に戦争を開始するも、ロシア軍に攻め込まれて翌二九年にエディルネ条約を結び、ギリシアの自治国化を認めた。これに対してロシアの影響力拡大を警戒したイギリスの主張により、三〇年のロンドン議定書でギリシア王国の独立が承認された。

エジプトのムハンマド・アリーは、ギリシア独立運動鎮定の見返りにシリアの支配をマフムト二世に要求したが、クレタ島が与えられるのみであることを知ると、一八三一年に息子のイブラヒム・パシャの軍勢を送ってシリアに侵攻した。オスマン帝国の新軍隊はいまだ十分に組織されておらず、エジプトの規律ある軍隊に圧倒された。マフムト二世の強引な改革と中央集権化政策に不満をもっていた現地住民がさしたる抵抗もしなかったため、エジプト軍は快進撃してシリアを占領し、さらにアナトリアに侵入した。そして一八三三年初めに西北アナトリアのキュタヒヤに達してイスタンブルを脅かした。マフムト二世は、なりふりかまわずに宿敵ロシアを頼り、それに応じたロシア艦隊はボスフォラス海峡に姿をあらわした。ロシアに対抗して英仏も艦隊をエーゲ海に派遣した。この状況でエジプトは、三三年五月にキュタヒヤ和約を結んでアナトリアからひとまず撤退したが、シリア、ヒジャーズ地方、クレタはエジプトの支配下に入った。ロシアは同年、イスタンブル近郊のヒュンキャル・イスケレスィで条約を締結し、オスマン帝国と軍事同盟を結んだ。

キュタヒヤ和約は一時的なものにすぎず、ムハンマド・アリーは独立の意志を公言すらし始めた。オスマン政府は、エジプト問題でヨーロッパ諸国の支持を得るために使節を派遣して交渉にあたらせた。その任を委ねられたのがムスタファ・レシト・パシャだった。外務大臣の前身である書記官長のもとで官僚としてのキャリアを歩み、一八三四年以降パリとロンドンで外交経験を積んだ彼は、三七年に外務大臣に就任した。外務大臣としてイギリスとのあいだに通商条約(後述)を結び、それによってエジプト問題でのイギリスの支援の確保を図った。レシト・パシャはイギリスと同盟を結ぶために再びロンドンに向かったが、エジプト総督職の世襲権を何としても獲得したいムハンマド・アリーは、三九年六月、二度目のアナトリア侵攻を挙行し、トルコ南部のニズィプにおいてオスマン軍を破った。幸か不幸か、この報せが届く前にマフムト二世は突然病死した。弱冠十七歳の王子アブデュルメジト(在位一八三九〜六一)がすぐに即位し、レシト・パシャも帰国した。

2 タンズィマートとその社会

ギュルハネ勅令

一八三九年十一月三日、外務大臣ムスタファ・レシト・パシャは、トプカプ宮殿のギュルハネ宮の前で、高官、ウラマー、非ムスリム聖職者の長、各国大使などが列席するなか、オスマン帝国の改革の基本方針を示す文書を読み上げた。「ギュルハネ勅令」として知られるこの文書(厳密には、君主の

ギュルハネ勅令の発布　ギュルハネ勅令を読み上げるムスタファ・レシト・パシャ(想像図)

直筆を意味するハットゥ・ヒュマーユーンの形式の文書)は、まず冒頭で、オスマン帝国はかつてクルアーンとシャリーアに従っていたため繁栄していたが、一五〇年前より法が遵守されなくなったために弱体化したという現状認識を示す。そして、統治の改善のためには新しい法の制定が必要であり、その基本として、生命・名誉・財産の保障、徴税請負制を廃止して各人の財産に応じた課税、人口数を考慮した四、五年の交代制の徴兵制度の確立を挙げる。また、裁判の公開、裁判なしの処刑の禁止、財産没収の廃止を謳ったうえで、生命・名誉・財産の保障という君主の恩恵は、イスラーム教徒と他の諸宗教の信徒たちに例外なく与えられると述べる。スルタンはこれらの法に反する行為をおこなわないことを、ウラマーと高官の前で神に誓い、ウラマーと高官もまた宣誓をおこなう。最後に、刑法の制定、官吏への給与支給、賄賂の禁止に触れて、旧来の制度の改新をめざすこの文書が、帝国全域の住民と諸外国の大使にも告知されると宣言した。「新しい法」や「改新」という言葉遣いからわかるように、この勅令は、往時の最盛期への復古ではなく、新しい体制を打ち立てるための宣言であった。その内容に西欧の近代政治思想の影響をみることは容易である。財産権の保障、罪刑法定主義、財力に応じた課税などの条項は、フランス人権宣言にまでさかのぼれるかもしれない。レシト・パシャをはじめとする西欧の事情に詳しい改革派官僚が、この勅令の起草の中心にいたことは間違いない。生命・名誉・財産の保障や法の支配は、何よりもまず、君主の恣意に対して官僚層の地位の保全を図るものであり、官僚層主導で国家の再建をめざすことが彼らの目的であった。

他方、シャリーアへの準拠についての度重なる言及は、ウラマーら保守派への単なるリップサービスではなく、当時オスマン朝エリートのあいだに浸透していた、シャリーアの遵守を強調するナクシュバンディー教団のムジャッディディー派の思想の影響だとする説もある。

いずれにせよ、スルタンとその臣下である高官、ウラマーがともに、法に従うことを神に誓うという形式をとって成立したこの勅令は、君主もまた法の支配の下にあることを明らかにしたものであり、まさしく改革の始まりを告げる文書であった。

難航する改革

　ギュルハネ勅令の「目玉」のひとつは徴税請負の廃止にあった。翌一八四〇年一月からそれは実行に移され、新税制を施行するためにバルカンとアナトリアの主要都市に徴税官が派遣された。徴税官は任地で役人とムスリム及び非ムスリムの住民代表からなる評議会を組織し、人口と資産の調査を開始した。ムスリムであれ非ムスリムであれ、地方有力者を取り込んで改革に協力させることが必要だったのである。しかし、徴税請負制を廃止し、資産に応じた課税をおこなうというラディカルな改革は、従来の特権層の反発を招くとともに、税負担の軽減を期待した農民のあいだでも不満が広がり、各地で反乱や抗議運動が次々に発生した。アナトリアでは特権を奪われたムスリム有力者が指導して反乱を起こし、バルカンでは改革への期待を裏切られたキリスト教徒農民が立ち上がった。アナトリアのトカトでは徴税官が殺害されるに至り、ニシュ（現セルビア領）では農民による大規模な反乱が起きた。こうした混乱の結果、税収は見込みを大きく下回った。

　一八四一年三月にレシト・パシャは外務大臣を解任され、三ヵ月後にパリ大使として遠ざけられた。四二年二月には徴税官派遣が撤回され、徴税請負制も復活した。ただし、徴税請負は小規模で、税目を統一するなどの改革の成果は維持された。徴税官に代わって郡長職が創設され、各郡の有力者から選ばれた人物が任命された。地方評議会は存続し、地方行政の執行機関として、そして地域住民と中央の仲介役としての役割を果たし続けた。やはりギュルハネ勅令の公約のひとつであった刑法は、一八四〇年五月に制定された。地方においては、刑事訴訟は地方評議会で審理され、重大事件についでは最高評議会に報告され、そこで最終的な決定が下された。

改革は一旦頓挫したが、一八四三年に陸軍長官に就任した「宮廷派」のルザー・パシャの主導により軍制改革がおこなわれ、ニザーミーエ軍と名づけられた正規軍が編成された。四六年にはギュルハネ勅令で約束されていた徴兵法が制定され、二十歳から二十五歳のムスリム男子に対する抽選式の徴兵制が確立した。また、治安維持を担うために、ジャンダルマとのちに呼ばれる憲兵隊組織が設立された(四四年)。

一八四五年に入って、アブデュルメジトは勅諭を発し、改革の停滞を率直に認め、帝国の繁栄に必要な手段を検討するよう指示を出した。それを受けて政府は、各県からムスリムと非ムスリムの代表者を各二名首都に招聘し会議を開催することを決定した。そして、同年五月にバルカン、アナトリアの各地から総勢二四〇名の地方名士たちが参集した。これはオスマン帝国史において前例のない出来事であったが、この会議は地方代表者の意見を聴取する以上に、税制改革に向けた収入調査をおこなうための根回しがおもな目的であった。政府はこれと同時に、「開発委員会」を各地に派遣し、その委員会は収入調査の監督にあたるとともに、地域の人口や産業などの状況の調査を実施した。しかし、今回の調査でも問題が続出し、結局これも失敗に終わった。課税はその後も村ごとに負担額を配分する、いわゆる村請制が続けられた。

この間、一八四五年十月にレシト・パシャが外務大臣に再任され、翌年九月に大宰相に任命されたことにより、改革は弾みを得た。四六年十一月に官吏の職務や権限に関する規則が制定され、また、四〇年に設置されていた商事裁判所は、四七〜八年に外国人も加えた混合の商事裁判所に再編され、その後帝国各地に置かれた。四六年には公教育評議会が設置され、小学校・中等学校・大学からなる三段階の学校制度の計画の実現のために動き始めた。その一環で、四八年に師範学校が設立された。

タンズィマートという用語は、狭い意味では地方における税制改革を指し、その意味でのタンズィマート施行地域は、当初はバルカン、アナトリアの一部地域に過ぎなかった。徴税官派遣や資産・収入に応じた課税は挫折したものの、それ以外の税制上の改革や評議会の設置などの改革パッケージは、一八四〇年代半ばから後半にかけて黒海南東岸や東部アナトリア、アルバニア地方にまで波及した。アナトリア南東部から北イラクにまたがる領域を勢力下に入れていたクルド人諸侯ベディルハーン・ベイは、統合政策を進める中央政府に反旗をひるがえしたが、四七年に平定された。この結果、十六世紀以来、クルド人の部族連合長に県の支配権を世襲的に認めてきた制度が廃止され、ディヤルバクルからヴァンに至る広い地域がクルディスタン州として直轄支配下に置かれた。

タンズィマート施行地域でも、四〇年代初めの反乱は一旦収束したものの、問題の根本的解決には至っていなかった。五〇年にブルガリア北西部のヴィディンでブルガリア人農民が蜂起し、大規模な反乱に発展した。反乱は程なく鎮圧されたが、この背景には、ムスリム地主とブルガリア人農民との対立構造があり、地主たちは農民に小作料だけでなく強制労働も課していた。これは伝統的に、国境地帯においてムスリムに農村支配を委ねていたことが背景にある。反乱を受けて、農民に土地を買い取らせることが決定されるが、結局実現に至らなかった。政府はセルビア国境に近いこの地域でムスリム有力者の反発を招くリスクを冒せなかったのである。以後、この地域のキリスト教徒反乱はナショナリズムの影響をますます受けるようになり、外国の介入も避けられなくなった。

十九世紀前半の経済と社会

ギュルハネ勅令公布に先立つ一八三八年八月、ボスフォラス海峡沿いのバルタリマヌにあるレシト・パシャの別荘で、オスマン帝国とイギリスとのあいだで通商条約が締結された。この条約では、カピチュレーションによって従来与えられてきた諸特権(領事裁判権など)の再確認、帝国内でのイギリス人の商業活動の自由、専売制や輸送許可証など国内通商障壁の撤廃、輸出税一二%と輸入税五%などが定められた。これは、オスマン帝国側の義務だけを片務的に定める不平等条約であり、のちにイギリスがアジア諸国と結ぶ通商条約の先駆けとなった。その後、フランスやオランダなどのヨーロッパ諸国と相次いで同様の条約が結ばれた。三八年通商条約は、オスマン帝国市場を世界市場に開放し、オスマン経済が資本主義世界経済の周縁に位置づけられることを決定づけたと従来は解釈されてきた。しかし、長らくヨーロッパ諸国と通商関係にあったオスマン帝国は「開国」や「開港」をしたわけではなく、画期というよりも十八世紀後半以来生じていた変化を促進するものだったという見方が、近年では主流である。

実際、オスマン帝国とヨーロッパ諸国との交易は十八世紀後半に拡大した。そのときの主たる貿易相手はフランスで、オスマン帝国はもっぱら綿花、羊毛、生糸など繊維製品の原材料を輸出した。フランス革命後の混乱により、最大貿易相手国の地位はイギリスにとって代わり、産業革命を経たイギリスからの綿織物の輸入が急増した。一八二八年から三一年の三年間だけでイギリス産綿織物の輸入額は一〇倍に増加した。一八三八年通商条約は、こうした貿易拡大の流れに棹さしたのである。安価な綿織物の輸入増により、条約締結以前からすでに影響を受けていた各地の製糸業・織物業は大きな打撃を受けた。そして一八五〇年代までにアンカラのモヘア織物、ディヤルバクルの織物、テッサリア地方のアンベラキアの綿糸の輸出は途絶えた。とはいえ、オスマン帝国の産業が壊滅したわけではなく、農村部の家内工業や内陸部の商工業はもちこたえた。

条約の眼目のひとつは、輸送許可証や専売制などの帝国内での通商規制を撤廃させることにあったが、これらはマフムト二世が国庫収入増大のために導入した政策だった。専売制は一八二八年に、まずアヘンに採用され、のちにオリーブ油、穀物などにも適用されたが、条約締結前にはアヘンのみになっていた。イギリスにとってより重要だったのは、この条項をエジプトにも適用し、エジプトで農産物に広範に施行されていた専売制を廃止させることでムハンマド・アリー政権を弱体化させることであり、これについてはオスマン政府もイギリスと利害が一致したのである。

対英通商条約以前に、一八二六年のイェニチェリ軍団廃止こそオスマン帝国社会経済史にとって大きな画期だったとする見方もある。イェニチェリは十七世紀以来、都市の商工民層に深く浸透し、ギルド特権の保護者の役割を果たしていた。イェニチェリ軍団廃止によって後ろ盾を失ったギルドは、親方株数の制限、仕入れ・生産・販売の独占といった特権を徐々に奪われていった。ただし、短期的におこなわれたのは市場監督庁の設置による課税の強化や価格統制といった中央集権化であった。

ヨーロッパの工業製品の流入に対して、オスマン政府も手をこまねいていたわけではなかった。マフムト二世の時代からタンズィマート前期にかけて、おもに軍隊と政府の需要をまかなうための官営工場が首都近郊を中心に相次いで建設された。輸入代替工業化の考え方を、この時期の政府文書に見て取ることができる。一八四〇年代にはイスタンブルの西部近郊に製糸・織物工場だけでなく鉄工所などもつくって工業地区を形成した。イェニチェリ廃止後の一八三五年に設立されたフェス帽の工場は成功例のひとつで、軍人や官僚に良質のフェス帽を供給し、市場向けの生産もおこなった。宮廷向けの絹織物を生産していたヘレケの織物工場は、十九世紀末に絨毯部門を開設して成功を収めた。ただし、官営工場では外国から機械を輸入したため技術的な職種は外国人に頼らざるを得ず、また、インフラ、資源、資本などの不足により、工業化政策は全般的には自国産業の大きな発展には結びつかなかった。

十八世紀以来のヨーロッパとの貿易拡大により最も利益を得たのは、ヨーロッパ各地に散らばる同信徒のネットワークをもつ非ムスリム商人だった。彼らは、ヨーロッパ諸国の保護下に入ることでカピチュレーションと同等の特権を獲得し、有利な条件で貿易にたずさわった。オスマン帝国内の事情に疎いヨーロッパ人商人は、非ムスリム商人を仲介役とせざるを得ず、非ムスリムはその立場を大いに利用し、むしろヨーロッパ人を国内交易から駆逐するほどであった。このように保護民（プロテジェ）となる非ムスリムが富裕化したのに対して、ムスリム商人が非ムスリムやヨーロッパ人との競争に敗れていったことは、ムスリムと非ムスリムのあいだで軋轢《あつれき》や敵対感情が生じる背景となった。

クリミア戦争と「改革勅令」

ヨーロッパ各地を巻き込んだ「一八四八年革命」の影響は、オスマン帝国にも波及した。多数のポーランド人やハンガリー人の革命家たちがオスマン帝国に亡命してきたのである。オスマン政府はロシアやオーストリアの引き渡し要求を拒み、彼らを庇護した。亡命者のなかには、イスラームに改宗し、オスマン帝国で軍人や官僚の道を選ぶ者もいた。

オスマン政府が彼らをかくまったのは、革命の理想に共鳴したわけではなく、ヨーロッパの世論に対してオスマン帝国の進歩的なイメージを発信し、また、ロシアと敵対するイギリスとフランスの支持を得るためであった。ロシアの脅威にオスマン帝国が屈することは英仏の利益にも反することであり、この対立の構図はクリミア戦争においてもあらわれた。発端は、一八五〇年に、エルサレムの聖墳墓教会とベツレヘムの聖誕教会を中心とするパレスチナのキリスト教聖地の管理権をカトリックに任せるよう、フランスが要求したことにある。これに対してギリシア正教徒の庇護者を自認するロシアが反発し、国際問題に発展した。オスマン政府は玉虫色の解決を図ったが、ロシアは納得せず、さらにはオスマン帝国全土のギリシア正教徒に対する庇護権を要求した。オスマン政府は英仏の支持を取りつけて、ロシアの要求を拒否する(五三年五月)が、これに対してロシアは、同年七月にワラキアとモルドヴァに軍を進駐させ、交渉が最終的に決裂するとオスマン帝国は十月に宣戦布告し、クリミア戦争が勃発した。開戦後まもなくオスマン艦隊が敗れると、翌年三月に英仏両国が参戦し、戦争はヨーロッパ諸国間の戦争となった。最終的にサルデーニャもオスマン・英仏側に参戦したこの戦争は、五五年九月のセヴァストーポリ陥落で帰趨《きすう》が決し、翌年三月のパリ講和条約によって終結した。パリ講和条約は、オスマン帝国の独立と領土保全を確認し、帝国をヨーロッパ協調の一員として認めた。しかし、戦争の勝敗とは別に、クリミア戦争はオスマン帝国の国家や社会に著しい変化を強いたのであった。

クリミア戦争の直接のきっかけとなったのは、ロシアによる正教徒保護の主張であったが、オスマン帝国はその主張の根拠を否定するために、一八五三年五~六月に非ムスリム各宗教共同体に対して、その「宗教的特権」を保障する勅令を発布した。これによって、従来非ムスリムに認めてきた諸権利が「宗教的特権」としてとらえ直された。五五年五月になると政府は、非ムスリムにも兵役義務を拡大したうえで、彼らに伝統的に課してきた人頭税(ジズヤ)を廃止した。クリミア戦争における兵力不足を補う目的もあったが、それ以上に、英仏の改革圧力をかわす狙いがあった。しかし、これでも圧力をかわすには十分ではなく、講和条約が成立する直前の五六年二月に、政府は外国大使との協議を経て起草した「改革勅令」をスルタンの名において公布した。

改革勅令は、非ムスリム各宗教共同体に与えられてきた宗教的特権を確認するとともに、ムスリムと非ムスリムの平等を明確に打ち出した。前者の宗教的特権に関連して、聖職者と俗人から選ばれる議員から構成される宗教共同体の議会の設立が謳われ、教会、学校、病院、墓地の修復および勅許を得たうえでの新設が認められた。平等については、宗教、言語、人種を理由とした差別的表現を公文書で使用することが禁止され、宗教儀礼の自由な実践(たとえば、教会の鐘を鳴らすこと)、強制改宗の禁止も明言された。宗教にかかわらず帝国臣民は誰でも国家の官吏になることができ、また、官立の学校にも入学できるとされた。異なる宗派間の裁判のための宗派混合の裁判所の設立や、最高評議会への非ムスリム評議員の参加なども定められた。非ムスリムの兵役義務についても確認したうえで、代人あるいは現金の支払いによって兵役が免除される方法が策定されることが約束された。それ以外の条項として、外国人の不動産売買・所有、政府の予算・決算の開示、銀行の設置、道路建設や産業促進のためのヨーロッパ資本の導入などが含まれていた。

省略した項目もあるが、一見して非ムスリムの諸権利を明確に認める内容であることが理解されるだろう。とくに、ムスリムと非ムスリムの平等を定めた諸規定は、前年の人頭税廃止と相まって、帝国の支配者集団であるムスリムが、非ムスリムを庇護民（ズィンミー）として従属させるという、イスラーム王朝の長きにわたる伝統を放棄したことを意味する。これによってオスマン帝国は、ムスリムと非ムスリムを「オスマン国民」として統合する方針に舵を切った。ただし、非ムスリムの兵役義務は、兵役代替税の支払いによって免除されたため、人頭税も名前を変えて存続した。

ムスリムの優越的な地位を揺るがす改革勅令は、ムスリムのあいだに動揺と不満をもたらした。そもそもレシト・パシャ自身が改革勅令における非ムスリムの処遇に対して批判的で、より漸進主義的改革を望んでいた。しかし、彼の権威はかげりつつあり、彼の庇護下で育った外務官僚出身のアーリー・パシャとフアト・パシャが台頭し、タンズィマート後半期の改革を主導した。

非ムスリムはそれまでも翻訳官や外交官に採用されることはあったが、改革勅令によって非ムスリム官僚の活躍の場は格段に広がった。彼らはその言語能力とヨーロッパについての知識から、外務省で最も活躍した。そのなかで、ギリシア人のアレクサンドル・カラトドリ・パシャは一八七一年に外務省次官に非ムスリムとしてはじめて任ぜられたあと、七八年にはベルリン会議の全権、帰国後には初の非ムスリムの外務大臣となった。非ムスリムのなかではアルメニア人が最も多くオスマン官界に人材を送り込み、六八年に非ムスリム最初の大臣として短期間ながら公共事業大臣に就任したのもアルメニア人だった。

政府の中枢においては、一八六八年に最高評議会が立法と行政を担当する国家評議会と最高裁判所にあたる最高法院とに分離したが、そのいずれにおいても構成員の約三分の一は非ムスリムが占めた。このように、オスマン帝国は、非ムスリムの能力や知識を活用しつつ、彼らを体制内に取り込み、「オスマン人」エリートの仲間入りをさせたのである。

教育については、一八五七年に公教育省が設置され、非ムスリムをも包括する公教育制度の確立をめざした。医学校以外の官立学校では、ムスリム・非ムスリム共学化はなかなか進まなかったが、六八年になるとフランス語で教育を行う官吏養成学校ガラタサライ・リセが設立され、非ムスリムの学生を積極的に受け入れた(当初約六割)。この学校からは、フランス語とヨーロッパ文化に通じたエリート、とくに外務官僚が輩出された。一八六九年には公教育法が制定され、学校制度が体系化された。男女共に義務教育が定められ、翌年には女子師範学校も設立された。

これらのほか、タンズィマート後期の改革の中心は法律・司法と地方行政であった。新刑法(一八五八年)、土地法(同年、後述)、民法典(メジェッレ、一八六九〜七六年)といった主要な法律が整備された。新刑法と一八五〇年の商法がフランス法の翻訳をもとに作られたのに対して、民法典はジェヴデト・パシャを長とする起草委員会によって、ハナフィー派イスラーム法学の学説を条文化したものだった(ただし、家族法は含まない)。

こうした新しい法が適用される裁判所として、一八六四年に制定法裁判所（ニザーミーエ法廷）が成立した。この裁判所は合議制で裁判長のほかムスリムと非ムスリム同数の陪席判事から構成され、また、審級制をとり、最高法院が最高裁判所に位置づけられた。このように既存のシャリーア法廷とはまったく異なる新しい裁判所制度が成立した。ただし、シャリーア法廷も、主としてムスリムの婚姻や相続などの家族法関係、私有財産やワクフ財の売買、譲渡、貸借などの訴訟と登記をおこなう法廷として存続した。

地方行政においては、一八六四年に始まる州制改革によって中央集権的な地方行政システムが整備された。バルカン地方でミドハト・パシャが州知事を務めるトゥナ（ドナウ）州をモデル地区として始められた改革は、その後数年のうちに自治州を除く帝国のほぼ全域に施行され、強い権限が与えられつつも中央政府の統制下に置かれた州知事をトップに置き、州―県―郡からなる画一的な行政制度が各地に成立した。各行政単位の長は中央から任命された。中央集権化と同時に、住民参加の制度も拡大し、評議会成員の選挙制度が定められるとともに、公選評議員はムスリム・非ムスリム同数で構成されることが定められた。また、州内の各県選出の議員からなる州議会が設置された。なお、ミドハト・パシャは州制改革の功績により、六八年に国家評議会の初代議長に就任した。

タンズィマート後期の経済と社会

一八五八年に制定された土地法がオスマン帝国の経済や社会に与えた影響は、さまざまに議論されている。土地法は、耕作地や牧草地などの「国有地（ミーリー地）」についての権利等を定めた法令で、その趣旨は耕作者に国家が地券を交付して土地に対する権利を確定することによって、税収の確保や増大を狙ったものといえる。イラクや後述のチュクロヴァなど一部の地域では、部族長や都市の有力者が自らの名で土地を登録して大土地所有者になるという結果を招いたが、オスマン帝国全般では小土地所有が一般的であり、土地法は地域の実状によって異なる結果をもたらした。重要なのは、「国有地」の売買、貸借、事実上の抵当権設定などを認めることによって実質的に土地の私的所有を合法化し、土地の取り引きを促進した点である。六七年には、外国人への土地の売却も認められた。

クリミア戦争のオスマン帝国への影響は多方面におよんだが、そのひとつはクリミアとカフカス地方からの移民の流入だった。ロシアによるクリミア占領以後、すでにクリミア・タタール人はオスマン帝国への移住を開始していたが、クリミア戦争が始まると、戦中から戦後にかけてさらに多数のクリミア・タタール人やノガイ人がオスマン帝国領に流入した。戦後にロシアが北カフカス地方に攻勢をかけて最終的に占領したため、同地域のチェルケス人、アブハズ人、チェチェン人などが大量に移住した。一八五六年から七六年までの間に、クリミアとカフカスからの移民はおよそ一〇〇万から一二〇万人にのぼった。オスマン政府は六〇年に移民委員会を設置し、移民に支援を与えて定住させた。

戦略的な観点からドナウ川流域に多くの移民が移住させられ、そのほかアナトリアの各地に受け入れられた。

十九世紀後半には、農業生産の向上(後述)と課税の強化により、国家の税収は二倍以上に増加した。しかし、オスマン政府は改革に着手して以来、絶えず財政難に悩まされてきた。タンズィマート施行直後、税制改革に失敗して歳入が激減した時には、「紙幣」を発行して財政赤字の補填《ほてん》を図った。これは実際には利子つきの債券であり、内国債といえるものだったが、偽造が蔓延《まんえん》して混乱を招いた。一八五二年には利子のつかない紙幣が発行され、クリミア戦争期に大量に印刷されてインフレーションを引き起こした。クリミア戦争による財政逼迫《ひっぱく》への対応としてオスマン政府がとった手段は対外借款《しゃっかん》であり、五四年に最初の借款がおこなわれた。借款はその後何度も繰り返されたが、新たな借款の大部分は以前の借款の返済と利子の支払いにあてられ、残りの部分も宮廷の消費や海軍への艦船購入などに多くが費やされた。

価値を暴落させた紙幣に対して民衆の不満が高まるなか、政府は一八六二年に紙幣の回収を余儀なくされた。このときオスマン政府への融資によって紙幣回収に協力した英国資本のオスマン銀行は、翌年フランス資本と合同でオスマン帝国銀行を設立し、オスマン政府から独占的に紙幣発行の特権を与えられた。こうして外国資本の民間銀行がオスマン帝国の中央銀行としての機能も果たすことになったのである。

クリミア戦争をきっかけとする変化として、電信の普及も重要である。戦争が始まると英仏がまず電線を引き、その後オスマン帝国が国家事業として引き継いだ。まず一八五五年にイスタンブル・エディルネ間で電信による最初の通信がおこなわれると、その後電信網は急速に発達し、六〇年代までにほぼ帝国全土を覆い、ヨーロッパやインドなどとつながった。政府が熱心だったのは、電信が統治に役立つものとみたからである。なお、郵便制度は四〇年の郵政省設置により本格的な整備が始まっていたが、外国の郵便会社と競合関係にあった。

交通に目を向けると、「交通革命」を世界に引き起こした蒸気船は、マフムト二世の時代にオスマン帝国の海にあらわれた。一八四四年に海軍の汽船を使って旅客と貨物を輸送する運航が開始され、これが官営汽船の草分けとなった。五〇年にはファアト・パシャとジェヴデト・パシャの発案により、民間汽船会社ハイリエ社が設立され、ボスフォラス海峡での汽船運航の特権を与えられた。これは帝国初の株式会社としても知られる。タンズィマートの後半期には、官営汽船はイスタンブルとエーゲ海、地中海、黒海沿岸部の主要都市とを結ぶ定期航路を開設し、カピチュレーション特権を有する外国汽船と競合した。

鉄道はエジプトが先行するが、オスマン帝国のアジア領では、イギリス資本によるイズミル・アイドゥン鉄道(一八六〇年一部開通、六六年全線開通)およびイズミル・カサバ鉄道(六六年開通)を嚆矢《こうし》とする。両者はともに綿花や干し果物などを生産する後背地をイズミルと直結させ、イズミルが国際貿易都市として飛躍的な発展を遂げる契機となった。バルカン領では、黒海沿岸の港町とドナウ川沿いの町を結ぶ二つの鉄道路線が、イギリス資本により建設された(六〇年、六六年開通)。

近代化と西洋化の波が最も大きく感じられたのは、国際商業都市、とくに首都イスタンブルであった。イスタンブル(旧市街)の北に位置するガラタ、ペラ地区は、西欧諸国の大使館の所在地であり、多数のヨーロッパ人や西欧化した非ムスリムが移り住むことにより、商業・金融の新しい中心となった。そして、西洋風のカフェ、レストラン、ホテル、劇場などが建ち並び、都市の風貌を一変させた。スルタンもまた、ボスフォラス海峡沿いに西欧様式の壮大なドルマバフチェ宮殿を建設し、権力の重心を新市街に移動させた。宮殿の存在を除けば、イズミル、サロニカ、ベイルートなどでも同様の変化が進行した。

都市だけでなく、農業・牧畜社会もまたこの時代に急激な変化を経験した。アナトリア南部のチュクロヴァは、劇的な変容を遂げた地域の代表例である。チュクロヴァは中心都市アダナと地中海に面する港メルスィンを擁する広大な平野であるが、高温多湿の湿地が多く、その背後に連なる山岳地帯を拠点とする遊牧民が長らくこの地域一帯に君臨していた。クリミア戦争後に、平野部への入植が進む。まず、クリミアとカフカス地方からの移民が多数送り込まれた。その後一八六五年に、政府は「デレベイ」と呼ばれる有力部族の支配を終わらせるために「改革師団」と称する近代的軍隊を派遣して、遊牧民に定住化を強制し、抵抗するデレベイを追放した。入植した移民や遊牧民は低地の慣れない気候に苦しめられ、マラリアにより多数が犠牲になる一方で、チュクロヴァは七〇年代には綿花の一大生産地に変貌を遂げた。この地域一帯には、死地（荒蕪地《こうぶち》）とされた湿地を開拓して手に入れるなどの方法で大土地所有が広がった。地主になったのはキリスト教徒富裕層、部族の有力者やムスリムの高官などで、元遊牧民やクリミア・カフカス移民などが小作人となるほか、綿花畑ではシリア北部やアナトリア東部から出稼ぎに来る季節労働者が使役された。他方、国際港として発展を遂げたメルスィンは、周辺からキリスト教徒の移民を集めた。こうした社会の激変と不均衡な発展は、社会集団同士のあいだに軋轢を生むことになった。

一八七三年から七五年にかけて、中央アナトリアを大飢饉が襲った。干魃による不作とそれに続く厳冬により農村は壊滅的打撃を受け、飢えと病気で一五万人以上の死者が出たとされる。その結果、オスマン政府の税収は見込みを大きく下回り、財政は逼迫した。一八七五年七月にはヘルツェゴヴィナで大規模なキリスト教徒農民の反乱が発生し、ボスニアに波及した。反乱は国庫に対してさらなる負担となり、ついに同年十月、政府は外債利子の半額の不払いを宣言するに至る。これは国家の破産宣告であり、以後オスマン帝国を取り巻く国際情勢と帝国内の政治状況は急転回することになる。

憲法制定への道

一八六〇年代に入ると、オスマン・トルコ語（以下、「オスマン語」）民間新聞が成長し、出版メディアを通じた政府批判もおこなわれるようになった。その中心にいたのは、翻訳局の若手官僚ナームク・ケマルと、中等学校の教師を経てイスタンブルのモスクで説教師をしていたアリ・スアーヴィーだった。こうした動きに対して政府が一八六四年の出版条例、そして六七年の政令で言論の取り締まりを強化すると、ナームク・ケマルらはパリに亡命し、その後ロンドンに移動して、オスマン語新聞を刊行して発信を続けた。彼らは「新オスマン人」と自ら称して、アーリー、ファアト両パシャの寡頭体制を批判し、「自由」、「祖国愛」、「議会制」を唱えた。これらの言葉は、「世論」とともにオスマン語の語彙に定着することになる。

彼らは単純に西洋思想を模倣して主張していたのではなく、むしろ議会制をイスラームの教えに則ったものとして正当化した。新オスマン人たちからすれば、政府はシャリーアをないがしろにしていたのである。彼らは「平等」の価値を認めつつも、政府が非ムスリムに特権を認めたことを、支配的な地位にあるべき多数派のムスリムに対する不当な扱いだとして批判した。新オスマン人は近代においてイスラームを政治的イデオロギーに用いた先駆的存在であった。新オスマン人運動の背景には、官僚組織の拡大にともない、反主流派が政治的参加の拡大を要求したという側面があり、それに新聞というメディアの発達とその受け手である読者層が教育の普及によって徐々に拡大したことが重なった。しかしこの運動は、民衆的基盤や地方への広がりを欠いていた点では限界があった。

一八六九年にファアト・パシャ、七一年にアーリー・パシャが世を去ると、スルタン・アブデュルアズィズの専横が目立ち始め、その信を得た大宰相マフムト・ネディム・パシャはロシアのいいなりになっていた。七五年の財政破綻、そしてバルカンのキリスト教徒反乱は、人々のあいだでスルタンと大宰相への不満を増大させた。

一八七六年は、オスマン帝国にとって激動の一年となった。ボスニアとヘルツェゴヴィナの反乱が収束しないなか、四月にブルガリアで民族主義的な蜂起が発生し、オスマン軍は非正規兵とともにこれを迅速に鎮圧したが、そのやり方が西欧列強によりブルガリア人虐殺として強い非難を浴びることになった。しかし、これはムスリムにとっては、帝国内キリスト教徒と列強が結託してムスリムを虐げているととらえられ、イスタンブルにおいてもムスリムとキリスト教徒のあいだで緊張が高まった。そうしたなか、五月に首都のマドラサ学生が決起し、大宰相とシェイヒュルイスラームの罷免《ひめん》を要求した。追い詰められた宮廷はその要求を受け入れ、新たな任命をおこなった。

一方、官僚・軍人のなかには、列強の介入を制し、国内の問題を解決するには立憲議会制の導入が急務だとする一派が存在した。ミドハト・パシャはその中心人物の一人であり、先のマドラサ学生のデモの背後にも彼の存在があったともいわれる。彼ら改革派は五月三〇日にクーデタを挙行し、アブデュルアズィズを退位に追い込んだ。代わって即位したのは先帝アブデュルメジトの息子であるムラト五世で、開明的で立憲制にも理解があると目されていた。しかし、六月にアブデュルアズィズが自殺すると、その頃からムラト五世の精神状態が変調をきたし、君主としての重責に耐えられなくなっ

アブデュルハミト２世

てきた。その結果、八月末にムラト五世は廃位され、その異母弟のアブデュルハミト二世（在位一八七六～一九〇九）が即位した。

この間、セルビアとモンテネグロがオスマン帝国に宣戦布告し、事態は切迫していた。六月に国家評議会議長に復帰していたミドハト・パシャは、十月に制憲委員会を組織し、憲法草案の作成に着手した。この委員会にナームク・ケマルも少し遅れて参加した。しかし、新帝アブデュルハミト二世は制憲委員会の提出した草案に注文をつけ、戒厳の条項（第一一三条）に、国家に対する危険人物を国外追放する権限をスルタンに与えるという趣旨の文言を挿入することを要求した。列強諸国がバルカン問題を協議するイスタンブル会議の開催が十二月に迫っており、ミドハト・パシャはやむなくその要求を呑み、憲法草案は最終的な形にまとまった。

一八七六年十二月二十三日、オスマン帝国憲法が公布された。憲法制定の立役者であり、公布前に大宰相に就任していたミドハト・パシャの名から「ミドハト憲法」という通称でも知られる。全一一九条からなるこの憲法は、欧州各国の憲法を参照して起草された近代憲法である。同時に、ギュルハネ勅令、改革勅令を継承したものでもあった。憲法は、オスマン帝国の国籍をもつ人々を宗教にかかわりなく「オスマン人」と呼ぶとして、オスマン主義の理念を明文化した。そして、すべてのオスマン人の自由と平等を謳った。宗教宗派上の事項は平等の原則の例外とされたが、それは憲法が同時に、イスラーム教を国教と定めるとともに、非ムスリムの宗教的特権を保障したからである。また、憲法は、勅選の元老院(上院)と民選の代議院(下院)からなる二院制の議会制度をオスマン帝国にもたらした。大宰相と国務大臣はスルタンによる任命である。興味深いのは、スルタンがカリフ位を有するとして、いわゆるスルタン＝カリフ制を規定する文言が挿入されたことである。オスマン帝国君主はとりわけ十八世紀末以来、自らを全ムスリムのカリフと位置づけて帝国外のムスリムに権威をおよぼそうとしていたが、それが法的にも根拠のあるものになったのである。

3　アブデュルハミト二世の専制政治

第一次立憲政の挫折

憲法の公布後、アブデュルハミト二世とミドハト・パシャの対立はすぐに顕在化し、一八七七年二月、議会の召集を待たずに危険人物追放の憲法条項が適用され、ミドハト・パシャは国外追放された。

彼はその後赦免されてシリア州知事を務めるが、スルタンの差し金で八一年に先帝アブデュルアズィズの殺害の容疑で裁判にかけられ、有罪となってアラビア半島のターイフに投獄され、のちに殺害された(八四年)。

一八七七年三月に第一回帝国議会が召集された。下院議員選挙は暫定法に基づき、地方行政評議会による選出によっておこなわれた。国際世論を意識して、実際の人口比よりやや多い約四割の議席が非ムスリムに割り当てられた。しかし、憲法公布と議会開設によっても、バルカン問題において列強を説得することはできず、ついに四月にロシアが宣戦布告するに至って露土戦争が勃発した。五月に東部アナトリアのアルダハンが陥落した報せが首都に広まると、マドラサ学生が抗議行動を起こして議事堂を取り囲んだ。この事態を受けてスルタンは戒厳令を施行した。

戦争が続くなか、ふたたび選挙を経て十二月に第二議会が召集された。戦況の悪化に対して議員たちは政府の責任を厳しく追及した。批判の矛先がスルタンへも向かい始めると、ロシア軍がイスタンブルに迫る危機のなか、一八七八年二月にアブデュルハミト二世は議会を停会した。議会を会期終了以前に閉会すること自体は憲法に則った君主の権限の行使であったが、その後議会は三〇年にわたって再開されることはなく、憲法も事実上その施行が停止した。これにより第一次立憲政は終焉を迎え、アブデュルハミトの専制時代が始まった。

アブデュルハミト二世時代の国際関係

露土戦争はオスマン帝国にとって悲惨な結果に終わった。イスタンブル近郊まで軍を進めたロシアに屈服したオスマン帝国は、その地でロシアに圧倒的に有利な講和条約、サン・ステファノ条約を一八七八年三月に受け入れた。同条約では、現在のブルガリア、北マケドニアおよびギリシア北東部にほぼ相当する広大な領土を有するブルガリア公国が成立し、二年間ロシアの占領下に置かれるものとされた。ロシアの影響力拡大に脅威をいだいた他の列強諸国はこの条約に反発し、ドイツのビスマルクの仲介により列強諸国とオスマン政府の会議がベルリンで開催された。その結果、七八年七月にベルリン条約が締結され、これによってブルガリア公国(オスマン帝国の宗主権下にある)は、今日のブルガリアの約北半分にまで縮小された。また、モンテネグロ、セルビア、ルーマニアの独立が承認され、ボスニア・ヘルツェゴヴィナはオーストリアの占領下に置かれた。マケドニア地方(現在のコソヴォ、北マケドニア、ギリシア北東部に相当)はオスマン帝国に返還されたが、以後、その地位は国際問題の大きな争点となる。東部アナトリアでは、カルス、アルダハン、バトゥーミがロシアに割譲された。ベルリン会議に先立って、イギリスはオスマン帝国に対する支援の約束と引き換えに、キプロスを占領した(主権はオスマン帝国)。

ベルリン条約によってオスマン帝国はバルカン領の大半を実質的に失った。人口が多く豊かな地域を喪失したため、経済的損失も莫大であった。また、この条約は、もはや列強諸国がオスマン帝国の

サン・ステファノ条約とベルリン条約

領土保全策を放棄したことを意味した。一八八一年にはフランスがチュニジアを保護国化し、同年エジプトでオラービー革命が起きると、イギリスは翌年エジプトを軍事占領した。八一年には、列強の承認のもと、ギリシアがテッサリア地方を獲得した。ブルガリアは、ベルリン条約に基づいてキリスト教徒の知事が置かれていた東ルメリア州を八五年に占領した。こうした事態にオスマン帝国はなすすべがなかった。

イギリス、フランスへの信頼を失ったオスマン帝国は、ドイツに接近する。一八八二年にはドイツから軍事顧問団が派遣された。翌年には『武装せる国民』(国民皆兵論)の著者としても知られるフォン・デア・ゴルツが顧問団に加わり、オスマン帝国陸軍の改革を指導した。その成果もあって、クレタ問題をきっかけに九七年に勃発したオスマン・ギリシア戦争でオスマン軍は勝利を収め、ようやく自信を取り戻したかにみえたのであった。しかし、軍事的には勝利したものの、列強の介入によりクレタはギリシア王国の王子が擁立されて事実上の自治国となり、名目的な主権だけがオスマン帝国に残された。このとき介入に加わらなかったドイツは、皇帝ヴィルヘルム二世自らがオスマン帝国を訪問し、両国の結びつきの強化を図った。経済関係においてもオスマン帝国はドイツを重視し、一八八八年にアナトリア鉄道の利権をドイツ銀行に譲渡したのち、一九〇三年にはそれをバグダードまで延伸する鉄道敷設権もアナトリア鉄道会社(つまりドイツ銀行)に与えた。

専制とイスラーム主義政策

一八七八年に議会を停止したアブデュルハミト二世は、大宰相府から決定権を奪い、宮廷に権力の中心を移行させた。彼は大宰相や大臣を意のままに任命し、大宰相府を通さずに大臣や州知事と直接やり取りをして指令を与えた。自分に個人的な忠誠心をもつ者を厚遇し、宮廷に自らが信頼を置く人物を集めて私的な相談役とした。とくに、宮廷と外界との連絡を取りもつ侍従府(マーベイン)の重要性が増大した。また、スルタンに対する批判や不穏な動きを察知するために巨大な密偵網を構築して人々を監視した。専門の密偵以外にも、人々の密告を奨励し、密告者には報償を与えた。世論の重要性を認識していたスルタンは、検閲を強化し、言論を厳しく取り締まった。そのため政治的言論は封殺された。他方で、報償や官職を気前良く与えることにより、恩を着せて批判を封じ込めた。

アブデュルハミトは、自らに対する臣民の忠誠と崇敬を集めるためにさまざまな戦略を用いた。彼は帝国各地に自らの名(ハミディエ)を冠した学校、病院、泉(給水施設)などを建設した。こうした施設にはしばしば、「皇帝《パーディシャー》陛下万歳」と書かれたパネルや、オスマン王家の紋章が掲げられ、臣民に恩恵を与える君主の存在を強調した。警戒心の強いアブデュルハミトは、ユルドゥズ宮殿にこもって政務をとりおこなったが、そのような彼が公衆の前に姿をあらわす数少ない機会が、毎週モスクでおこなわれる金曜礼拝だった。これは自らの健在とイスラームの指導者(カリフ)としての役割をアピールする場であった。金曜礼拝は外国人にも君主の威光を顕示するイベントであり、この時期イスタン

ユルドゥズ・ハミディエ・モスクで金曜礼拝をおこなうアブデュルハミト2世

ブルを訪れた山田寅次郎や鎌田栄吉も金曜礼拝を拝観し、感銘を受けたことを記録に残している。スルタンはさらに一九〇〇年には即位二五周年の記念行事をおこない、各地に時計塔などの記念碑をつくらせるなど、君主への求心力を高めるための新しい伝統も生み出した。

アブデュルハミトは自らがイスラーム共同体の指導者、カリフであることを強調した。ベルリン条約によってキリスト教徒が多数を占める地域を喪失し、また、カフカス地方やバルカン半島から難民・移民を受け入れたことにより、ムスリム人口の比重が大きくなっていた(約三分の二から約四分の三へ)。そのためカリフを中心にムスリムの連帯意識を高めて臣民の統合を図ったのである。学校教育ではイスラーム的な道徳やイスラーム史が重視され、歴史教科書にはセリム一世がアッバース朝カリフの末裔からカリフ位の禅譲を受けたという伝説が書き込まれた。こうした政策はイスラーム主義と呼ばれるが、その象徴的な事例は、ダマスクスと聖地メディナを結ぶヒジャーズ鉄道建設である（一九〇〇年着工、〇八年開通）。巡礼路の鉄道化というこの一大事業を西欧資本に委ねることをせず、国内外のムスリムに寄付を広く呼びかけた。宗教的重要性を強調するプロパガンダは成功し、国内のみならずインドやロシアをはじめ世界各地のムスリムからも寄付が寄せられた。

ヒジャーズ鉄道事業にみられるように、イスラーム主義政策は国外のムスリムに向けて連帯を訴えカリフの求心力を高めることで、植民地にムスリムを抱えるイギリスなどの列強諸国を牽制する目的ももっており、その意味で汎イスラーム主義とも呼ばれる。汎イスラーム主義は全世界のムスリムが団結して帝国主義に対抗しようとする思想・運動としてイラン出身のジャマールッディーン・アフガーニーが提唱したものである（彼に先んじて新オスマン人もムスリムの統一を訴えていた）。しかし、あくまでもカリフを中心とするオスマン帝国の強化を目的とするアブデュルハミトはアフガーニーを警戒し、彼をイスタンブルで幽閉した。一八九〇年に日本を訪問し、帰途和歌山県沖で座礁して多数の死者を出したエルトゥールル号事件はよく知られているが、この軍艦の日本派遣もまた、途上のインドや東南アジアでカリフの存在を喧伝することが真の目的であった。

再び国内に目を向ければ、イスラームの政治利用は帝国の非スンナ派イスラーム住民に対しては、スンナ派イスラームの教化政策としてあらわれた。政府は、イラクのシーア派やアナトリアのアレヴィー派に対してウラマーを派遣したり、モスクや学校を建設したりして、彼らをスンナ派に「改宗」させようと試みた。

アブデュルハミトの専制体制を財政的に支えたのが帝室財務局であった。スルタンは一八八〇年に帝室財務局を省に格上げして、帝国各地の広大な土地を領地に組み入れて主たる収入源とした。そのほか、ティグリス・ユーフラテス川の蒸気船運航、モスルの石油採掘、サロニカの港湾経営などの利権も帝室財務局の管理下にあった。ただし、これらの利権のなかには、それらが拙速に外国資本の手に渡ることを阻止する目的で獲得されたものもあり、たとえばモスルの石油採掘権については、埋蔵量を調査させるにとどまった。こうした財源の管理のために大臣に任命されたのは、アブデュルハミトの信を得たアルメニア人のアゴプ・パシャであり、彼の死後も二代にわたってアルメニア人が大臣を務めた。

アルメニア人の要職での起用とアブデュルハミトのイスラーム主義政策は矛盾するものではなかった。全臣民をオスマン人として統合するというオスマン主義の原理自体が放棄されたわけではなく、スルタンは政策を使い分けながら、人々をオスマン帝国という共通の家のなかにとどめようとしたのである。たとえば一八九四年にイスタンブルを襲った大地震の際には、宗教を問わず被災者支援をおこない、全臣民の庇護者としての振る舞いを示した。

アブデュルハミト二世の改革

アブデュルハミトは専制をおこなったとはいえ、けっして近代化に背を向けたわけではなく、むしろタンズィマート改革の継承者であった。官僚機構は拡大の一途を辿った。郡長の養成機関だった行政学院を一八七七年に拡充し、近代教育を受けた官僚(とくに地方行政官)を育成した。制定法裁判所制度はこの時期に発展し、司法省の設置、検察・弁護士の制度導入、新しい法曹育成のための法学校の開設などがおこなわれた。このほか、一八八一年から九三年にかけて最初の本格的なセンサス(国勢調査)が実施され、人口の正確な把握がめざされた。

とりわけ近代的な学校教育はアブデュルハミトの時代に普及した。スルタンと官僚たちは、国家に忠誠を尽くすエリートと一般臣民の育成に欠かせぬ手段として、教育に大きな期待をかけていた。初等教育では、トルコ語の識字を重視し、歴史や地理などの科目を取り入れた「新方式」の小学校が広まった。一九〇三〜〇四年までに帝国各地に高等小学校は四八八校(うち女子校五二)、中学校は七四校を数えた。総合大学(ダーリュルフヌーン)は遅れて一九〇〇年に開設された。また、アブデュルハミトは帝国の主要地方都市に陸軍幼年学校を二一校新たに設立し、地方の幼年学校から予科士官学校(首都のほか地方に六校)を経て士官学校そして参謀科へ至る軍事学校の制度を作り上げた。

公教育法では中学校以上がムスリム・非ムスリム共学とされていたが、政府はむしろムスリムへの教育普及を重視していた。非ムスリムには各宗教共同体の学校のほかに、キリスト教宣教団や外国人が設立した学校など、選択肢が多かった。それに対して、官立学校は遅れをとり、ムスリムが外国や非ムスリムの学校に行かないようにするためにも、政府はムスリム向けの学校を増やす必要に迫られていたのである。つまり、公教育は宗教を超えた国民統合に限定的にしか寄与しなかったのだが、アルバニアやアラブ地域など多様な地域出身のムスリムをオスマン人エリートとして統合する役割を果たした。士官学校、行政学院、医学校などイスタンブルの専門教育機関に帝国各地から学生が集まり、官僚や軍人などとして活躍するという回路が成立していたのである。

専制支配下の経済と社会

アブデュルハミト二世は即位時に、対外債務によって破綻したオスマン帝国財政を引き継いだ。露土戦争での戦費の支出に加えて、領土の喪失により歳入が大幅に減少した。それにロシアへの戦後賠償金が追い打ちをかけた。オスマン政府は債務問題を解決するために外国の債権者と交渉を重ねた結果、一八八一年の「ムハッレム令」によって英仏独墺伊の債権者代表とガラタの銀行家とオスマン銀行の各代表からなる評議会によって運営される債務管理局の設立を決定した。この取り決めにより、債務残高は約半分に減額され、その債務と利子を返済するために債務管理局にタバコと塩の専売収入、印紙税、酒税、イスタンブル近郊の漁業税、一部地域の生糸税、ブルガリア公国からの貢納金などの財源が委譲された。こうして、債権者の利益のためにのみ活動する債務管理局が、国家歳入の五分の一から四分の一に相当する税源を支配することになり、「国家のなかの国家」とも言われる存在となった。他方で、債権者代表による債務管理という方式をとった結果、オスマン帝国は外国による直接的な財政支配(たとえばエジプトのような)を免れることができた。

債務管理局は外国資本を招き入れる窓口となり、これ以後、ガラタの銀行家を介さないで外国資本が直接流入することになった。債務管理局に委譲されたタバコ専売権は、ドイツとオーストリアの銀行とオスマン銀行の資本による専売社レジーに譲渡された。専売社は国内向けの紙巻きタバコの製造・流通を独占し、栽培農家はタバコ葉を専売社に低価で納めることを義務づけられた。しかし、専売社の独占に不満をもつ栽培者によって、官憲とひそかに協力した密売が絶えなかった。専売社は武器を携行した警備団を雇って密売の阻止を図ったため、たびたび衝突が起こり、多数の死傷者が出た。

外国資本の最大の投下先は鉄道だった。一八七〇年にオリエント鉄道の建設が始まり、アブデュルハミト即位までに約一九〇〇キロメートルの鉄道が敷かれていたが、彼の治世に総延長は約七五〇〇キロメートルに達した。前述のように、アナトリア鉄道とその延長のバグダード鉄道の敷設権がドイツ銀行に与えられた。その際、鉄道の距離に応じてオスマン政府が保証金を支払う「キロメートル保証」が設定され、鉄道沿線地域の十分の一税がそれに充てられ、その徴収を債務管理局が請け負った。負担は沿線住民に転嫁されたのである。なお、バグダード鉄道は、オスマン帝国時代に完成をみることはなかった。

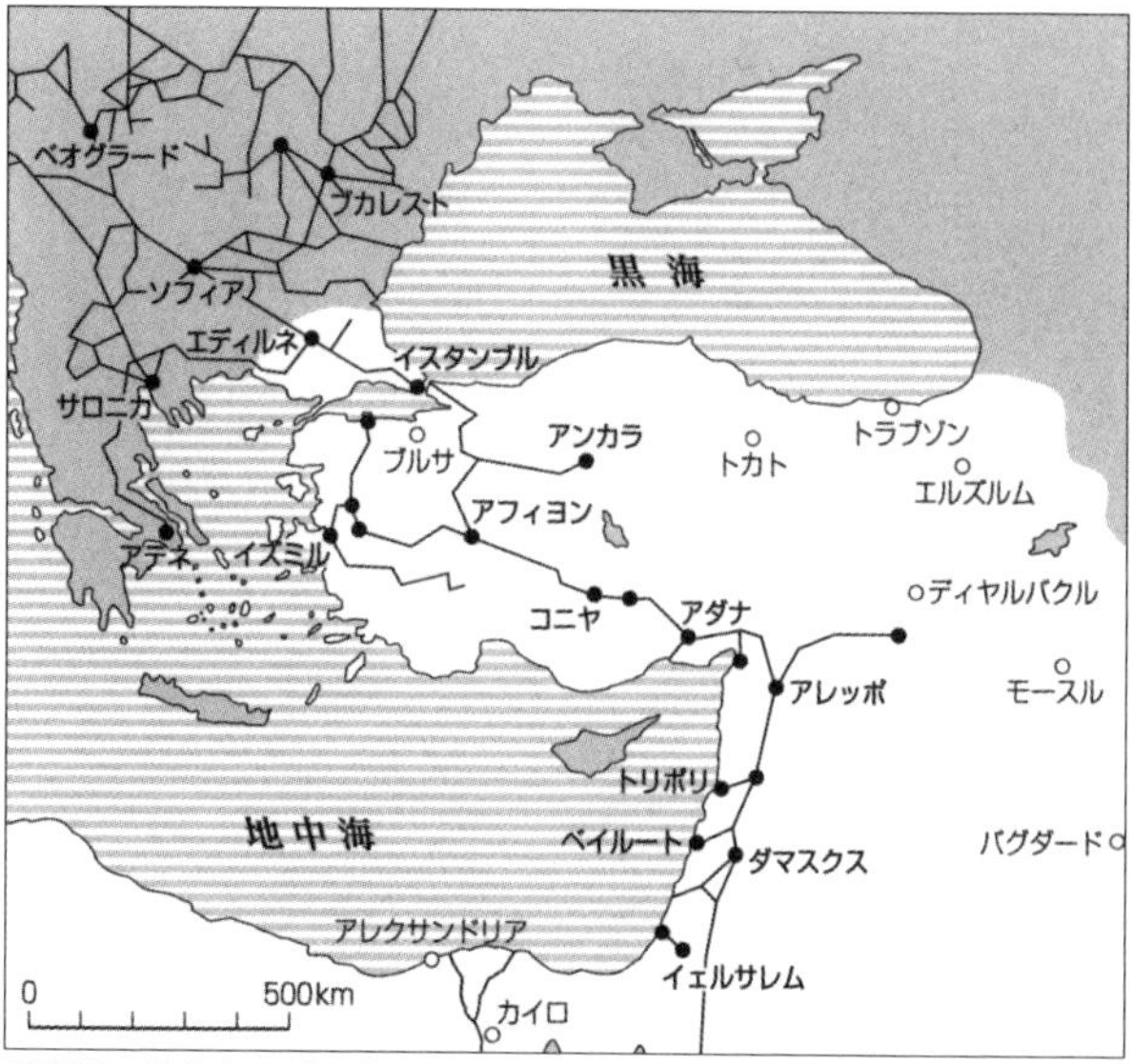

鉄道網の拡大(1914年頃)

鉄道網の拡大は、従来ラクダなどを使って運ぶほかなかった内陸部の農産物を低コストで沿岸地域の都市部や港湾に輸送することを可能にし、沿線地域での商品作物の生産を拡大させた。こうして穀物、綿花、ブドウ、イチジク、アヘンなどが鉄道を経由して輸出され、内陸部の生産者が世界市場と接続された。また、バルカン半島の穀倉地帯を喪失したのちは、アナトリア鉄道で運ばれる小麦がイスタンブルへの食糧供給源として重要な地位を占めた。全般的に鉄道沿線地域での農業生産量が増加したことを反映して、沿線地域の十分の一税の税収が鉄道開通時と比べて二十世紀初頭には一・五倍から二倍に上昇した。

オスマン帝国と国際経済の結節点は港湾

であり、とくにサロニカ、イズミル、ベイルートそしてイスタンブルが国際貿易都市として発展した。港湾の建設と運営を担ったのも、外国資本であった。港湾が整備されて大型船が港に直接停泊し、鉄道が港まで延長すると、船荷の積み下ろしに従事していた舟漕ぎや荷役人夫の仕事が奪われることなり、彼らは港湾会社と闘争を繰り返した。また、これらの都市では、やはり外国資本が利権を獲得して近代的水道、ガス灯、路面電車、電気などの公共インフラが整えられた。

さて、ふたたびアブデュルハミト二世時代の初期にさかのぼると、スルタンが直面したもうひとつの問題は、難民・移民問題だった。露土戦争の戦禍を逃れた大量のムスリム難民がバルカン半島からイスタンブルや各地の港に押し寄せた。戦後もオスマン帝国が事実上喪失した領土からの移民が続いた。バルカンからの難民・移民の数は一〇〇万から一五〇万人にのぼるとされる。これにロシアに併合されたカルス、アルダハン、バトゥーミからの移民や、引き続き移住をしてきたカフカス地方のチェルケス人などが加わった。アブデュルハミトはユルドゥズ宮殿内に難民委員会を組織し、難民・移民をアナトリアを中心とする各地に分散させて定着させ、住居や農具などの提供のほか、税や兵役の一定期間免除などの支援をおこなった。こうした対応は政府や住民にとって負担となったが、難民・移民の定住により耕作地が拡大し、また、バルカン地方の進んだ農業技術が導入された結果、農業生産の増大をもたらした。しかし他方で、定住した土地で現地住民との対立が各地で生じた。

十九世紀後半から二十世紀初めにかけてオスマン帝国の農業生産量は、領土の縮小にかかわらず大

	計　量	1897/98	1909/10	1913/14	1914/15	増加率(1897〜1913) 1897＝100
小　麦	100キレ	126	140	169	232	134
大　麦	〃	79	113	106	111	134
トウモロコシ	〃	13	20	19	19	146
タバコ	1000トン	15.3	21.4	49.0	41.3	320
綿　花(アダナ)	1000バリヤ	30	76	120	135	400
干ぶどう	1000トン	36.0	54.6	69.0	60.8	192
ヘーゼルナッツ	〃	22.0	28.0	51.2	51.8	233
干いちじく	〃	15.1	22.0	32.0	17.6	212
まゆ(ブルサ)	〃	4.21	7.71	6.82	3.07	162
モヘア山羊毛	〃	16.1	12.3	15.8		98
オリーヴ油	〃	14.1	10.7	7.0		50

商品作物生産の増加

幅に増加した。難民・移民や遊牧民の入植と開墾の拡大、国内の都市部と国際市場の需要の増大、そして前述の鉄道敷設が、農業生産の拡大をあと押しした。とりわけタバコ葉と綿花の生産量は著しく増加し、西アナトリアのブドウ、イチジクも高い増加率を示した。これらに加えて生糸、羊毛、アヘン、ヴァロニア、小麦、大麦がオスマン帝国の輸出の主力だった。アブデュルハミトは農業の振興を図り、農業銀行を一八八八年に、農学校を九二年に設立した。農業銀行は農民に低利で融資するためにつくられた国立の銀行で、一〇年で帝国各地に四〇〇以上の支店を置いた。融資の恩恵を得たのは富裕な土地所有者ばかりだったとされるが、他方で、農業銀行はその利益を使って農学校の費用や種子の分配、農業機具の導入などにも資金を供給し、農業改革を財政的に支えた。

オスマン帝国の輸出の約九割は一次産品(食料品と原材料)で占められていたが、単一もしくはごく少数の商品の輸出に依存することはなく、モノカルチャー経済にはならなかった。むしろ、時代とともに品目は多様化する傾向にあった。他方で、アブデュルハミト時代から一九一三年までの時期を通じて輸入のほぼ四分の一は繊維製品であり(別の統計では、一九一一〜一三年に三六〜三八%)、原料を輸出し工業製品を輸入するという世界経済の周辺国の貿易構造を示していた。

しかし、ヨーロッパの工業製品の流入によって国内の手工業が壊滅したわけではなかった。国内市場向けの綿織物業や絹織物業は、人口増による国内市場の拡大、ヨーロッパにおける労賃上昇によるオスマン製品の相対的廉価化といった外部条件に支えられ、機械製の糸を輸入して国内で織物を作り、染色、プリント、刺繍などの加工を施すといった形で変化に対応することによって生き延びた。さらに、絨毯産業は、十九世紀後半に欧米における「オリエント絨毯」への重要の拡大を受けて、輸出向けの生産が急増し、大きな成長を遂げた。輸入品の人工染料を用い、欧米人の嗜好に合わせたデザインの絨毯が、家内工業で女性の手によって大量に織られた。絨毯生産の中心は西アナトリアのウシャクで、一時期アナトリアの絨毯の三分の二がその地で生産されたほどであった。こうした国内および輸出向け手工業の担い手の多くは女性であり、女性や、ときに子どもを安価な労働力として用いることによって、オスマン産業は外国商品に対抗できたのである。

西洋文化の浸透

アブデュルハミト二世による検閲強化により、政治的言論は封殺されたが、非政治的な内容の新聞、文芸誌・文学作品、実用書や科学書などの出版は専制体制下でむしろ成長し、出版文化はさらに発展した。これを支えたのは、近代的学校教育の普及によって拡大した識字層だった。

文学においては、小説が新しいジャンルとして確立した。『トルコ語辞典』編纂でも知られるアルバニア人シェムセッディン・サーミーによる『タラトとフィトナトの恋』(一八七二年)が、オスマン語による最初の小説とされる。また、雑誌『科学の富』には、「芸術のための芸術」を謳う「新文学」運動の作家たちが集まった。同誌に連載されたハーリド・ズィヤ(ウシャクルギル)の小説『禁じられた愛』は、今日のトルコでもドラマ化されるなど人気を誇る。一方、ポピュラー作家の代表格はアフメト・ミドハトで、小説をはじめとして大小さまざまの著作を約一五〇点も刊行した。彼が一八七八年に創刊した新聞『真実の翻訳者』は、世界各地のニュース、科学や産業の情報、文学作品の掲載などを通じて人々を啓蒙する役割を果たした。この時代にはまた、科学、技術、衛生、文化、教育などの有用な情報を提供する絵や写真入りの雑誌が広まり、読者層の拡大に貢献した。『科学の富』誌も、もともと西洋の科学や技術を紹介する啓蒙誌であり、それと並んで『知識』誌も、写真入り総合情報誌として読者を惹きつけた。

オスマン語の最初の女性誌は一八六九年に刊行されたが、女性による女性のための雑誌の登場は一八八〇年代である。なかでも九三年創刊の『婦人専門新聞』は、教育、保健衛生、ファッション、文学など多様な情報をイラストや写真を豊富に用いて提供し、多数の読者を獲得した長命の雑誌である。この雑誌には、詩人ニギャル・ビンティ・オスマン、作家のファトマ・アリエなどの女性文学者も寄稿した。官僚・歴史家ジェヴデト・パシャの娘であるファトマ・アリエは、イスラームの下での女性の権利を擁護した著作『イスラームの女性』(一八九一年)によって、オスマン人最初のフェミニストの一人ともいわれる。女性誌を購読していたのは、教育を受けた都市部の女性だった。世紀転換期には、首都イスタンブルだけでなく地方の主要都市にも女子高等小学校が設立され、それが女性の読者層の拡大の背景にあった。

ここまではオスマン語の出版とその主要な受容者であるムスリムに限定して出版の普及を説明してきたが、多言語のオスマン社会では、ギリシア語、アルメニア語、アラビア語、カラマン語(ギリシア文字のトルコ語)、アルメニア・トルコ語(アルメニア文字のトルコ語)、ラディーノ語(ユダヤ・スペイン語)、ブルガリア語、フランス語など多様な言語で出版活動がおこなわれており、いずれにおいても十九世紀後半に大きな発展をみせた。これらの言語空間は相互にまったく孤立したものではなく、ひとつの印刷所が多文字・多言語の出版を手がけることは珍しくなかった。また、やはり十九世紀後半に盛んになった近代演劇においては、しばしばアルメニア人の劇団がムスリムの劇作家の作品をトルコ語で上演した。

エリートたちはフランス語を中心に西洋語の文献を直接読み、新しい思想を取り込んでいた。「生存競争」を社会にあてはめる社会ダーウィニズムや、文化や社会を自然科学の方法で説明できるとするコントの実証主義、あるいはビュヒナーの唯物論などが、オスマン帝国のエリートたちのあいだで広く支持を受けていた。

揺らぐ体制

タンズィマート期に列強の関心が集中した「東方問題」の中心がレバノンとブルガリアだったとすれば、アブデュルハミト二世時代に国際的な焦点となったのはアルメニア人問題とマケドニア問題だった。アルメニア人問題は、ベルリン条約の第六一条に、アルメニア人の安全を保障するための地方改革を要請する条項が挿入されたことが発端である。この条項を根拠に、イギリスを筆頭に列強諸国が東部アナトリア六州の改革を要求し始めると、アルメニア人の民族主義者たちは、フンチャク(一八八七年)とダシュナク(九〇年)という二つの革命団体を組織し、武力闘争路線をとってオスマン帝国で活動を開始した。こうした動きに対して、オスマン政府はクルド人部族から兵力を集め、「ハミディエ軽騎兵連隊」を組織してロシア国境地帯の防衛にあたらせるとともに、アルメニア人の革命運動への対抗力とした。しかし、農村の徴税請負権を与えられたハミディエ軽騎兵連隊によってアルメニア人農民に対する収奪や襲撃が横行し、クルド人とアルメニア人との対立の温床となった。

一八九四年に、東部アナトリアのサソンに潜伏していたアルメニア人民族主義者に対して軍とハミディエ軽騎兵連隊が掃討作戦を展開し、その過程で多数のアルメニア人農民が殺害された。これに対して列強は強く抗議し、東部六州の改革案をオスマン政府に突きつけた。九五年九月になると、イスタンブルでアルメニア人のデモと警察の衝突により、一般のアルメニア人も襲われるという事件が発生した。これは東部アナトリアの各地に飛び火し、ムスリム住民によってアルメニア人の店舗や街区が標的とされ、アルメニア人の大量虐殺がなされた。さらに、九六年八月にはアルメニア人革命家がイスタンブルのオスマン銀行を占拠し、行員を人質に取って東部の改革を要求した。交渉の結果、実行犯は国外に亡命するが、市内ではアルメニア人住民に対する襲撃がおこなわれ、数千人が殺害された。

この一連の虐殺事件により、西洋の世論はオスマン帝国に対して敵対的となり、アブデュルハミトは「赤いスルタン」といった悪名を着せられることになった。オスマン帝国ではアルメニア人の民族運動は沈静化したものの、ムスリムと非ムスリムのあいだに深刻な溝を生じさせるきっかけとなり、オスマン政府に対する信頼を失ったアルメニア人の一部はロシアやアメリカに移住することを選択した。一方、アルメニア人問題に発する危機と国際的圧力に適切に対応できないスルタンに対する国内の批判も高まった。

アブデュルハミト二世の専制体制に対する不満は早い時期から、高等教育を受けたエリートたちのあいだで広まっていた。最初の反体制組織は一八八九年に軍医学校の学生グループによって結成された秘密結社であった。教育省官僚の職を辞してパリに留学し、実証主義の信奉者となっていたアフメト・ルザが、のちに運動の指導者となり、一八九五年に組織の名を「統一進歩協会(統一と進歩委員会)」に改めた。この組織のもとには、反アブデュルハミトという点で一致しつつも、多様な目的をもつ人々が集まり、これら反体制派が「青年トルコ人」と総称された。この組織が軍医学校の学生によって最初に結成されたように、新しい高等教育機関の学生や卒業生が反体制運動の中心にいた。これら新しいタイプのエリートは、官僚機構や軍隊で彼らが優遇されず、スルタンに対する忠誠心によって地位が得られることに不満をいだいていた。彼らは自分たちの合理主義的な世界観に基づき国家を変革することを理想とし、専制の打倒を目指したのである。

アルメニア人問題が深刻化した一八九六年に、イスタンブルの青年トルコ人グループはスルタンの廃位計画を企むが、事前に発覚し、一斉検挙されてしまう。これ以後、活動の拠点は国外に移った。一九〇二年にはパリで青年トルコ人会議が開催されたが、外国の介入を支持するかどうかで意見が対立し、運動は分裂した。多数派は、アブデュルハミト二世の甥にあたる「プレンス」・サバハッティンに率いられ、地方分権的な志向をもち、外国の介入を支持する立場だった。彼らと対立したアフメト・ルザらは、「オスマン進歩統一協会」をパリを拠点に結成し、各地に支部を組織した(革命後に再び統一進歩協会と名乗るので、以下でもその名称を使う)。他方、国内の反体制の動きは、次にマケドニア地方の陸軍将校たちに移っていくことになる。

マケドニア問題もまた、ベルリン条約が残した課題であった。大ブルガリアの成立が阻止され、オスマン領に残されたコソヴォ、マナストゥル、サロニカの三州はブルガリア人、ギリシア人、セルビア人、アルバニア人、ヴラフ人、トルコ人、ユダヤ人などさまざまな民族集団が居住していた地域であり、そこに周辺国と列強諸国の思惑が絡んで問題が複雑化していた。これらの民族のなかからこの地域で支配的地位の確立や隣国との統合をめざす複数の急進的組織が生まれ、ゲリラ戦による武装闘争を開始した。

一九〇三年夏、クルシェヴォ(現北マケドニア領)で革命組織による武装蜂起が発生した。イリンデン蜂起と呼ばれるこの蜂起は、オスマン軍により間もなく鎮圧されたが、その後列強の圧力はさらに増し、アブデュルハミトは〇五年にマケドニアの財政を国際財政委員会の監督下に置くことを余儀なくされた。それでもマケドニア情勢は収拾することはなく、住民は武装組織と官憲・軍の暴力にさらされ続けた。このとき武装組織との終わりのない戦いを強いられていたのは第三軍であり、第三軍に配属されていた士官学校出の青年将校たちのあいだで、国家の行く末に対する危機意識が高まっていた。

一九〇六年九月にサロニカの郵便局員タラートらによって「オスマン自由協会」が結成され、短期間で第三軍の青年将校たちをメンバーに加えることに成功した。パリに本部をもつオスマン統一進歩協会は、帝国内に足掛かりを得ようとしてこの新しい組織と接触し、〇七年九月に両者は合併した。オスマン自由協会は、統一進歩協会の国内本部と位置づけられた。その後一年足らずのあいだに、組織はバルカン各地に支部を置いて拡大し、第三軍およびエディルネの第二軍のあいだに深く浸透した。そして、行動計画が準備されていった。

一九〇八年六月にロシア皇帝とイギリス国王の会談がレヴァル（現エストニアのタリン）で実現すると、両国がオスマン帝国のバルカン領を分割することで合意したという噂が伝わった。この情報に帝国存亡の危機感を募らせた将校たちがついに決起した。同年七月三日、レスネ（現北マケドニアのレセン）で将校のニヤーズィーが兵士を集めて軍を離脱し、反乱を開始した。これにエンヴェルをはじめマケドニア各地のオスマン軍将校が呼応し、反乱はまたたく間に拡大した。統一進歩協会は憲法の復活要求を宮廷に突きつけ、七月二十三日にマケドニアの各地で立憲体制の復活を宣言した。アブデュルハミト二世は同日夜についにその要求を受け入れ、ここに青年トルコ人革命が成立した。

4　青年トルコ人革命と第二次立憲政

革命の激動

同時代には「自由の宣告」と呼ばれた「青年トルコ人革命」は、将校の反乱によって成就したもので、民衆運動といえるものではなかった。しかし、「革命」は帝国各地の民衆に歓喜をもって迎えられた。人々が街頭に繰り出し、「自由、平等、公正、友愛」のスローガンが掲げられた。アブデュルハミトの密偵組織は解散させられ、厳しい検閲も廃止された。革命は社会に自由の空気をもたらし、出版界は息を吹き返して雨後の筍のように多数の新聞・雑誌が発刊され、政治的な議論が再び活発化した。

革命の立役者だった統一進歩協会(以下、統一派)は、すぐに政権を奪取することはなかった。そもそも革命の目的は憲法の復活にあり、秘密結社として活動していた統一派は、それを達成したあとの具体的な政治的プログラムを用意していなかった。組織の中心にいた若手将校たちには政治的経験がなく、首都イスタンブルでの基盤も弱かった。そのため、統一派は当初、閣僚に自派のメンバーを入れることもせず、背後から政権に影響力を及ぼす方法をとった。後述の反革命事件後になってはじめて閣僚を送り込むようになる。

革命がつくり出した政治的自由の雰囲気は、労働者にも力を与えた。革命直後のインフレーションの影響もあり、一九〇八年の七月末から十月にかけてイスタンブルをはじめサロニカ、イズミルなど帝国各地でストライキの波が発生した。鉄道、タバコ工場、港湾荷役、炭鉱、絹紡績工場、ホテル、印刷所など、ストは多様な部門で多数の労働者を巻き込んで広がった。労働者の要求は、賃上げ、労働時間の短縮、労働環境の改善、組合の承認といった、今日の基準からは穏当な性格なものであった

青年トルコ人革命の成就を祝うポスター　左がエンヴェル(パシャ)，右がニヤーズィ・ベイ。オスマン・トルコ語で「祖国を専制から救った英雄たち」，ギリシア語とアルメニア語で「祖国の解放者たち」と書かれている。

が、政府と統一派はこれらを社会的秩序に混乱をもたらすものと見なした。そのため、政府は議会の再開を待たずに十月初めにストライキ臨時法を公布し、労働組合を非合法化し、公共部門でのストを禁止した。

政府がストへの対応に追われていた頃、名目上オスマン帝国宗主権下にあったブルガリア公国が東ルメリアとともに十月五日にオスマン帝国からの独立を宣言し、続いてその翌日にオーストリア＝ハンガリーが、その軍事占領下にあるボスニア・ヘルツェゴヴィナを併合した。さらにクレタの議会がギリシアへの併合を決定した。オスマン政府はこれらに対して列強諸国に抗議することしかできなかったが、民衆のあいだから自発的な反対運動が起こり、オーストリア製品のボイコット運動に発展した。とりわけ港湾労働者によるオーストリア船からの陸揚げ拒否が全国に拡大し、運動を高揚させた。ボイコット運動には商人も参加し、世論の支持も得て翌年の二月まで続いた。この運動は経済ナショナリズム意識の高まりを示すものだったが、この時点では帝国内の非ムスリムに対する排斥をともなうことはなく、非ムスリムも参加していた。これはそれに先立つストライキの波でも同様で、ムスリムと非ムスリムの労働者の共闘がしばしばみられた。

さて、この間の十一月から十二月にかけて選挙が実施され、統一派が圧勝した。それに対抗したのはプレンス・サバハッティンらを中心とするオスマン自由党だったが、一議席のみに終わった。また、選挙に際して非ムスリムは議席の宗派別割り当てを要求したが、統一派は、議員は全オスマン人の代表であるべきだという立場を譲らなかった。しかし、事前の協定により候補者の調整がおこなわれ、結果として下院には帝国を構成する宗派・民族からある程度公平に代表者が送り込まれた。そして、十二月十七日に約三〇年ぶりに議会が召集された。アフメト・ルザは下院議長に選任された。

一九〇九年四月十三日未明、イスタンブルで兵士たちによる反乱が発生した。彼らはマドラサ学生と合流して議事堂を包囲し、シャリーアの施行、大宰相の罷免、下院議長アフメト・ルザの解任などを要求した。これに対して政府と議会は混乱に陥り、大宰相は辞職し、統一派の議員や主要メンバーは逃げ隠れた。この事件は統一派のイスタンブルでの基盤の弱さを露呈したものだったが、逆にマケドニアには強固な地盤があった。統一派は第三軍司令官マフムト・シェヴケト・パシャを味方に取り込み、彼の指揮のもと、マケドニアから「行動軍」という鎮圧軍をイスタンブルに向けて派遣した。そして、四月二十四日に行動軍は首都を制圧した。反乱鎮圧後の四月二十七日、イスタンブル郊外に避難していた上下院議員たちが合同で開いていた国民議会において、反乱の責任を問われたアブデュルハミト二世の廃位が決議された。これをシェイヒュルイスラームのファトワー(法意見書)が追認し、メフメト五世(在位一九〇八〜一八)が即位した。この事件は、財務暦の日付から「三月三十一日事件」と呼ばれる。

この反革命は、統一派の支配に反対するさまざまな勢力が糾合したものであった。自由党は早くから反統一派キャンペーンを展開し、事件の首謀とも目されるが、イスラームの復活を唱える立場からの反対派も加わっていた。ナクシュバンディー教団に属するデルヴィシュ・ヴァフデティーは『火山』誌を発行して、シャリーアを擁護する立場から統一派批判をおこない、一九〇九年三月にはムスリム統一協会を結成した。『火山』誌には、トルコ共和国期に「ヌルジュ」と呼ばれるイスラーム改革運動を主導することになるサイード・ヌルスィーも寄稿していた。事件後、反乱の主要な扇動者と見なされたヴァフデティーは軍事法廷で裁かれ、処刑された。反乱を起こした兵士たちは、統一派が革命後に「兵卒上がり」の将校を追放し、「学校出」の将校が軍隊を支配するようになったことに不満をいだいていた。一方、マドラサ学生は、アブデュルハミト時代に兵役の完全免除を享受していたのに対して、革命後に徴兵免除のための試験が復活したことに反発していた。

三月三十一日事件の余波として、アダナでアルメニア人とムスリムの衝突事件が生じ、双方に犠牲者が出たが、とりわけムスリム群衆による暴動で多数のアルメニア人が殺害された。この背景には、十九世紀後半に生じた前述のチュクロヴァの不均衡な発展があった。

立憲政治のゆくえ

三月三十一日事件収束後、議会制がようやく正常に機能し始めた。まず憲法の改正が審議され、君主の大権を大幅に制限し、議会の権限を強化する修正憲法が成立した。スルタン専制を象徴していた、危険人物を国外追放する権限を君主に認める文言は、第一一三条から削除された。さらに、議会は内閣（大宰相府）に対しても優位に置かれ、事実上の議院内閣制が定められた。

この時期のオスマン帝国政治においては、オスマン帝国の一体性維持を前提としつつ、多民族多宗教からなるオスマン帝国の人々を立憲体制の下でどのように統合するかが、最大の課題だった。帝国を構成する「諸民族の統一」が、実現すべき理念として議会や新聞・雑誌上で議論された。結社法をめぐる審議では、民族・宗教の名を冠した政治結社の是非が争点となり、帝国の統一を損なうものとして禁じられた。また、一九〇九年八月の徴兵法改定では、平等の実現として非ムスリムも兵役対象に含められた。一方、国民統合に不可欠な教育については、非ムスリム各共同体の個別の特権がオスマン人の統一という理念と激しく衝突し、教員資格の国家による一元化なども実現しなかった。

第二次立憲政の対立軸は、ムスリム対非ムスリムの対立だけではない。老練の官僚政治家が主導する大宰相府を、統一派はコントロール下に置くことはできなかった。軍においても、行動軍を率いたマフムト・シェヴケト・パシャは、統一派の青年将校ら以上に影響力をもっていた。反統一派の存在も徐々に顕在化し、一九一一年十一月には反統一派勢力を寄せ集めた「自由と連合党」が結成され、統一派と激しく対立した。

この間、一九一〇年三月にアルバニア北部のコソヴォで、旧来の慣習法や武器携行の権利が革命後の中央集権化で損なわれたことに不満をもつアルバニア人の反乱が発生した。反乱の拠点プリシュティナは五月には制圧されるものの、南部のアルバニア人にも呼応の動きが広がった。さらに一九一一年九月にはアフリカ進出を目論むイタリアが宣戦布告し、トリポリ（リビア）に侵入を開始した。エンヴェルやムスタファ・ケマル（のちのアタテュルク）ら若手将校がリビアに潜入して抵抗を続けたが、翌年十月に条約が結ばれ、リビアはイタリアの支配下に入った。

こうした反乱と戦争のなか、政局は混迷した。一九一二年一月の総選挙では、統一派が露骨な選挙介入をおこない（「棍棒選挙」と呼ばれる）、議席をほぼ独占するが、大宰相府と対立し、かえって政権から駆逐され、八月に議会も解散されてしまう。この動きの背後には、軍部内の反統一派の存在もあった。

オスマン・イタリア戦争のさなか、バルカン諸国は互いに同盟関係を結び、一九一二年十月にモンテネグロがオスマン帝国に宣戦布告すると、セルビア、ブルガリア、ギリシアも加わり、バルカン戦争（第一次）が始まった。オスマン軍は劣勢を強いられ、十一月には統一派の本部があったサロニカも陥落した。列強との仲介を期待されて十月に大宰相に就任していた親英のキャーミル・パシャは、これを機に統一派の排除を図り、そのメンバーの多数を逮捕した。

一九一二年十二月から翌年一月にかけて、ロンドンでバルカン戦争集結に向けた会議が開かれた。列強は古都エディルネをブルガリアに割譲するようオスマン帝国に迫った。一月二十三日、キャーミル・パシャがエディルネを放棄しようとしていると見なした統一派は、大宰相府を襲撃し、クーデタを決行した。大宰相にはマフムト・シェヴケト・パシャが擁立された。しかし、三月にはエディルネは陥落した。そして五月末にロンドン条約が結ばれ、オスマン帝国のバルカン領はわずかを残して失われた。この間アルバニア人は自治を求めて再び反乱を起こし、一二年十一月に独立を宣言していた（翌年国際的に承認）。その後ブルガリアと他のバルカン諸国の対立から第二次バルカン戦争が起こると（一三年六月）、オスマン軍はブルガリアに宣戦してエディルネ奪還に成功した。

一九一三年六月、大宰相マフムト・シェヴケト・パシャが暗殺された。すると、この危機を利用して統一派はすぐさま政権を掌握し、暗殺を口実に使って反対派を一掃した。革命前からの官僚政治家や高級将校は去り、ここにおいてはじめて統一派が単独で支配する内閣が成立した。タラートは内務大臣として入閣し、エディルネ奪還に功績のあったエンヴェルは、一九一四年一月に陸軍大臣に就任した。統一派の指導者の一人ジェマルものちに海軍大臣の座につき、統一派が軍を統制するとともに、いわゆる「三頭体制」が成立した。

青年トルコ時代の思想潮流と社会運動

第二次立憲政期は、「諸民族の統一」が掲げられ、多民族の平等と共存のための努力がなされた時代であった。ただし、その一方で、ムスリム知識人のあいだでトルコ・ナショナリズムが発展した時代でもあった。もともと「テュルク（トルコ人）」という語は否定的なニュアンスをもった言葉だった。一八五〇年のトルコ語・フランス語辞典では、その語は、「粗野な、がさつな、野蛮な」といった意味をあらわし、オスマン帝国のトルコ人はその語ではなく「オスマンル（オスマン人）」という語で呼ばれることを好む、と説明されている。

「トルコ人」意識が生まれるのは、西洋の影響である。ヨーロッパ人は一貫してオスマン帝国のムスリムを「トルコ人」と呼んできた。十九世紀になると、東洋学の一角を占めるトルコ学はオスマン帝国のトルコ人と中央アジアのトルコ系の人々とを結びつけて論ずるようになる。オスマン帝国のムスリム知識人もまた、そうしたヨーロッパの東洋学の影響を受け、一八七〇年代にトルコ語やトルコ民族史への関心を示す書物を著し始めた。

この流れに、ロシア帝国下のムスリムによる民族運動の影響が加わった。クリミア・タタール人のイスマイル・ガスプリンスキーは、一八八三年にクリミアで新聞『翻訳者』を刊行し、オスマン・トルコ語を基礎とした「共通トルコ語」を提唱した。さらに、ロシアのカザン近郊の出身でイスタンブルに留学したユースフ・アクチュラは、「三つの政治路線」という論説を一九〇四年にカイロの新聞に発表した。そこではオスマン帝国のとるべき政治路線を、オスマン主義、イスラーム主義、トルコ主義としたうえで、オスマン主義つまりオスマン国民の創出は不可能だとして否定し、トルコ人の統一をめざすトルコ主義の採用を提起した。革命後にイスタンブルに移り住んだアクチュラは、一九一一年十一月に雑誌『トルコ人の祖国』を創刊し、トルコ・ナショナリズムの論陣を張った。

ロシア帝国出身のトルコ民族主義者たちが、トルコ人の統一という汎トルコ主義的な理想を唱える傾向があったのに対して、オスマン帝国のトルコ人知識人たちの関心は、中核民族たるトルコ人の民族的自覚によってオスマン帝国の一体性を維持することにあった。トルコ民族主義の理論的指導者であるズィヤ・ギョカルプは一九一三年の論説『トルコ化、イスラム化、近代化』のなかで、トルコ主義がオスマン人を最も強力に支えるものだと主張した。言語や宗教など文化の共通性によって民族が形成されるというギョカルプの議論は、バルカン領を喪失したオスマン帝国を、トルコ人中心の国家へと再編しようとするイデオロギーを支えるものであった。なお、クルド人の民族主義団体も青年トルコ人革命直後に結成され、機関誌を発行したが、一九〇九年に閉鎖された。

イスラームという宗教を、変化する時代の要請にどう適応させるかという議論が盛んにされたのも、青年トルコ人革命後であった。イスラーム主義と呼ばれる思想潮流は、憲法や議会制を支持しつつ、宗教的諸制度を国家のなかで新たに位置づける方途を模索した。とくに、マドラサの改革は当時もっとも議論されたテーマのひとつであった。知的伝統に依拠した穏健的な改革をめざしていた多くのウラマーに対して、ギョカルプらはイスラームを社会の現実に合わせて再解釈しようとする先鋭的な改革論を主張した。統一派政権下で一九一七年に制定され、婚姻・離婚における女性の権利を拡張するなどした家族法は、後者の改革論の影響を受けて成立したものである。

第二次立憲政期には、女性による社会運動・政治活動も活発化した。革命後に出版が息を吹き返すとともに、女性誌の発刊も相次いだ。なかでも、一九一三年にオスマン女性権利擁護協会が創刊した

電話会社に採用された女性たち(中央手前は同会社の英国人女性)

『女性の世界』誌は、女性の社会進出、教育の向上、政治参加、男女平等を訴えた。これは世界的な第一波フェミニズム運動の一環であった。この協会は、誌上でのキャンペーンを通じて、一三年にイスタンブル電話会社にはじめてムスリム女性を採用させることに成功した。これが突破口になり、翌年には逓信省《ていしん》に女性が採用され、その後も郵便局での女性採用が続いた。また、『女性の世界』は女性の高等教育についても盛んに議論を展開し、それがあと押しとなって、一四年九月に女子大学が開校した。

市民団体や結社は、タンズィマート期からあらわれるようになるが、初期にはその多くは非ムスリムの団体だった。たとえば、一八六〇年代に結成されたコンスタンティノープル・ギリシア文芸協会は、ギリシア人の教育の振興に多大な貢献を果たした。同年代には、貧しい女性を支援するために、ギリシア人女性によるペラ女性慈善協会も設立された。アブデュルハミト時代には団体の設立は強く制限されたが、青年トルコ人革命の起きた一九〇八年の後半五ヵ月間で、慈善団体を中心に八三の団体が出現した。そのなかには女性団体も含まれ、小説家でのちにムスタファ・ケマルの抵抗運動に加わるハリデ・エディプが組織した「女性の地位向上協会」も、そのひとつである。

総力戦下の改革と社会

バルカン戦争の敗北は、オスマン帝国に列強との同盟の必要性を痛感させた。オスマン政府は列強各国に接近を図るが、最終的に、ドイツがロシアに宣戦布告した一九一四年八月一日の翌日に、ドイツと秘密協定を結んだ。そして、当初は中立を保ったものの、ドイツの圧力により十一月に参戦した。戦争の早期集結を予想していたオスマン政府の思惑に反して、戦争は長期化し、戦線は拡大した。一五年四月にゲリボル(ガリポリ)に上陸した連合軍を、ムスタファ・ケマルの指揮のもと撃退するといった局地的勝利はあったものの、一六年六月には「アラブの反乱」が起きるなど、オスマン軍は劣勢を強いられた。一八年夏以降、同盟国側の形勢がますます不利になるなか、オスマン帝国は十月三十日にムドロス休戦協定を結んで降伏した。統一派政府は瓦解し、指導者たちはドイツに亡命した。

統一派が政権を握ったとき、オスマン帝国のバルカン領はほとんど失われ、バルカン諸国の支配下に入った地域で迫害を受けたムスリム住民が難民としてオスマン帝国に次々と流入していた。そうした状況下で統一派は、帝国の中核民族としてのトルコ人の拠点をアナトリアに確立するという方針を採用するに至る。アナトリアの「トルコ化」である。

一九一三年末から一四年にかけて、オスマン帝国内のギリシア人がギリシア政府に資金を流しているという噂が広まり、ギリシア人に対するボイコット運動が高揚した。これは、後述の「国民経済」論と結びつき、ムスリムの商店からのみ買うよう呼びかける運動が展開された。それにとどまらず、ギリシア人への襲撃事件も各地で発生した。その結果、トラキア(バルカン領)とエーゲ海沿岸部に住む多くのギリシア人がギリシアへの移住を余儀なくされた。これらのギリシア人排斥運動は、政府の暗黙の支持と統一派の関与によっておこなわれたと考えられている。ギリシア人移住後の村々には、政府によって送り込まれたバルカン諸国からのムスリム難民が定着した。

次の標的は、アルメニア人だった。第一次大戦のさなか、一九一五年四月にイスタンブルのアルメニア人指導層がアナトリアに追放された。同じころ、連合軍上陸が予想されたキリキアからアルメニア人をシリア内陸部へ移送する作戦が開始され、のちに東部国境地帯のアルメニア人も移送の対象となった。五月に敵国への内通や背信の危険があるとみられた住民の追放を定める「移送法」が公布されたが、実際には、アナトリアのほぼ全域から女性・子どもを含むアルメニア人人口を一掃することが目的化され、それが実行に移された。「移送」の過程で人々は正規・非正規のさまざまな武装集団の襲撃に遭い、大量虐殺が生じた。過酷な移動の途中で、あるいは移送先で病気や飢餓により命を落とした者も多かった。アルメニア人が残した財産は、ムスリムのあいだで分配され、彼らが去ったあとの土地には、帝国領外からのムスリム移民・難民が定住させられた。生き残ったアルメニア人は帰還することが許されず、アナトリア人口のイスラーム化、トルコ化が進んだ。

「国民経済」論は、それまで外国人と非ムスリムに支配されていたオスマン経済を、ムスリム資本を成長させることで経済のムスリム化、そしてトルコ化を図ろうとするもので、統一派政府はこれを政策として採用した。もはや「国民」に非ムスリム・オスマン人は含まれないのだった。一九一四年に第一次大戦が勃発すると、八月に政府は一方的にカピチュレーションを廃止した。カピチュレーションにより特権を与えられていた外国人と、彼らと結びついて利益を上げていた非ムスリムは打撃を受けた。そして、ムスリム・トルコ人の企業家が、ギリシア人・アルメニア人の移住や移送によりできた間隙《かんげき》に進出した。政府は、イスタンブルとアナトリアでムスリム資本による会社や工場の設立を奨励した。この政策に呼応したのは地方名望家たちだった。結果的に、一九一四年から一八年のあいだに設立された一二〇余の株式会社の大多数がムスリム・トルコ資本によるものとなった。

しかし、第一次大戦期に利益を上げたのは、ごく一部の層にすぎなかった。ムスリム民衆にとっても、大戦は悲惨な経験であった。戦争が勃発するとオスマン政府は総動員体制を敷いて、二十歳から四十五歳までの男性を招集した。家族の唯一の稼ぎ手であっても免除されなかったため、帝国内の男性労働力が一気に大量に失われることになった。戦争が長引くにつれて、徴兵対象年齢の引き上げと引き下げがなされ、ますます多くの男性が戦場に送られた。そして、戦闘によるよりも多くの兵士が病気によって死亡した。オスマン軍は逃亡兵を死刑によって罰したが、それでも脱走は絶えなかった。

　悲惨な目に遭ったのは兵士だけではなかった。一家の稼ぎ手を失った家族は、物資や家畜の供出、増税、さらには強制労働に応じなければならなかった。農業労働や家事に加えて、こうした負担はほとんど女性の肩にのしかかった。敵国からの輸入が途絶え、輸送経路も分断された結果、各地で食糧不足が生じ、物価高騰も加わって、民衆生活は困窮化した。シリア地方では蝗害《こうがい》も重なって一九一六年に大規模な飢饉が発生し、数十万の死者が出た。政府は軍隊を維持するために農業生産と流通への統制をますます強化したが、それは人々に多大な負担を強いるものでしかなかった。

　一九一八年にオスマン帝国が降伏したとき、帝国社会はこのように大きな犠牲を払い、既に十分に疲弊していた。しかし、荒廃したアナトリアに独立国家を建設するためには、さらなる犠牲を必要としたのだった。

第四章　現代のトルコ

1　トルコ革命――一党支配の時代

「独立戦争」の準備と組織化

一九一八年十月三十日、オスマン帝国と連合国とのあいだにムドロス休戦協定が結ばれた。その協定はただちに実行に移され、ボスフォラス、ダーダネルス両海峡地域をはじめ、オスマン領各地が連合軍に占領されていった。同時にギリシア人、アルメニア人の組織は、独立国家樹立をめざして活動を始めていた。

こうした状況のなか、最高幹部が国外へ脱出した「統一と進歩委員会」(以下「統一派」)は、党の再建と、アナトリアにおける抵抗運動の準備とに取りかかっていた。「統一派」はすでに、官僚機構、とくに軍と警察とのなかで決定的な影響力をもっていたが、敗戦直前の十月末には、タラート、エンヴェル両パシャの主導によって地下組織「カラコル(「見張り」)」がつくられていた。その目的は、党のメンバーを連合軍とアルメニア人の報復とから守りつつアナトリアへ逃がすこと、そしてそのアナトリアにおいて、連合軍やその支援を受けて活動するギリシア人、アルメニア人の組織に対する抵抗運動を指導すること、の二点であった。「カラコル」は、イスタンブルに成立した反「統一派」政権の機密情報を、陸軍の電信を用いてアナトリアへ送り、また連合軍に押さえられた多くの武器・弾薬を奪取して、これもアナトリアへ送った。

一方イスタンブル市内では、十二月になると「国民会議」が開かれていた。これには、第二次立憲制期に組織され、「統一派」と深く結びついて活動を進めていた「トルコ人の炉辺」をはじめとする文化・教育団体や、敗戦後、とくにトラキアのブルガリアへの併合を防ぐべく、これも「統一派」の主導でつくられていた「権利擁護委員会」から代表が参加し、以後ほぼ一年にわたって、トルコ人の権利を内外に訴えるべく、広報活動を展開していくことになる。

こうした動きに対し、イスタンブル政府は十二月下旬、「統一派」が圧倒的多数を占める議会を解散し、同時に、彼らに対する圧迫を除々に強めていった。政府および宮廷の関心は、王朝とその玉座のあるイスタンブルとの保全のみにあり、それを実現するために、彼らは連合国、とくにイギリスの怒りを買うことを極度に恐れていた。その連合国は、大戦中の協定に沿ってオスマン領を分割する必要があったが、各国の思惑はくい違い、同時に彼らは長年の軍役から解放されることも望んでいた。

オスマン帝国分割に反対する「国民会議」 アヤ・ソフィア・モスク前の広場で，イスタンブル大学女子学生代表の演説を聞く群衆。

これを察知したギリシアの首相で、大ギリシア主義を信奉するヴェニゼロスは、連合軍に代わってギリシアがアナトリアを占領することを提案。イギリスのあと押しでこれが認められると、ギリシア軍は一九一九年五月十五日にイズミルに上陸し、エーゲ海沿岸地域を占領した。

一方、次第に逼迫する状況のなか、運動の象徴ともなる高い威信をもった「指導者」を求めていた「カラコル」からの接触を受け、しかし明確な回答は与えずにいたムスタファ・ケマル(のちのアタテュルク)が、その忠誠を信じたイスタンブル政府によって、五月五日、第九軍監察官に任命されていた。そして五月十九日にケマルは、黒海沿岸のサムスンへ、その近郊で頻発するキリスト教徒とムスリムとの衝突を抑えるべく、上陸した。こうして、のちに「独立戦争」と呼ばれることになるアナトリアの抵抗運動は、ようやくその象徴ともなり得る「指導者」を得たのであった。

ケマルはまず、分散した軍に統制を取り戻すため、アナトリア全域から代表を集めて会議を開くことが急務であると考えた。そして、ムドロス休戦協定のオスマン側代表を務め、やはり五月に抵抗運動をおこなうべく独自に活動を始めていたヒュセイン・ラウフや、第十五軍団を率いて東部アナトリアのエルズルムにいたキャーズム・カラベキルらと相談の結果、エルズルムで会議が開かれることになった。七月二十三日から二週間におよんだ討議の末、この会議では、アルメニア人による分離・独立運動に直面していた東方諸州が「オスマンの祖国」から分離し得ないことや、スルタン・カリフ位の保全のために国民軍が結成されることなどを骨子とする声明が採択され、あわせて、ケマルを長とする九名からなる代表委員会が、執行部として選任された。続いて、九月四日から一週間にわたっておこなわれたスィヴァスでの会議は、自らを「アナトリア・ルーメリア権利擁護委員会」総会と位置づけ、それがオスマン領内で展開されている抵抗運動全体を代表するものであることを宣言した。さらに、年末におこなわれたオスマン朝最後の総選挙で、旧「統一派」の組織力を生かした抵抗運動派の当選者が過半数を占めると、ケマルは、十二月に本拠を移していたアンカラにイスタンブルへ向かう議員を立ち寄らせ、今後の活動について協議をおこなった。この結果、新議会はアンカラの代表委員会の影響下に置かれることになった。

そして新議会は、翌二〇年一月二十八日、オスマン領のうちトルコ人が多数を占める地域が不可分であることや、カピチュレーションの廃止等を内容とする「国民誓約」を採択する。これは、連合国の思惑と大きく乖離するものであったから、イギリスを中心とする連合軍が三月十六日に首都を占領するに至る。さらに四月にスルタンが議会を解散すると、首都を脱出した議員に、「権利擁護委員会」支部から選出された議員をあわせ、四月二十三日にアンカラで「大国民議会」が開かれた。議会は五月に入ると内閣も組織し、こうしてアナトリアの抵抗運動は、ムスタファ・ケマルに指導される革命政権として立ち上がった。

「独立戦争」の展開と組織の統一

しかし革命政権は、内外で多くの危難に直面していた。イスタンブル政府は、四月十一日には、カリフの命によって「叛徒」(すなわちアンカラの革命政権に従うもの)を殺すことが宗教的義務である旨のフェトヴァ(宗教判断)をシェイヒュルイスラームに出させるなど、さまざまな妨害手段を講じた。また連合国は六月になると、エーゲ海沿岸地域を占領していたギリシア軍を、内陸へ向けて進軍させた。そして、こうした事態の流れに乗って、連合国は八月十日にイスタンブル政府とのあいだにセーヴル条約を締結した。大戦中のサイクス・ピコ密約を中心とする協定に従ってオスマン領を分割し、第二次立憲制期に一方的に廃止が宣言されていたカピチュレーションを復活させたこの条約は、それを実行させるという名目で、ギリシア軍の侵攻にも正当性を与えたのであった。

こうした重大な危機のなか、アンカラ側にとってほとんど唯一の光明が、ソヴィエトの存在だった。

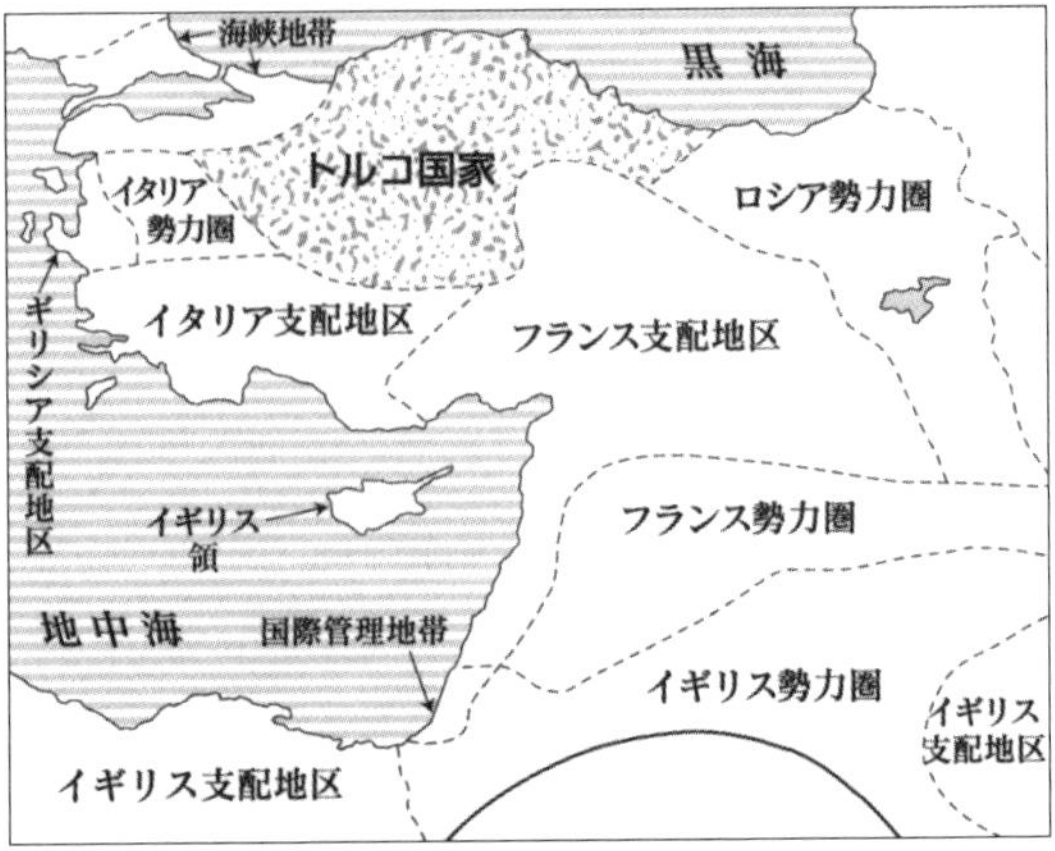

サイクス・ピコ密約(1916年)によるオスマン領の分割

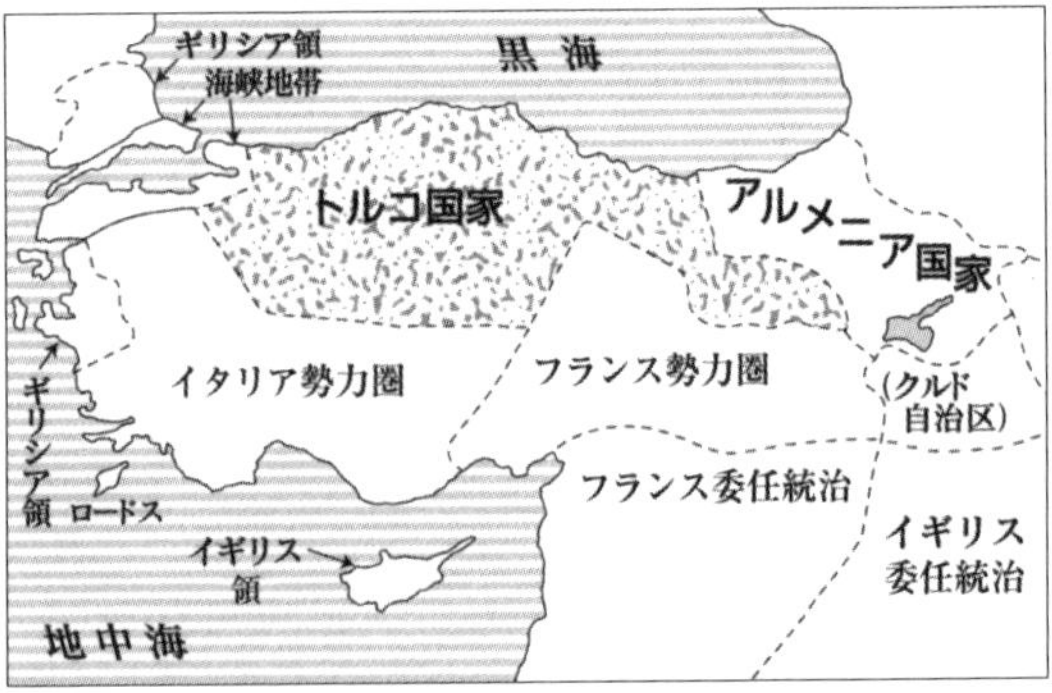

セーヴル条約(1920年)によるオスマン領の分割

ボリシェヴィキとの交渉は「カラコル」によって進められていたが、ケマルもこの年一九二〇年の四月に、キャーズム・カラベキルの草案をもとにモスクワ政府宛の書簡を送付し、これに理解を示す返書を六月に受け取っていた。そしてさらに、友好条約締結へ向けて交渉が続けられていたが、アルメニア問題の存在が交渉の障害となっていた。しかし、アナトリア東部への攻撃を開始したダシナク派のアルメニア共和国軍を、九月以降キャーズム・カラベキルの率いる軍が撃退し、さちにアルメニア領内に攻め込んで十二月に条約を締結したことによって、この障害も取り除かれた。これはさらに、アナトリアにおけるアルメニア国家建設という、セーヴル条約の内容を実力で阻止した点でも、大きな意味をもつ勝利だった。翌二一年三月にはモスクワ政府とのあいだに条約が締結され、アンカラ政府ははじめて国際的に認知されるに至った。

一方、アンカラ側が各地のパルチザン部隊の散発的な活動に頼らざるを得ないほど、軍事的には弱体だった西部戦線では、一九二一年早々にギリシア軍がブルサから東方への進撃を開始していた。前年の十一月にケマルによって西部戦線司令官に任じられていたイスメット(のちのイノニュ)が、一月と三月の二度、イノニュ川でギリシア軍を撃退したが、六月になるとギリシア国王が自らイズミルに上陸して全軍の指揮をとり始め、アンカラ政府は大きな危機に立たされた。イギリスの援助を得て猛攻に転じたギリシア軍は、七月にエスキシェヒールを占領。トルコ軍は、ムスタファ・ケマルの決断によって、サカリヤ川の東にまで撤退したが、アンカラではケマル批判の声が高まっていった。この危機のなかでケマルは八月五日、総司令官として全軍を指揮する権限と、議会が保有するすべての権限を三カ月に限って掌握する「非常大権」を、議会によって賦与された。敗北必至とみてスィヴァスへの後退を視野に入れていた反ケマル派は、敗北後にケマルの責任を追及して彼を失脚させ得ると考えたのである。

だが、およそ三週間にわたるサカリヤ川の激戦は、ギリシア軍の敗走によって終止符が打たれた。トルコ側にもこれを追撃するだけの余力は残されていなかったが、しかしアンカラ政府は、これを契機に連合国によっても認知され始めた。そして一年後の一九二二年八月末、ようやく戦備の整ったトルコ軍は攻撃を再開し、九月にイズミルに入城。さらに十月にはマルマラ海南岸のムダニヤにおいて停戦交渉を開始させるに至ったのである。

だが、ようやくに勝利を得たこの「独立戦争」が、つねにムスタファ・ケマルのもとで一体だったわけではなかったし、ましてそれは、戦いが勝利したこの段階でさえ同様だった。ケマルはつねに、抵抗運動を準備した旧「統一派」によって、とくにいつでも彼に取って代わり得ると考えていた人々によって、その地位を脅かされていた。だがケマルは、一九二〇年三月の連合軍によるイスタンブル占領を機に「カラコル」を解散させ、また、東部国境のバトゥームで待機していた旧「統一派」の領袖エンヴェルには、サカリヤ川で勝利することで隙を与えなかった。そしてキャーズム・カラベキルをはじめとする将軍たちもまた、このとき機会を逸したのである。また、抵抗運動の内部には社会主義者グループもいて、彼らもまたケマルによる運動の掌握を脅かしていたが、ケマルはこれらの勢力もひとつずつ無力化することに成功した。だが、サカリヤ川の戦勝後も、大国民議会のなかには、むしろその勝利ゆえに独裁的傾向を一層強めたケマルに対する警戒心をもつ人々が増え、およそ六〇名からなる彼らは、二二年七月に「第二グループ」と呼ばれる野党を結成したのであった。

トルコ共和国の成立

こうした状況のなかで、ムダニヤ休戦協定締結後の一九二二年十月二十七日、連合国はセーヴル条約改定のための協議をローザンヌで開くべく、二通の招聘状をトルコへ送った。一通はアンカラ政府へ。そして今ひとつはイスタンブル政府へであった。ケマルはこれを機に、十一月一日、スルタン制とカリフ制との分離、および前者の廃止を大国民議会で議決させた。だがスルタン位と分離したカリフの職責をめぐって、ケマル派(「第一グループ」、のちの人民党)と「第二グループ」とのあいだに議論が戦われたことに象徴されるように、スルタン制廃止には少なからぬ抵抗が存在していた。

一方、十一月二十日に開会したローザンヌ講和会議には、イスメットが代表として派遣されたが、会議は難航した。そして講和会議が一時中断しているあいだの一九二三年四月、ケマルは総選挙を実施し、「第二グループ」の人々を議会からほとんど排除することに成功した。そして八月、この新議会で、七月に調印されていたローザンヌ条約が、わずか十四名のみの反対で批准された。しかしこの時期にはケマルの強引な手法に対する不満が、とくに「独立戦争」を——場合によってはケマルより早い時期から——戦ってきた将軍たちのあいだに高まっていた。そのなかでケマルは、彼らがアンカラを不在にしていた十月二十九日に、抜き打ち的に共和制宣言を議会に提案し、可決させたのであった。

こうしてトルコ共和国が誕生したが、その前途は多難である。一九一一年のトリポリ戦争以来、二二年九月にギリシア軍をエーゲ海に逐い落とすまでの丸一一年間、ほとんど間断なく続いた戦争に、アナトリアは兵力を提供し続けた。この間にアナトリアのムスリム二五〇万人が死んでいた。さらに一五〇万程のアルメニア人口が、「虐殺」と移住とによってほとんど失われていたし、さらにギリシア人口の大多数も消えていた。トルコはこうして、単に人口を減らしたにとどまらず、長年にわたって商工業に従事し、アナトリアと、そして都市とを支えてきた貴重な民族要素を一挙に失い、疲弊したムスリムの農民と遊牧民が圧倒的多数を占め、言語的にはトルコ語人口とクルド語人口とにほぼ限られた国へと変貌していたのであった。その共和国を、ムスタファ・ケマルは背負って立とうとしていたのである。

共和制宣言の手法が、ヒュセイン・ラウフをはじめとする将軍たちによって批判され、またそうした批判に、カリフのお膝元イスタンブルの世論が同調していた。さらに、カリフ位の重要性について、海外からも反響が届いていた。そうした一連の動きを、ケマルは強硬な手段で抑えたあと、一九二四年三月三日に、カリフ制の廃止を、これも大国民議会で、挙手による圧倒的多数によって可決させた。さらに四月には新憲法が制定され、こうしてトルコ共和国は、名実ともにオスマン帝国の残滓《ざんし》を振り払ったのであった。

反対派の組織化とその一掃

しかし議会にも、また与党人民党のなかにも、ケマルに批判的な勢力が存在し続けていた。とくに軍内部のそれが強力だった。そしてキャーズム・カラベキルや、第二軍監察官アリー・フアトらの最高幹部をはじめ、抵抗運動にその最初期から携わっていた人々が一九二四年十一月、人民党を離脱して進歩主義者共和党を組織した(同時に人民党も共和人民党と改称)。進歩主義者共和党は、政治・経済両面における自由主義を強調し、同時に権威主義や中央集権主義に反対して権力の分散と段階的改革の実施とを謳《うた》っていた。ケマルは当初彼らに融和的態度をとっていたが、翌二五年二月にアナトリア東南部でクルド人の反乱が勃発すると、それを機に反対派の一掃を図った。

反乱の報が入ると政府はただちに対応策を講じてこれを鎮圧。同時に、反乱に関与したかどで、六月には進歩主義者共和党の閉鎖が決定された。一方クルド人は、族長や教団のシェイフとその家族が、反乱に関わらなかった者も含めて、アナトリア西部へ強制的に移住させられ、クルド地域とその住民のトルコ化が徹底されていった。

こうして反対勢力を抑えたあと、ケマルは改革を断行し始める。すでにカリフ制の廃止とともに、ケマルはイスラーム法の最高権威として君臨してきたシェイヒュルイスラームを廃止していた。同時に、ウラマーの養成機関であったメドレセを閉鎖し、さらにシャリーア法廷をも廃止していた。そして総理府内に「宗務局」を新設して、イスラームに関わる事柄を国家の機構内で管理、処理していくことにしていた。こうした、イスラームを標的とした改革が、反対勢力を抑え込んだ直後の一九二五年九月に再度おこなわれた。今回は、人々の宗教生活を深いところで支えてきた神秘主義教団の修行場や聖者廟が閉鎖された。さらに十一月には、マフムト二世以来愛用されてきたフェズ(トルコ帽)が禁じられ、鍔《つば》つきの西洋帽に変えることが規定された。これらの決定に対する反発は大きかったが、政府は毅然たる態度で臨み、同時期におこなわれたクルド反乱の懲罰とあわせて、七〇〇〇名をこえる逮捕者、六六〇名におよぶ処刑者を出しながら、改革を徹底させていった。

こうした急激な改革が社会を動揺させるなか、一九二六年六月にケマル暗殺計画が発覚した。首謀者はかつての「第二グループ」の有力メンバーであった。ケマルは迅速に行動し、必ずしも暗殺計画への関与が明確ではない者、さらに潜在的な者まで含めて彼の政敵、ないしライヴァルを、この機に完全に排除したのであった。そして二八年四月になると、憲法第二条における「トルコ国家の宗教はイスラーム教である」という文言が削除された。また十一月にはアラビア文字を排してローマ字を採用することが決定された。こうしてケマルは、「脱イスラーム化」による近代国家建設に向けて、全

ケマル主義の確立　トルコ共和国初代大統領ムスタファ・ケマル・アタテュルク(左)と第2代大統領になるイスメット・イノニュ(右)。

力を尽くしていくのである。

「ケマル主義」の確立

一九二九年に世界恐慌が起こると、それは輸出用の農産物価格の下落などの深刻な影響を、若い共和国にもおよぼした。そうしたなかでケマルは、建国以来の経済政策の重大な転換をおこなった。共和国では、第二次立憲制期の「民族ブルジョワ」育成策を引き継ぎ、二四年のトルコ勧業銀行設立や二七年の産業奨励法制定によって、民間企業の育成が図られてきたが、その政策は、それまで必ずしも思ったような成果をあげてはいなかった。こうして、世界恐慌下で民族産業の発展を支えるべく、三〇年以降「国家資本主義」政策がとられていくことになるのである。二九年十一月に通商協定を締結したソヴィエトからの援助や、その計画経済の影響もあったと思われる。

そして一九三一年の党大会で共和人民党は、すでに二七年大会で採択されていた「共和主義」「国民主義」「人民主義」「世俗主義」に加えて「国家資本主義」と「革命主義」を採用し、これらを、共和国を導く基本原理「六本の矢」としたのである。三七年には憲法のなかにも書き込まれるこの六つの原理は、しかしいずれも、明確に定義されたイデオロギーとはいいがたいものであった。したがって「ケマル主義」(のち、とくに八〇年以降は「アタテュルク主義」)と総称されることになる共和国の指導原理もまた、固定的な教条というよりむしろ、柔軟で可変的な枠組みとでもいうべきものであった。このことは、異なる見解をもつ者が、いずれも「ケマル主義者」を主張できること、およびそれが情感に訴えるところが少なく、したがってそれだけでは民衆を主導しづらいという結果をもたらすことになる。そして第二の「欠陥」を埋めるために、救国者、国父としてのムスタファ・ケマル像の強調(ケマルは三四年に「アタテュルク」〈「父なるトルコ人」〉の姓を、議会から贈られた)と、彼に対する崇拝の徹底化とが図られることになる。

しかし、イスラーム的伝統を全面的に消し去り、西洋化を推進するためには、アタテュルクへの尊崇の念の強調のみでは不十分だった。そこで、西洋帝国主義と戦って建国したにもかかわらず、西洋化によって国家の発展を図るという、共和国が抱えていた一種の矛盾をも乗りこえるべく、トルコ民族としての誇りの感情の醸成に力が入れられることになる。公定のトルコ民族史が新たに書かれ、アタテュルクの行動と一体化された「トルコ革命史」とともに学校で教授された。さらに「トルコ人の炉辺」を党組織に吸収・改編した「人民の家」「人民の部屋」を通じて、国民教化が図られていった。

一九三〇年代後半に入ると、「独立戦争」以来一貫してアタテュルクを支えてきたイスメット・イノニュ首相とアタテュルクとのあいだに軋轢《あつれき》が生じるが、三八年十一月にアタテュルクが死去すると、第二代大統領にはイノニュが選出され、「国民指導者」の称号を得た彼が、アタテュルクの敷いた路線を継承していくことになる。

一党支配期の内政と外交

「国家資本主義」の採用にともない、一九三四年から第一次五カ年計画がスタートしていた。前年に設立されたシュメール銀行が工業開発を担い、多くの国営工場を設立するとともに、民間企業にも経営参加をして、工業化を主導していくことになった。アタテュルクによって勧業銀行総裁からさらに財務相に起用され、三七年には一時イノニュに代わって首相にも任じられたジェラール・バヤルが、「国家主導」を、民間企業が自立するまでの一時的な方策と考えるのに対し、イノニュとその側近が「国家主導」をすべての分野で永続的におこなわれるべき方策と考えていたように、共和人民党内が一枚岩的な結束を保っていたわけでは必ずしもないが、しかし三八年以後はイノニュが主導権を握り続けていった。

シュメール銀行は、製鉄、製紙などでは国内生産のすべてを担っていたが、木綿工業のように、国営企業に互して民業の発展する部門も存在した。「国家」はまた、農業にも介入した。第二次立憲制期に、「統一派」を支える重要な基盤であった地主・富農層への融資に大きな役割を果たしてきた農業銀行が、この時代にも農産物の買い支えや価格調整をおこない、農業生産は大きな伸びを示すことになった。

一方、対外政策の面では、過酷な総力戦の末に勝ち取った共和国の国境を維持するために、トルコは慎重で現実的な外交政策をとることを余儀なくされた。まず、「独立戦争」期を通じて絶望的に悪化していたイギリスとの関係を、モースルのイギリス領イラクへの編入に関する交渉のなかで修復していった。そしてそのイギリスの仲介を得て、シリアとの国境問題が解決された。トルコ人口が多数を占めるにもかかわらず、フランス委任統治下のシリア領に含まれていたアレクサンドレッタ(トルコ名ハタイ)が、フランスによるシリア独立承認(一九三六年)の際にもシリアに編入されたことにトルコが抗議したこの問題は、国際連盟(トルコは三二年に加盟)の仲裁等を経て、三九年に、ハタイのトルコへの併合というかたちで解決したのである。

トルコが直面していた今ひとつの外交上の課題が、「海峡問題」だった。ローザンヌ条約でも、トルコはボスフォラス、ダーダネルス両海峡地帯に対する自国の主権を、不完全なかたちでしか認められていなかった。これを改めさせ、完全な主権を回復することは、トルコ外交にとって当面最大の課題であったが、これが一九三六年七月のモントルー条約で解決された。ハタイ問題、海峡問題、いずれも、第二次世界大戦へと向かう国際的緊張の高まりのなかで、トルコを自陣営にとどめておこうとするイギリス、フランスの戦略に助けられた面が強かった。

第二次世界大戦前の国際緊張が高まるなかで、しかしトルコはどこまでも中立を維持し、戦乱に巻き込まれないことを外交政策の軸に据えていた。だが、イタリアの地中海への膨張政策と、ドイツのバルカンへの進出は、トルコにとって大きな脅威となった。一方で恐慌下の厳しい経済情勢のなか、トルコに有利な貿易を進めてくれるドイツとの通商関係を強めながらも、他方では一九三九年のドイツによるチェコスロヴァキア解体、ソヴィエトとのあいだの東欧分割案合意(モロトフ・リッベントロップ協定)を契機に、トルコは英仏両国と相互援助条約を締結して連合国陣営に加わったのである。だが、それでもイノニュ政権は戦乱に巻き込まれることを避けようと努めた。その結果トルコは、実に四五年二月まで中立を維持し続けたのであった。

しかし中立を維持するために、トルコは軍事力の増強という代価を払わざるを得なかった。軍事費が国家予算を圧迫し、増税と紙幣増刷がおこなわれ、インフレが昂進した。政府は戒厳令とともに「国民防衛法」を制定し、価格の統制をおこなうと同時に、国民に物資の供出と労働とを強制した。こうして地下経済がはびこり、食糧生産者である大農場主や輸入業者が富をたくわえた。「戦争成金」への怨嗟《えんさ》の声の高まりに危機を感じた政府は、一九四二年十一月に「富裕税」を、また四三年には

「農産物税」を新設した。だが、前者は非ムスリム商工業者に偏して課されたため、国際的批判を浴びるとともに、ギリシア人、ユダヤ人業者の没落と国外脱出とを招き、また後者は農民層の、政府に対する不信感を高めることになった。

複数政党制への移行

共和人民党とそれが推進する改革を支持してきたのは、「統一派」の場合と同様、軍人、官僚に、都市のムスリム商工業者、それに地方では地主階層であった。その彼らに、大戦期の政策は大きな痛手となっていた。「富裕税」は非ムスリムに偏していたとはいえ、ムスリム商工業者にも課されていた。彼らは元来、第二次立憲制期以来の民族資本育成策によって保護され、成長してきた存在だったが、今や彼らの一部は、「国家資本主義」を桎梏《しっこく》と感じるほどに成長していたのである。また給与生活者にとって、戦時中のインフレは、まさに生活を直撃するものであった。さちに地主層に対しては、戦争最末期に「土地分配法」が示される。「農産物税」導入に続くこの法案の提出によって、地主層の共和人民党への不信感は、抜きがたいものとなった。

イノニュは、党の地方組織を通じて、共和人民党の不人気を、すでに大戦中から感じ取っていた。さらに時代が、世界的に民主主義へ向かって大きく流れていることも理解していた。イノニュはすでに一九四四年十一月の議会演説で、トルコ政治の民主的性格を強調し、さらに四五年五月には、「民

1950年におこなわれた総選挙　演説しているのは，民主党のジェラール・バヤル(のちの第3代大統領)。

主主義の原理がより広範に適用される」であろうことを示唆していた。また、トルコは同年四月に開かれたサンフランシスコ会議に参加して、「民主主義勢力」の一員として国際連合の原加盟国となる道も選択していた。

そして五月に、イノニュは「土地分配法」を議会に提案したのである。その結果、一党支配体制確立後はじめて、議会で激しい政府批判がおこなわれた。急先鋒は、アイドゥン選出の大地主アドナン・メンデレスであった。さらに六月になると、メンデレス、ジェラール・バヤルをはじめとする四名の議員によって、のちに「四者提議」と呼ばれることになる、複数政党による自由な討議の必要を説く声明が、党に提出された。十二月になると、イノニュはバヤルと新党結成について協議を始め、一九四六年一月に至って民主党が結成された。イノニュはこのとき「安全弁としての野党」

を構想していたといわれている。
しかし民主党の誕生を歓迎したのはイノニュだけではなかった。民主党が地方支部をつくり始めると、権威主義的体制のもとで息をひそめてきた人々は、これを歓呼して迎えたのであった。これに対してイノニュは、五月の臨時党大会で自由化策を打ち出して民主党に対抗しようとした。同時に、同年中に――民主党の準備が整わないうちに――総選挙を実施することが決定された。こうして七月に、必ずしも公正にはおこなわれなかったといわれる総選挙で、民主党は四六五議席中六二議席を獲得した。

一九四七年になると、イノニュは「タカ派」の首相に代えて穏健派を据え、さらに初等・中等教育における宗教教育の容認等を打ち出した。そのうえ一九四〇年以来施行され続けてきた戒厳令の解除もおこなった。一党支配体制のもとでは「指導される」存在にすぎなかった「人民」が、政党の消長を左右する「有権者」に変わったことで、トルコの政治文化は大きく変化し始めたのである。この年はまた、アメリカの支援を得るべく、重大な政策の変更がおこなわれた年でもあった。経済活動への国家の介入は、アメリカの批判するところでもあったからである。「国家資本主義」を推進してきたブレーンによって前年に策定されていた新五カ年計画がこの年廃棄され、新たに民主党の要求に近いかたちで、「トルコ開発計画」が採択された。また政府は、この年に国際通貨基金（ＩＭＦ）へ参加するため、一二〇％の通貨切り下げをおこない、トルコが世界経済へ加わるべく、種々の自由化政策を打ち出していた。

そして一九五〇年五月に総選挙がおこなわれた。だが公正におこなわれた今回の選挙で、共和人民党は三九・八％の得票にとどまり、民主党は五三・四％を獲得した。しかも、議席配分では比較多数制がとられていたため、民主党が四〇八議席を獲得したのに対し、共和人民党はわずか六九議席に転落した。ことに同党は、経済的な先進地域であるアンカラから西では一議席も獲得できなかった。「国父」アタテュルクとともに十四年、「国父」亡きあともそれに代わって十二年間、圧倒的な権威をもってトルコを「指導」してきたイノニュが、権力の座を下りた歴史的選挙であった。

2 トルコ共和国——複数政党制の時代

民主党政権下のトルコ

一九五〇年五月、バヤルが第三代大統領に選出され、メンデレスが首相に任命された。民主党政権は、すでに四七年にイノニュによって転換されていた政策を実行に移し、めざましい成果をあげ始めた。まず、貿易の拡大とマーシャル・プランに基づくアメリカからの莫大な援助が、トルコの農村を大きく変えた。四九年には一七〇〇台余りしかなかったトラクターが、五七年には四万四〇〇〇台をこえるまでに普及し、それにあわせて耕地面積も増大した。とくに政権誕生後の三年間は、異常とも思える好天が続き、しかも低利の融資がおこなわれた上、農産物価格は高めに維持されたから、農民の収入は増大した。工業部門でも、食品加工や綿織物等、農産物を基礎にする工業が優先され、こうして、トルコ史上ではじめて、農村に光があたったかにみえたのであった。従来の鉄道重視にかわる道路網の整備が、その観を一層強める。五四年の総選挙で民主党は地滑り的な大勝利をあげ、五〇五議席を獲得した。

だが民主党の農業政策は、大地主、富農層の利益に沿ったものだった。国内総生産の五分の一を稼ぎ出す彼らが納める税額が、税収全体の二％であったことに象徴されるように、民主党政権下で潤ったのは、もっぱら富農層であった。機械化によって小作人の地位すら逐われた人々は、やむなく離農し、都市へ流れ、ゲジェコンドゥ（「一夜建て」）と呼ばれるスクウォッター（不法占拠住居）地区を形成していくことになった。一九五〇年代末において、人口一〇〇万以上の大都市は、年に一〇％の割合で膨張していたといわれるが、彼らのうち、流れ込んだ都市で工場労働者として定職に就けるのはわずかだったのである。メンデレス政権下で、工業化は必ずしも順調に進展していなかったからである。五〇年以前に民主党が公約していた国営企業の民営化も進まず、その非効率は相変わらずであった。そして、工場労働者をはじめ、給与生活者全般にとって、民主党の政策は問題をはらんだものだった。メンデレスは膨大な量の機械の輸入によって、農業主導で経済「成長」――必ずしも「発展」ではなく——を図ろうとしたため、貿易収支はつねに赤字だった。インフレが次第に昂進し、都市の給与生活者は窮乏生活を強いられた。

一方、民主党の時代には、「イマーム・ハティープ(導師・説教師)養成学校」が拡大され、モスク建設も進んだ(一〇年間で一万五〇〇〇戸)。また、ケマルの時代にトルコ語化されていた礼拝呼びかけのアザーンがアラビア語に戻り、宗教文献の出版・販売が許可されるなどの現象もみられた。だが、ケマル主義者エリートの一人である大統領バヤルは、民主党が世俗主義を遵守し、宗教の復活を目論むいかなる運動にも反対することを強調し、同時に、宗教を政治に利用してはならないと断じていた。しかしその一方で、民主党が宗教グループと微妙な関係を保ち、選挙に際してその協力を得ていたことも事実だった。農村から都市への人口移動にともない、農民がもっていた、宗教的色彩の濃い文化が都市を浸食し始め、そしてそれが、都市と農村との格差に目をつぶったまま、都市中心に官僚と軍人主導で推進されてきた改革に、ある変化を与えたのである。外部の観察者に「イスラームの復活」と映る農民文化の表出は、必ずしも世俗主義への反対行動としてなされたわけではない。しかし、彼らの投票活動は政治のゆくえを大きく左右するから、アタテュルクの世俗主義遵守を掲げる諸政党も、多かれ少なかれ、宗教を政治の道具として用い始めたのであった。

対外関係の面では、民主党の時代は、冷戦構造のなかでの西側への——より正確にはアメリカへの——全面的な参入・依存に特徴づけられる時代だった。欧州経済協力機構(OEEC)にも、また欧州会議にも、トルコは正式メンバーとして加入し、さらに一九五二年には北大西洋条約機構(NATO)にも正式加入を認められた。十八世紀以来連綿と続けられてきた西洋化の結果、ついに西洋の一員として認知されたとして、トルコは祝賀ムードに沸いた。またこの時代には、マカリオスが大主教に就任したキプロスのギリシア系住民のあいだに、ギリシアへの併合を求める「エノシス」運動が高まり、少数派のトルコ系住民が圧迫され始めたため、トルコも否応なくこの問題に当事者として関わらざるを得なくなっていた。

第二共和制の成立

一九五〇年代の中ごろから、短期的な成長をめざして対外依存の度を深めたことの矛盾があらわれ始め、都市の知識層や官僚、軍人のあいだに批判的な空気が生じ始めた。しかし首相メンデレスは抑圧策をとり、五五年九月には、政府はキプロス問題を契機に戒厳令を施行するに至った。さらにメンデレスは、言論統制や政治集会の禁止等の強硬手段をとって、次第に独裁化していった。五七年の総選挙では、選挙干渉がおこなわれたうえに、民主党によって宗教が利用され、共和人民党は「無宗教」「アカ」と攻撃されたにもかかわらず、四〇・六%の票を獲得していた(ただし議席数は一七八にとどまる)。五八年になると、アラブ・ナショナリズムの昂揚にともなって、トルコの西側成員としての重要性が増大したため、国際通貨基金(IMF)を通じて巨額の援助が供与され、農村部の状況は好転したが、しかし物価は騰貴して都市住民の困窮は一層進んだ。

一九六〇年に入ると、政府批判の遊説をおこなう共和人民党党首イノニュへの妨害もおこなわれ始める。とくに、四月にカイセリへ向かっていたイノニュの列車を軍隊を使って停止させ、アンカラへ戻そうとした「カイセリ事件」は、軍首脳に大きな衝撃を与えた。そしてその直後に、メンデレスが野党の院外活動を一時的に禁止しようとしたことをきっかけとして緊張が一気に高まり、五月二十七日、ついに軍が無血クーデタを成功させ、一〇年にわたる民主党の政治に終止符が打たれた。

前陸軍司令官ジェマル・ギュルセルを議長とする「国民統一委員会」は、ただちに新憲法の草案づくりを始め、バヤル、メンデレスをはじめ、逮捕した民主党所属の全議員の裁判を開始した。クーデタはイスタンブルとアンカラで、ことに学生と知識人とのあいだで熱狂的に迎えられたが、それ以外、とくに民主党政権によって繁栄をもたらされた農村部では、不気味なほどに沈黙が守られていた。

クーデタ一周年の一九六一年五月二十七日、新憲法が制憲議会で承認された。新憲法では、旧憲法下で独裁政治がおこなわれた経験から、第一党による権力の独占を防ぐことに重点が置かれていた。二院制が採用され、憲法裁判所が設置された。さらに、比例代表制が導入されて、得票率が議席に反映されるよう配慮された。また司法の独立が保障され、大学、言論界の自由も明記された。一方「国家保安協議会」の設置が定められ、国政のなかで軍が一定の役割を果たすことが、憲法によって保障された。七月に入ると、新憲法の承認が国民投票にかけられた。六一・七%の賛成票によって一九六一年憲法が成立し、トルコは第二共和制の時代に入るが、しかし反対票も予想外に多かった。三八・三%という割合もさることながら、旧民主党の地盤であった一一の県では、新憲法は否認されていたのだった。

九月には旧民主党議員への判決がいい渡され、メンデレスら三名が処刑された(バヤルは高齢を理由に終身刑に減刑され、のち出獄。処刑された三名も一九九〇年に名誉回復される)。翌十月には、民政移管のための総選挙が実施された。ここでも、旧民主党の流れをくむ公正党が健闘し、下院で三四・七%という高い得票率を獲得し、イノニュの共和人民党は、予想を裏切って三六・七%にとどまった。しかも上院では公正党が第一党となっていた。いずれにせよ、こうした政治状況のなかで六一年十月、ギュルセルが第四代大統領に選出され、大統領に組閣を依頼されたイノニュが一一年ぶりに政権を握って、民政への移管が完成したのであった。

六〇年代のトルコと軍部の再介入

一九六〇年代前半は、単独過半数におよばない共和人民党のイノニュによる、きわめて不安定な政局運営が続いた。一方公正党も、党首の急逝によって生じた権力闘争に揺れ動いたが、六四年末に、メンデレス政権下でダム建設の責任者として大きな業績を残し、クーデタ後はアメリカ資本の会社に移っていた、イスタンブル工科大学出身のスレイマン・デミレルが党首の座に就いた。軍人でも官僚でも、また大地主でもない彼が、刻苦勉励して学問を修め、さらにそれを用いることで国に貢献し、そのうえ実業界でも成功しつつあったという事実が、国民の心を強くとらえた。メンデレスと同じように、都市のエリートとは違った態度で自分たちに語りかけてくる若いデミレルに、地方の住民は大きな親近感と信頼感とを寄せ、六五年十月の総選挙は公正党の地滑り的勝利に終わった。五二・九％の得票率を勝ち取った公正党政権のもとで、トルコは以後四年間、政治的にも経済的にも、比較的安定した時代を過ごすことになる。

一九六〇年クーデタを起こした軍も、また共和人民党も、民主党時代の自由主義的経済および財政運営を、「無計画」として非難していたから、憲法にも経済開発が計画的におこなわれること、そのために「国家計画機構」が設置されることが明記された。そして六二年には新たな五カ年計画が同機構によって策定され、六三年一月から実施された。だが、共和人民党以外は自由な経済活動を支持していたから、イノニュはつぎつぎに譲歩を余儀なくされ、さらにデミレル政権誕生後は、「国家計画機構」の影響力は大きく後退し、五カ年計画も、もっぱら国営企業にのみ適用されるように変更されていった。こうしてデミレルの時代には、原材料、機械、部品等を輸入した消費財生産を中心とする、輸入代替工業化が促進され、そのための優遇税制、補助金交付、輸入規制、為替レートの操作など、さまざまな政策がとられていった。また、農産物価格の高値操作、農業所得への非課税などの農村対策もおこなわれた。しかし財政支出の拡大と輸入材・部品への依存は、一方では着実な経済発展を実現したが、他方では財政赤字、貿易赤字双方を拡大させ、慢性的な外貨不足、物価上昇を招いた。

そして一九六〇年代の経済発展は、トルコ社会に大きな変化を引き起こしていた。都市への人口流入が加速し、ゲジェコンドゥの住民は増加の一途を辿った。一方で教育制度も一段と整えられていったから、学生数も大きく伸長した。こうした人々の票を獲得し、政権の奪取を実現すべく、まず共和人民党が自己変革を図った。六五年、かつて党機関紙の編集にたずさわり、さらにアメリカで社会心理学などを学んだあと、六三年にイノニュ内閣で労働相を務め、労働者の団結権、争議権を認める法を成立させていたビュレント・エジェヴィットを中心に、共和人民党が「中道左派」路線を打ち出したのである。さらに同党の左旋回は、左翼知識人を刺激し、六一年に結成されていたトルコ労働者党が活発な活動を展開。知識層のみならず、労働運動にも影響をおよぼし始めた。そして従来の「トルコ労働組合連合」に加え、「革命的労働組合同盟」が結成されて、運動が活発化していったが、同時に六〇年代も後半になると、次第に労働運動（のみならず左翼全体）に分裂の兆しもあらわれ始めるのであった。

他方、一九六〇年代には保守派にも変化が起こった。六〇年クーデタの首謀者の一人でありながら、その過激な傾向ゆえに権力の中枢から外されて外国勤務を命じられ、しかし六四年に帰国していたアルパルスラン・テュルケシが、翌年八月、保守派を代表する政党であった共和主義者農民国民党（四八年に民主党から分れた国民党の流れを引く）の党首に就任し、同党を戦闘的ナショナリズムを追求する政党へと変貌させていったのである。パン・トルコ主義と反共主義とを特徴とするこの党は、六八年末にはイスラーム化以前のトルコ民族の伝説に基づいた「灰色の狼」と称する青年行動部隊を創設。武装闘争に走るグループもあらわれていた左翼学生や知識層を攻撃し始め、さらに六九年には党名を民族主義者行動党と改めた。

イスラームを強調する政党もまた、この時期に出現する。一九六九年に、元イスタンブル工科大学教授のネジメッティン・エルバカンが、大企業と外国資本とに屈従するデミレル政府の経済政策を批判し、中小の実業家、商人の支持を集めてトルコ商工会議所連合会の会長に選出された。そしてエルバカンは、七〇年一月に国民秩序党を設立し、「道徳」と「美徳」という、イスラーム的な含意の強いアラビア語起源の言葉を綱領のなかで繰り返し用いることで、イスラームを合法的なかたちで強調した政治活動を始めたのである。

そうしたなか、一九七一年に入ると、デミレル政府は弱体化していった。一〇%程度で推移するインフレ、失業者の増大、労働運動・学生運動の活発化・過激化とそれに対抗する右翼団体の先鋭化という社会不安のなか、デミレルが新たな工業化推進のための新課税を提案すると、彼は大地主や中小商工業者の支持を失って、政局は流動化した。さらに、左右両勢力の武装闘争と衝突騒ぎは、とどまるところを知らないかにみえた。こうした状況のなかで三月十二日、軍は参謀総長と陸海空各軍司令官が連名で、大統領および上下院議長に宛てて書簡を提出した。この書簡で軍最高幹部たちは、社会経済的混乱と無政府状態という、トルコが陥っている現状を指摘し、党利党略をこえて政治家が無政府状態を終わらせ、改革を再開するよう望み、そして、もしそれがおこなわれないならば、軍は憲法に定められた義務を遂行して、国政を自らおこなう決意であると明言していた。この書簡の提出によって、デミレル内閣は即座に総辞職し、党派色の薄い、元アンカラ大学法学部教授ニハト・エリムを首班とする超党派内閣がつくられた。

七〇年代のトルコ

政界外から多くの人材を集めてつくられたエリム内閣は、農地改革、土地税制の改革をはじめとする社会経済改革のプランを発表した。しかし、地主や実業界など、既得権益をもつ階層がこぞってこれに反対した。軍という強い後ろ盾をもって、こうした反対を押し切って改革に取り組めるはずのエリム内閣だったが、しかし軍はテロ対策に気持ちを奪われていた。四月にふたたびテロが起こり始め、三月以前の「無政府状態」に戻る形勢がみえてきたのである。そして軍はこの時期、改革を実施することより治安の回復、それももっぱら左翼を押さえつけることで社会の平穏を取り戻すことを、最重要の課題としたのであった(たとえばテュルケシの党はこの間なんらの介入も受けずに活動を続けていた)。

改革が頓挫し、エリムに代わった内閣も無力だったあいだに、デミレルをはじめとする旧体制の政治家が、かつての実権を取り戻し始めていた。共和人民党では、一九七二年にエジェヴィットがイノニュに代わって党首に就任していた。そしてエジェヴィットの清新さが買われて、七三年十月におこなわれた総選挙では、共和人民党は三三・五%を獲得、二九・五%の公正党を抑えて第一党となった。エジェヴィットは、エルバカン(彼は軍部介入後の七一年五月に国民秩序党を閉鎖されたものの、翌年これを国民救済党として再建していた)と連立を組むことで、七四年に入ってようやく組閣に漕ぎ着けたが、しかしこの連立では、思うような政策を実施することはできなかった。だが同年七月に、キプロスでクーデタが起こったことで、政局は一変する。

一九六〇年に独立していたキプロスで、ギリシアへの併合を求める過激グループが七月十五日、ギリシア軍将校団の支援を受けてマカリオス大統領を追放し、政権を掌握したのである。これに対し、脱出したマカリオスは国連でギリシア政府を強く非難し、キプロスのトルコ系住民の指導者も、キプロス独立を保障したチューリッヒおよびロンドン条約に基づいて、イギリスならびにトルコが軍を派遣することを要請した。イギリスが共同派兵の提案に応じなかったため、エジェヴィットは七月と八月の二度にわたってトルコ軍をキプロスへ侵攻させ、その北部を制圧した。この作戦の実施によって、トルコ国内でのエジェヴィットの人気は熱狂的といえるまでに高まり、エジェヴィットはこれを利用して安定多数を確保しようと総辞職。だが議会の反対で解散がおこなえず、結局デミレルが保守諸党を糾合して「民族主義者戦線」内閣を結成した。

デミレル内閣は、一九六〇年代におこなわれていた経済政策、すなわち輸入代替工業化政策による高度成長の追求を繰り返していくことになる。しかし、七三年に石油ショックにみまわれた直後にキプロス紛争が突発して多大な出費を強いられ、しかもその結果として、アメリカからの軍事援助停止、武器禁輸という制裁が加えられることになったことから、トルコ経済の条件は劣悪化していた。政府は、海外出稼ぎ労働者からの送金によって支えられた外貨準備を取り崩すことで、石油ショック以来悪化した貿易収支を調整しようとし、さらに海外からの借入も急増させていった。低金利を維持しつつ融資を拡大して、国内産業の発展を図ろうとしたデミレル政権であったが、対外債務の拡大とインフレの昂進はとどまるところを知らず、しかも政府は、インフレの原因を取り除かないままに物価の抑制策をとったから、地下経済の肥大化が進んで、国民生活は次第に困窮の度を深めていくことになる。七〇年代中ごろから経常収支が悪化し始め、経済成長率も七八年にはマイナスに転じていた。七六年までは二〇%台で推移していたインフレ率も、七七年から急伸し、七九年末には一〇〇%に達した。

そうしたなかで一九七七年六月に総選挙がおこなわれた。経済危機とそれを背景にした社会不安のなかで、エジェヴィットの個人的な人気と期待度に支えられて、共和人民党が、五〇年以来最高の四一・四%(二一三議席)を獲得し、公正党の三六・九%(一八九議席)を抑えて第一党の座を守った。二大政党時代が再来したかにもみえたが、実際には国民救済党(二四議席)、民族主義者行動党(一六議席)という、アタテュルクの原則に反する主張を掲げる政党が、連立政権のパートナーとして大きな影響力を行使する、問題含みの政局なのであった。エジェヴィットが組閣を要請され、単独内閣をつくるが議会で信任されず、結局七月にデミレルが第二次「民族主義者戦線」内閣をつくって、引き続き政権を担当することになった。だが、デミレル内閣の閣内不一致は明らかで、同年末には議会の不信任を受けて総辞職。代わったエジェヴィットも、デミレルの抵抗を受けて立ち往生の状態だった。

そしてこの時期、トルコは暴力に席巻され始めていた。インフレの昂進、失業者の増加といった状況のなかで、労働運動、学生運動も活発化してきたが、これを「灰色の狼」組織が襲撃。一方「灰色の狼」は、民族主義者行動党の影響下にある警察、治安部隊の庇護を受けているも同然だったから、左翼組織も対抗上先鋭化していき、両派の衝突は次第にエスカレートして、流血が日常化していったのである。そして、こうした社会不安の背景であった経済危機は、この間にも深刻さの度合を増していった。一九七八年末に対外債務は実に一三七億七七〇〇万ドルに達していた。エジェヴィットはIMFと交渉し、経済改革と引き替えに援助を受ける約束を取りつけたが、エジェヴィット自身がIMFの「干渉」を批判する政治姿勢をとっていたため、改革を十分には実行せず、援助も中途でキャンセルされた。

そして一九七九年十月の上院選挙で共和人民党は敗北し、代わってデミレルが十一月に公正党単独内閣を発足させた。デミレルは、IMFの「改革パッケージ」の実施を、かつて「国家計画機構」の長官代行を務めたことのあるトゥルグット・オザルに一任した。オザルの始めた経済再建計画は、従来の政策をほとんど一八〇度転換させ、開放経済、輸出志向産業への転換等を図る画期的なものだったが、しかし国内は、宗派対立(アレヴィー派問題)も、民族問題(クルド人問題)もが、「左右対立」という外観を装う傾向を示し、その左右両勢力による政治テロとストライキの続発というかたちで、社会不安が増大していた。八〇年になると、七一年に首相を務めたニハト・エリムや労組連合の幹部らもテロの犠牲になった。この年は八月までのあいだに、テロと左右の衝突による死者が一八〇〇人をこえたのだった。

第三共和制の成立

労働運動や学生運動の激化は、軍部の懸念を増大させていた。経済の破綻をもたらし、それを解決できない政治の現状も、当然彼らを憂慮させていた。議会は一九八〇年三月、任期満了にともなう大統領後任の選出に入ったが、過半数を占める政党がないうえ、各政党は協議、調整の能力も失ってしまったため、実に一〇〇回をこす投票をおこなって、なおかつ大統領を選出できない始末であった。さらに国民救済党が、世俗主義の原理を露骨に誹謗する態度をあからさまにし始めていた。党首エルバカンは、八月三十日にアタテュルク廟でおこなわれた「独立戦争」戦勝記念行事に欠席して、共和国の根幹を否定するかのような態度をとり、さらに九月六日には、選挙区であり、宗教勢力の本拠でもあるコンヤで大規模な集会を開いた。そこでは、参加者がアタテュルクによって禁止されたトルコ

1980年９月12日のクーデタを指揮した将軍たち　中央がのちに大統領となる参謀総長ケナン・エヴレン。

帽を被り、イスラーム法の復活を要求するプラカードをもって行進したのであった。そして東部諸県では、クルド人による分離主義的運動が激しさを増す一方であった。

こうして、九月十二日未明、軍は全国で行動を開始し、政府機関をすべて接収した。一九六〇年のクーデタから二〇年。第二共和制が終わりを告げたのであった。議会は解散、憲法は停止され、すべての政党は活動を停止されるとともに、党首は逮捕された。将軍たちは、トルコの民主主義を無能な政治家たちから救い出すことを、自らに課された責務であると考えていた。したがって彼らは、民政移管の前に、民主主義が正常に機能するよう、政治制度を徹底的に改革しようとしていた。参謀総長ケナン・エヴレンと陸海空三軍および憲兵隊（ジャンダルマ）司令官の五名からなる「国家保安評議会」が国政の最高機関となり、エヴレンは国家元首となった。政治テロを抑え、治安を取り戻すことが、将軍たちの大きな責務であった。逮捕の波が全国を覆った。

　そしてクーデタからほぼ一年後に制憲議会が開かれ、一九八二年七月には草案ができ上がる。行政府への権力集中と大統領の権限強化とを特色とし、それを通じて議会制民主主義の機能不全を事前に防ごうとする意図が明らかな草案は、国民の自由や権利は基本的に保障しているものの、公共の利益や秩序、あるいは共和国の体制維持を優先して、それらのために自由や権利に制限が加えられ得ることが記されていた。この草案は十一月に国民投票に付され、九一・四％の賛成票を得て正式に発効することになった。ここまで漕ぎ着けて、将軍たちに残された最後の仕事が、民政への移管であった。旧政治家の政治活動を一〇年間禁止し、新たに政党をつくる際にも、「国家保安評議会」の承認を得る必要があること、教師や学生、官吏が党員になれないことなど、多くの規制が加えられたうえで、八三年四月に政党活動が解禁された。一五党の結成が認められたが、十一月におこなわれる予定の総選挙に参加できる政党は三党に限られた。しかしその総選挙では、将軍たちが強く推した民族主義者民主党が二三・三％の得票にとどまり、旧共和人民党のうち、イノニュ以来の伝統的路線を引き継ぐ人民主義党が三〇・五％、そして旧公正党の系譜を引き、さらに軍政下で活動を禁じられた国民救済党や民族主義者行動党の流れも集めたオザルの母国党が、四五・一％を得て第一党となったのである。旧憲法下で、得票率の低い国民救済党や民族主義者行動党が、連立内閣のパートナーとして大きな影響力を行使したことへの反省から、新体制では第一党に有利な議席配分をすることになったため、母国党は四〇〇議席のうち二一一議席を制して過半数を確保し、オザルが母国党単独内閣を組織した。

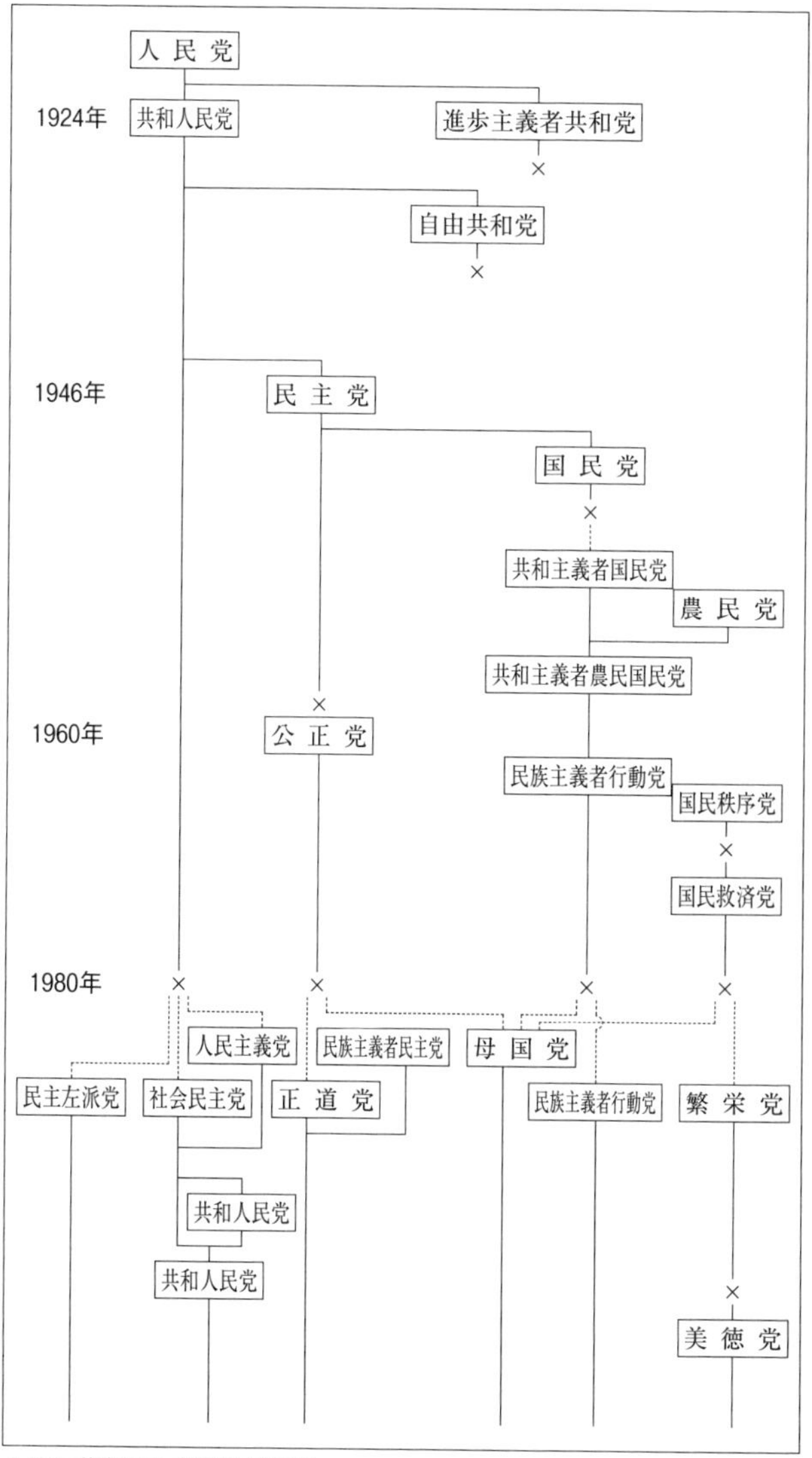

トルコ共和国主要政党略系譜

一九八四年に入ると地方選挙がおこなわれたが、それを前に若干の政党が選挙への参加を認められた。そして、国民救済党の後継である繁栄党、実質的にデミレルの党であることが誰の目にも明らかな正道党、さらに共和人民党の「中道左派」路線を引き継ぐ社会民主党が登場して、それぞれ相応の票を得た。またエジェヴィットも、社会民主党を批判して、夫人を党首とする民主左派党を結成していた。その後政界の再編が進み、八六年になると、クーデタ以前の政党が、名前を変えてほぼ復活し、しかもかつての支持率をおおむね継承する状況となった。一方将軍たちの推した党は解消していた。さらに八七年には、旧指導者の政治活動解禁が(憲法改正を要するため)国民投票にかけられた。オザルの反対キャンペーンにもかかわらず、五〇・二四%対四九・七六%という僅差で復権賛成が上回り、デミレル、エジェヴィット、エルバカンらが合法的な復権を果たした。母国党はその後選挙のたびに後退を続けたが、八九年には議会での多数を背景に、オザルがエヴレンの後を継いで第八代の、文民出身としては第二代バヤルについで二人目の、大統領に就任した。

オザル政権は、一九八三年におけるその成立と同時に、トルコ経済の再建に全力を注いだ。IMFの提言に基づく再建計画に、すでに八〇年初頭から取りかかっていたオザルは、その「経済安定化プログラム」の継続的遂行に努力した。その目的は、貿易赤字の縮小、インフレの鎮静化、そして輸出志向の自由経済市場創出の三点であった。これらを実現するために、オザルは通貨の切り下げを継続的におこなって輸出品に競争力をつけ、金利を上昇させて過剰消費を抑制し、また投資の奨励、賃金の抑制等によって企業を強化、さらに物価上昇に目をつぶって価格統制を大幅に緩和する、といった一連の政策を打ち出していった。さらに輸出志向産業のための輸入品の免税措置、輸出業者への補助金支給、輸出手続きの簡素化等がおこなわれて輸出産業の育成が急がれた。一方、外資の投下も奨励された。その結果、従来の規制や煩瑣な手続きから解放された外国資本が進出を始め、イズミル、アダナ、メルスィン周辺には自由貿易地域が設置されて、地域内に誘致された工場でつくられた製品が、海外へ輸出されるようになった。こうしてトルコの経済は活性化され、国内総生産も順調な伸びを示すようになった。またインフレ率も、八〇年代中ごろには三〇％から四〇％程度までに「鎮静化」された。輸出も順調な伸びを示し、しかも主要輸出品目も、従来の食料品から工業製品へと変化していった。

だが、基本政策の一環として賃金を抑制された給与生活者にとって、オザルの政策は過酷なものであった。彼らの購買力は、付加価値税の導入も相まって、クーデタ直前の一九七九年からの一〇年間に、ほとんど半減したといわれる。しかも「鎮静化」していたインフレも、八七年末から急速に再発傾向を示し始めた。非効率な国営企業を整理できないこと、それも含め、肥大化した公務員数の削減がおこなわれないこと、そしてさらに決定的なこととして、不完全な税制のために十分な税収をあげられないことなどを原因とする財政赤字が、インフレの再発をもたらしたと思われる。こうした状況のなかで、八〇年代には貧富の格差が劇的に拡大していった。失業者数も増大し、人々の不満は、九一年一月に、一五〇万人の参加を得ておこなわれたゼネストのかたちをとってあらわれた。こうした社会不安と、その原因である経済問題に、母国党はほとんどなすすべを知らなかった(あるいは意識的に目をつぶっていた)。またこのころには、自由経済への転換がもたらした、実業界と政界とを巻き込むスキャンダルが続出したが、それには母国党の有力議員や、さらにオザル家の人間が、しばしば登場した。オザルとその母国党は、こうして国民の人気を失っていき、代わってデミレルの正道党と、そしてエルバカンの繁栄党が票を集めていった。

混迷の深まり

一九九一年総選挙で母国党は第一党の地位から転落。代わって第一党となった正道党が、第三党で、社会民主党の流れをくむ共和人民党と連立政権を組んだ。正道党は、九三年のオザル急死後第九代大統領となったデミレルのあとを、タンス・チルレルが継いで初の女性首相となったが、首相自身の脱税、汚職による不正蓄財が明らかとなったうえ、政権交代能力をもつ母国党党首メスート・ユルマズは、チルレルとの個人的反目を優先させて安定政権の樹立を実現させず、結果として、この二大「中道右派」政党に対する国民の失望感を深めていった。これに代わって繁栄党が、九一年総選挙の得票率一〇・九%を、九五年には二一・四%に急伸させて第一党となった。共和国の根幹である世俗主義を否定してきたエルバカンに組閣を要請するわけにいかないデミレル大統領は、母国党のユルマズ党首に正道党との連立内閣をつくらせたが、これがわずか三カ月たらずで崩壊し、九六年六月に至って、ついにエルバカンを首班とする、繁栄党、正道党の連立内閣が成立した。

社会の諸矛盾を、政権を担当する諸政党が解決できなかったこと、それどころか自ら汚職にまみれたこと。麻薬、ポルノの氾濫といった、西洋化の負の側面とみなされる現象が顕在化するなかで、繁栄党が道徳や家族生活の強調など、イスラーム的な価値観を前面に出したこと。さらに、貧者への食料援助や病人の介護など、「草の根」的運動を党員、支持者を動員して広範におこなったこと、すなわち大衆政党への脱皮を果たしたこと。これらが繁栄党の躍進を支えていたと思われる。だが、共和国とその「建国者」アタテュルクの諸改革との藩屏《はんぺい》を自負する軍部は、エルバカン政権の誕生に危機感を募らせていた。彼らは一九九七年二月、実質的な国家最高意志決定機関である「国家保安協議会」(大統領を議長に、首相、内相、外相、国防相、参謀総長、陸海空三軍および憲兵隊司令官で構成)の席で、イスラーム化政策を強く非難するとともに、改革の実施を要求した。結局エルバカンは六月に辞表を提出して、繁栄党政権は一年たらずで崩壊。さらにその直後に最高検察庁が、繁栄党を憲法裁判所に提訴した。裁判所は翌九八年一月に、同党を憲法違反と判断し、繁栄党は解党された。エルバカンを含む幹部も、五年間の政治活動禁止がいい渡されたが、しかし同党はただちに美徳党として再出発し、九九年四月の総選挙でも一六%の票を獲得した。

中道諸政党の腐敗と能力不足の間隙を突いて躍進した繁栄党を力ずくで抑え込んだことは、しかし欧米の世論によって、軍による民主主義の抑圧であると批判された。西欧はさらに、トルコ政府によるクルド人の人権抑圧も問題視する。そして経済的な混乱にこれらをも理由に加え、トルコのEU正式加盟が拒まれた。建国以来、西洋の一員となることを、いわば国家的目標としてきたトルコである。一九六四年にEC準加盟国となり、八七年に正式加盟の申請をおこなったのち、九六年にはEU関税同盟へ加入していたにもかかわらず、九七年十二月、東欧諸国と、さらにキプロスまでが新規加盟を実質的に認められたなかで、トルコはそこから除外されたのだった。

一九七八年にアブドゥッラ・オジャランによって組織され、八四年以降、活動を過激化させていたクルド労働者党(PKK)が麻薬の密造、取り引きにも関わるテロ組織という側面をもっていることは否定できない。しかし同時に、欧米世論が指摘するように、クルド人がトルコ国内で、とくに一九二五年以来抑圧され続けてきたことも動かしがたい事実である。そして、EU加盟の拒絶という、国民的プライドを傷つける出来事に、クルド労働者党議長逮捕劇前後における西欧世論の、「人権」を理由としたトルコ批判が加わって、一九九九年四月の総選挙では、トルコ民族の伝統とその高貴さとを強調する民族主義者行動党(MHP)が、突然一八%を得票して第二党に躍進するという出来事も起こる。世紀末へ向かって、トルコの混迷は深まるばかりであった。

3　共和制の変質――議院内閣制から集権的大統領制へ

経済危機と親イスラーム政権誕生

一九九九年総選挙では、政治汚職蔓延のなかでその清廉さで支持率を高めてきたエジェヴィット党首の民主左派党が躍進するとみられていたが、選挙直前のクルド労働者党（ＰＫＫ）党首逮捕やクルド労働者党による市街テロなどで民族主義意識が高まると、民主左派党は国会議席の四分の一しか獲得できず、民族主義者行動党と母国党との連立政権を余儀なくされた。しかし一九九〇年代の連立政治の瓦解の原因はイデオロギー的に近い政党同士の反目だった。逆に右派・左派連立政権は協調により実質的な成果をあげてきた。この右派・左派連立政権も協調的政策運営を志向していたが、落とし穴があった。トルコ経済は一九七〇年代以降二桁インフレに見舞われ、ＥＵ加盟条件の条件であるマクロ経済指標安定化のためにインフレ克服は最重要課題だった。そのためのインフレ抑制プログラムが国際通貨基金（ＩＭＦ）主導で二〇〇〇年一月に開始されたが、プログラムの硬直性がトルコリラ為替相場に過大評価をもたらし、結果として市場からの切り下げ圧力を蓄積した。このような背景のもとで〇一年二月、エジェヴィット首相が閣議でアフメット・ネジデット・セゼル大統領と口論したことを記者会見で公表すると、従来から脆弱性が指摘されていた国内銀行部門で金融危機が発生、それが通貨危機をもたらした。中央銀行が自国通貨を買い支えられず完全変動相場制へ移行すると為替相場は暴落し、トルコ史上最悪の経済危機が起きた。

連立政権はＩＭＦとのスタンドバイ取極に基づく経済再建プログラムを同年六月に発表、構造改革を実施した。政治的に独立した経済政策実施機関（貯蓄預金保険基金、銀行管理監督局、公共入札局など）が新設または機能強化された。中央銀行も〇一年の法改正で独立性が強化され、インフレ目標制も導入された。連立政権はまた、〇一年十月に現行憲法下で過去最大の全三五条項にわたる民主化のための憲法改正を実現した。これはＥＵ加盟交渉開始条件として必要だったとはいえ、個人や少数派の権利と自由の保障の点で、過去の改憲に比べて大きな前進を実現した。しかしエジェヴィット首相の健康問題が表面化すると〇二年七月、連立第二党の民族主義者行動党（ＭＨＰ）が総選挙繰り上げを要求、総選挙十一月実施が国会で決議された。

二〇〇二年秋以降、トルコ経済は前年のリラ大幅切り下げによる輸出競争力回復で回復基調に入っていた。また新たな間接税（特別消費税）の導入による税収増加で財政再建の道筋もみえていた。しかし十一月総選挙では連立政権の三与党は前年の経済危機の責任を問われ各党が得票率が足切り条件である一〇％に満たず、議席を獲得できなかった。代わりに、公正発展党（ＡＫＰ）が三四・三％の得票率ながら三分の二の議席を獲得して勝利した（図1）。公正発展党は、繁栄党（ＲＰ）の後継である美徳党（ＦＰ）が憲法裁判所により解党されたあとに党内「若手改革派」勢力が中心となって二〇〇一年に

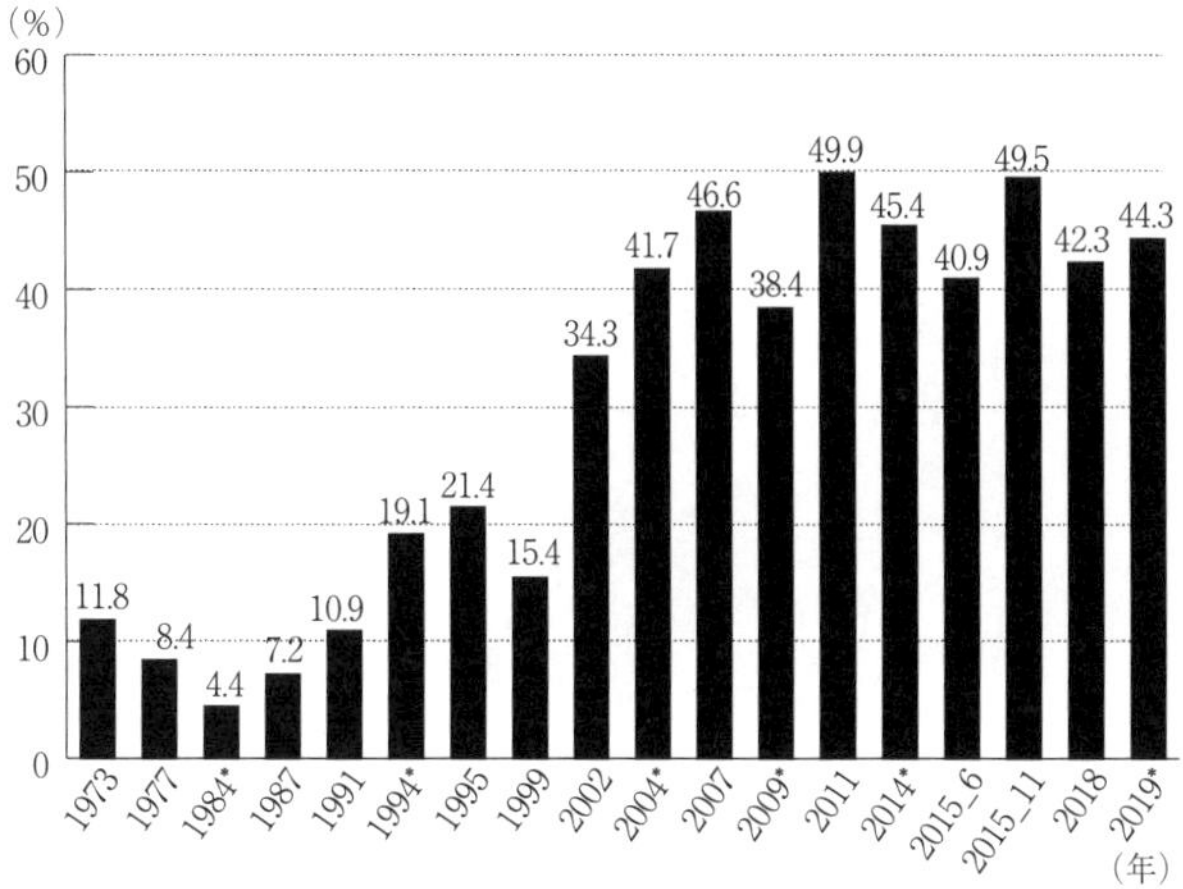

図1　親イスラム政党の得票率(高等選挙委員会ホームページのデータより筆者作成)

＊の年は統一地方選挙，それ以外は総選挙の結果。1973〜77年は国民救済党(MSP)，1984〜95年は繁栄党(RP)，1999年は美徳党(FP)，2002年以降は公正発展党(AKP)。1991年の10.9%は，3党統一リストの得票率にRP当選者の比率をかけて推定した値。

結党された親イスラーム政党である。同党は美徳党の従来の主張、たとえば大学でのイスラーム的スカーフ着用解禁を維持しつつも、親欧米外交や経済改革などトルコの従来の政策を継承することを約束し、さらに他のどの政党よりも声高に、社会正義や減税を主張して貧困層を引きつけた。党首のレジェップ・タイプ・エルドアンは繁栄党のイスタンブル市長だった一九九九年に「宗教による扇動」の罪で服役して人気を高めたが、その犯歴を理由に被選挙資格が剝奪されていた。そのため首相には当初アブドゥラ・ギュルが就いた。エルドアンが首相に就任したのは、〇二年十二月の憲法改正により被選挙資格を回復したうえで国会補欠選挙に当選したあとの〇三年三月中旬だった。

公正発展党政権にとって最初の外交上の試練は米国の対イラク戦争への協力だった。トルコ政府は、そもそも前政権の時から米国の対イラク戦争に強く反対してきた。その理由は、輸出・観光収入の激減、パイプライン収入喪失、難民の流入などによる莫大な経済的損失に加え、北イラクにおいてクルド人を単位とする独立国家または自治共和国が誕生すると、トルコ内クルド人(人口の約二割)の独立心を刺激するとの懸念だった。米国の圧力を受けた公正発展党政権は二〇〇三年二月、国内軍事施設の整備拡張のための米軍要員駐留を国会に承認させたが、これに続く米軍駐留許可の政府提案は北イラクに隣接する南東アナトリア地域の与党議員が地元の反戦世論の圧力を受けて造反したため国会で否決された。これにより米国の対イラク二正面作戦は大幅な修正を余儀なくされた。トルコ政府はようやく開戦日の三月二十日に、米軍に領空通過のみを認める提案を国会で可決させたが、トルコの対米関係は冷却化した。

経済成長と総選挙大勝

公正発展党政権は議会安定多数を頼りに経済再建プログラムを継続した。前政権が通貨切り下げや増税など痛みをともなう改革を実施済みだったため、構造改革の犠牲を国民に強いることなく改革の成果を自らの手柄とすることができた。公正発展党政権はさらなる改革も実施することで、政権第一期には経済の安定的な成長を実現し、一人当たり国民所得を倍増させた。インフレ率は二〇〇四年以降一桁にまで低下した。EU加盟交渉では、加盟交渉開始のための一連の憲法・法改正を実施したことは対トルコ直接投資をも加速させた。EU加盟の期待が高まると公正発展党政権は、キプロスに対するトルコ政府の態度を転換し、(トルコ系)北キプロスと(ギリシャ系)キプロス共和国の統合を支持し、二〇〇三年の北キプロス総選挙でもキプロス統合派を支持した。

しかし二〇〇四年三月のキプロス統合住民投票で統合案がギリシャ系住民の反対多数で否決されたあとに、トルコが要求しEUも約束していた北キプロスへの経済封鎖解除は実現しなかった。さらにEUはキプロス共和国の実質的な国家承認や同国からの船舶および航空機のトルコへの乗り入れなどを新たに要求し、トルコがこれに抵抗して〇五年十月に開始したEU加盟交渉が難航した。交渉は政治経済に関する(新規加盟国としては最多の)三五の条項におよぶが、キプロス共和国やフランスの拒否権発動が続いた。〇六年十二月のブリュッセル欧州理事会は八の条項の交渉中断を決定し、その後も進展はほとんどみられず、交渉終了した条項はひとつしかない。

エルドアンの首相就任以降、世俗主義国家エリートである軍部、司法府、および(前憲法裁判所長官である)セゼル大統領は、公正発展党政権がトルコの世俗主義を形骸化させることを警戒してさまざまなかたちで抵抗した。軍部はエルドアン首相就任後最初に開催された七時間半にわたる国家安全保障会議で政府に世俗主義遵守を求めた。セゼル大統領は多くの法案に署名を拒否して差し戻したり、官僚の任官を拒否したりした。二〇〇七年四月には、国会がおこなう大統領選挙を控えて公正発展党と世俗主義陣営(軍部、世俗主義市民、共和人民党、司法府)との対立が深まった。公正発展党の大統領候補は当初、エルドアン首相とみられていたが、国軍参謀総長が世俗主義者である候補を求める記者会見をおこない世俗主義市民も大衆行動を起こすと、エルドアンは立候補を断念、代わりにギュルを候補に選んだ。この選択を世論は穏当と受け止めたが、ギュル夫人がイスラーム的スカーフを着用していることへの懸念が軍部内に存在していたため、国軍参謀本部はそのインターネットのホームページに、大統領選挙の焦点が世俗主義であり、軍部は「法律が定めた任務を遂行する」と、クーデタの可能性を暗示する声明を発表した。さらに憲法裁判所も、野党第一党共和人民党が欠席した第一回大統領選挙投票結果が議決定足数不足のため無効であるとの判決を下した。

これに対しエルドアンは民意を問うとして、総選挙の繰り上げ法案と憲法改正案を国会で可決させた。憲法改正は、世俗主義国家エリートの以後の介入を防ぐため、大統領を国民の直接選挙で選ぶこと、その任期を七年・一期から五年・二期へと変更することなどを含んでいた。七月総選挙で公正発展党政権は四六・六%と、前回に比べ一三%ポイント以上も得票率を伸ばして再任された。その成功の最大の理由は、政権第一期に経済成長と安定を実現したことである。公正発展党政権はまた低所得者のための社会保障改革も実施していた。二〇〇三年に始まった保健医療改革は、低所得者対象の無料保険医療を拡充したのに加え、〇八年までに国民皆保険制度を段階的に導入し、誰でも同じ医療をかつ効率的に受けられるようにした。社会扶助は、低所得層のなかでは家庭内介護者、および未組織・非正規部門の就業者を中心に所得再分配を実現した。

上述の憲法改正は国会での賛成票が三分の二以下だったため国民投票が必要だったが、その実施はセゼル大統領の遅延行為により十月に持ち越されていた。そのため八月の大統領選挙は間接選挙という現行に従い、ギュルが国会で(もはや共和人民党の抵抗に遭わずに)選出された。それでも司法府による政治介入は続いた。二〇〇八年三月に最高検察庁が、公正発展党議員や他の党員の言動が世俗主義に反するという理由で公正発展党の解党を求める訴訟を憲法裁判所に対して起こしたのである(過去には同様の理由で公正発展党の前身政党が解散させられている)。憲法裁判所は解党命令を下さなかったものの、同党の世俗主義遵守を疑問視する見解を提示し、軽微ながらも政党助成金削減という制裁を課した。公正発展党政権は、この件では憲法裁判所判事の意見が割れたことに助けられて政権崩壊を逃れた。

民主主義後退と対外介入

このような世俗主義国家エリートからの圧力に対し、公正発展党政権はその影響を削ぐため、イスラーム組織ギュレン派をあと押した。フェトゥラ・ギュレンが組織した同派は一九八〇年代までに国家機構への浸透を開始していた。軍部に危険視されるようになったギュレン自身は一九九九年に米国に移住した。公正発展党政権は二〇〇四年にギュレン派が警察組織を統括することに許可を与えたり、最高裁判所の長官や他の判事の汚職疑惑を指摘してこれらを辞任に追い込んだりしていた。〇五年には、判事・検事の大量の人事異動や法改正などにより下級裁判所での公正発展党政権の影響力を強め、ギュレン派を地方検察、地方裁判所に任官した。さらに一〇年九月、公正発展党政権は上級裁判所と司法人事機関における与党の任命権限を強める憲法改正を実現し、司法府全体におけるギュレン派の影響力を強めた。同憲法改正では同時に軍部のクーデタを断罪するとみせかける規定や個人の人権擁護のための憲法裁判所申請制度導入を盛り込むことで民主化改憲として国民に提示された。

ギュレン派の影響力が強まった下級裁判所の検察と判事は二〇〇八年以降、一五にのぼる「陰謀訴訟」を手がけ、大学学長、マスコミ関係者、知識人、実業家、軍人などの世俗主義者を捏造証拠により裁いた。とくに大量の退役・現役軍人が政権転覆未遂容疑で逮捕、長期勾留されることで、軍部への国民の信頼は失墜した。陰謀訴訟のうち「鉄槌」訴訟では一二年に三三〇名に一六〜二〇年の禁固刑判決、「エルゲネコン」訴訟では一三年に二七五名に有罪判決(うち一九名が終身刑)が下された。一五年までに陰謀訴訟の真相が明らかになり被告全員に釈放命令が下されたが、起訴されていた将校は昇進停止や定年退役を余儀なくされた。長い訴訟の過程で軍部は政治的影響力を失った。

国内経済は二〇〇八年のリーマン・ショックの影響からV字回復して一〇%成長を記録した。公正発展党はこの勢いに乗り、一一年六月の総選挙で四九・八%の得票率で圧勝した。公正発展党政権は第三期(二〇一一〜一五年)になると社会のイスラーム化政策を推し進めた。義務教育五年目(九歳)から聖職者養成校進学を可能にする教育法改正(二〇一二年)、酒類販売規制法(二〇一三年)、テレビ番組での装束規制などである。政府批判が原因により投獄された新聞記者は一〇〇人をこえ、政府に批判的な企業に対して落札結果取り消し、税務査察などがおこなわれた。また政権に批判的なメディアを(独立機関であるはずの)預金貯蓄保護機構に接収させて親政権メディアに売却したり、追徴課税を課して多大な損失を発生させて傘下の新聞の売却を余儀なくさせたりした。このような公正発展党政権に市民が反発を示したのが一三年五〜六月のゲジ抗議運動である。イスタンブルにある公園の再開発をめぐる抗議を警察が弾圧したことで、表現の自由と少数派の権利を主張する市民の抗議運動は主要都市にまで広がったが、エルドアンは警察力により押さえ込んだ。他方、公正発展党政権はクルド地域での政治基盤を強化するとともにクルド労働者党のテロを抑えるために〇九年以降、対クルド自由化やオスロでの秘密和平交渉などを試みたが、テロは続いた。一三年に始まった和平過程は一時的には戦闘の無い状態をもたらしたが、クルド労働者党のトルコ領内からの撤退は進まなかった。

公正発展党政権は二〇〇五年以降、EU加盟の可能性が遠のくと、「近隣とのゼロ・プロブレム」という善隣外交の名の下に、冷戦構造下で疎遠となっていた中東、コーカサス、バルカン諸国との関係を強化した。トルコ外交の「(非欧米への)軸足移動」「新オスマン主義」の懸念が欧米諸国のあいだで生まれた。さらに一〇年以降、トルコ外交はより対立的な路線へ転換した。まず一〇年末に始まった「アラブの春」で、大衆の代弁者とみなしたイスラーム運動・組織を支援したため、善隣外交の相手だったアラブ諸国の独裁政権との関係が大幅に悪化した。特に一一年に始まったシリア内戦には反体制派を支持して介入した。さらに一四年にイラクで台頭したテロ組織「イスラーム国」がシリアにも拡大すると、これを黙認し、シリアのアサド政権転覆やシリア内のクルド労働者党勢力の力を削ぐことを期待した。しかしアサド政権は「イスラーム国」やクルド労働者党勢力との衝突を回避した。また米国は対「イスラーム国」戦略で非協力的なトルコの代わりに、シリア内のクルド労働者党勢力を地上部隊として重用、手厚い軍事援助・教練をおこない、その伸張をうながした。このようなシリア内戦によるクルド労働者党の勢力伸張とトルコ民族主義的世論の高まりは、トルコ国内での和平過程を一五年七月に崩壊させる一因となった。

汚職捜査とクーデタ未遂

公正発展党政権へのより大きな挑戦はギュレン派から来た。司法府と警察に浸透していたギュレン派は、軍部の政治力除去という点で公正発展党政権に貢献したものの、同政権は勢力拡大の手段でしかなかった。親米・親イスラエル、反クルドなどの点では同政権と態度を異にしていた。エルドアンとギュレン派との関係悪化は二〇一二年以降に表面化していたが翌年十二月になると同派の支配下にあった検察と警察が公正発展党政権の汚職疑惑に対する調査を開始した。エルドアンは検察や警察で大量の人事異動をおこない、捜査を押さえ込んだ。その後も法相が参加した（司法人事機関である）判事検事最高委員会で大幅異動、警察庁密輸組織犯罪対策局での全員異動、判事検事最高委員会の部門長の任命権を司法相に与える法改正などにより、司法府と警察に対する政権の掌握を強めた。また政権の汚職疑惑調査の背後にいたギュレン派が政府批判の情報をインターネットに流すと、公正発展党政権は、プロバイダーに対してサイトへのアクセス禁止命令などが可能となるインターネット規制法改訂およびSNSへのアクセス遮断措置などを実施した。

エルドアンはまた、トルコの政治体制を大統領制にしたうえで自分が大統領になることを目指した。大統領制の構想は、政治の独裁化を危惧する与党内外から賛同を得られず、二〇一一年十月に発足した国会の憲法改正委員会でも反対に遭って頓挫した。しかしエルドアンは一四年八月の（〇七年十月の憲法改正を受けた）トルコ初の大統領直接選挙に、再選を希望していたギュル大統領を説得により出馬断念に追い込み、自らが与党候補として勝利した。そして「国民が選んだ大統領」を口実に、与党に対する支配力の強化と既成事実の蓄積により、憲法改正もないまま実質的な大統領制、すなわち執行大統領制の実現を試みた。エルドアンは大統領当選者が無党派でなければならないとする憲法の規定を無視し、大統領選出日と就任日のあいだに公正発展党党大会を開催させて、現職大統領であるために無党派規定が適用されるギュルの総裁選挙参加を阻んだうえ、学者出身で党内基盤が弱いアフメット・ダウトール外相を総裁候補に「指名」して単独候補として総裁に就任させた。

二〇一五年六月の総選挙で公正発展党は四〇・九％の得票率で第一党の座を維持したものの、議会過半数を失った。エルドアンはトルコの現行の議院内閣制を大統領に権力が集中する体制に移行させるため、憲法改正に必要な与党議席数獲得を公言していたが、国民の支持を得られなかったのである。エルドアンはダウトール首相の連立政権工作を妨害して「組閣時間切れ」による選挙やり直しに持ち込んだ。そしてこの間頻発したクルド労働者党や「イスラーム国」によるテロの不安に乗じて十一月の総選挙で、四九・五％の得票率で議会過半数を回復した。それでもエルドアンが求める大統領制導入のための憲法改正に必要な議会五分の三にあたる三三〇議席獲得には至らなかった。

またダウトール首相は同月に起きたトルコによるロシア軍機撃墜事件、イスラーム国への軍事的対応、二〇一六年三月のEUとの難民対策合意などで首相として次第に主導性を示し、軍部や欧米諸国との関係を強めた。するとエルドアンは娘婿の影響下にある勢力や自らに近い閣僚を用いてダウトールを五月に辞任に追い込んだ。そして後任の首相に、エルドアンへの忠誠をより見込めるビナリ・ユルドゥルム運輸相をあてた。公正発展党政権はさらに十二月、最高裁判所と最高行政裁判所の部局と定員を増やす法改正をおこない、増員分を判事検事最高委員会や大統領が任命した政府寄りの判事・検事や官僚で埋めた。一六年六月にはギュレン派を一掃するため、最高裁判所と最高行政裁判所の部局と定員を減らすとともに十二年の任期を設ける法改正をおこなった。そして判検・検事の大半は即時任期終了となり、後任は公正発展党色の強まった判事検事最高委員会により新たに任命された。

二〇一六年七月十五日に起きたクーデタ未遂事件は過去のそれとまったく異なる性格を持っていた。第一に、軍部の支持命令系統ではなく、軍部に密かに浸透していたギュレン派の指揮下で起きた。第二に、クーデタ勢力が市民に対し発砲したり、警察組織や国会など国家機関を戦闘機や軍事ヘリで攻撃したりして二五一名が犠牲になるなど、トルコで過去に起きた三つの無血クーデタと比べてはるかに暴力的だった。公正発展党政権はギュレン派の警察や司法府への浸透をあと押ししていたものの、ギュレン派が国軍将官クラスにまで浸透しているのを見過ごしていた。それに気づいた公正発展党政権が軍部内のギュレン派勢力を粛清すべく、同派将校の大量人事異動を八月に予定した。その情報が公に漏れると政府は緊急に逮捕・拘束を決めたが、その動きを察知した同派が決起したのである。

クーデタが失敗に終わったのは、⑴国軍参謀本部が事前通報を受けてすべての軍事行動禁止を命令していたため蜂起勢力が孤立したこと、⑵蜂起勢力が国営放送局を占拠したのみで情報統制をできなかったこと、⑶民間放送局を介したエルドアン大統領の呼びかけに応じて市民が抵抗したことなどによる。しかしクーデタが予定通りに実行されていたら成功していた確率は高いとみられている。政府はクーデタ未遂後、テロ組織排除のための措置を打ち出した。ギュレン派が関与しているとされる病院、学校、学生寮、団体を閉鎖し、上級裁判所がギュレン派関係者の追放を合議で決定することを可能にした。八月半ばまでに約六万人が逮捕され、約八万人が公職を追放された。また軍部への政府の統制を強めるため、国軍参謀総長の任命権者である大統領に指名権も与え、憲兵隊と海兵隊を内務省に直属させた。国防省官僚の文民化、士官学校の廃止と国防大学の設置も実現した。二〇一六年七月のクーデタ未遂において欧米がトルコへの支持を表明せず首謀組織のギュレン派を擁護すると、トルコはいち早くトルコ支持を表明していたロシアへの接近を強め、ロシア製S400ミサイル防衛システムの購入、シリア内戦での停戦共同仲介などが実現した。ただしトルコとロシアの利害はシリア、クリミア半島、リビア、ナゴルノカラバフなどをめぐり相反しており、関係深化には限界がある。トルコの一六年以来四回のシリア侵攻も実質的にはロシアにより押しとどめられた。

集権的大統領制と制度崩壊

デヴレット・バフチェリ民族主義者行動党党首はクーデタ未遂後、国民の愛国心の高揚に乗じて公正発展党政権支持に舵を切った。まず、ギュレン派や他のテロ組織の脅威を理由に導入された非常事態令を支持した。エルドアンが望んでいた大統領制導入憲法改正には国会議員の五分の三の支持が必要で、与党議席数はこれに足りなかった。世論が大統領制導入の方向に変化したころ、バフチェリはそれまで大統領制に反対してきたにもかかわらず、党内で議論せずに大統領制導入賛成に転じ、二〇一六年十二月に公正発展党と憲法改正で合意した。執行大統領制に甘んじていたエルドアンにとって願ってもない提案だったが、民族主義者行動党としては公正発展党を小政党に依存させる仕掛けでもあった。議院内閣制では政権樹立のために国会選挙で過半数得票は必須ではないのに対し、大統領制では政権樹立のために大統領選挙で過半数得票が必須となるからである。公正発展党と民族主義者行動党は共同で憲法改正法案を作成、国会で成立させたものの賛成票が三分の二に達さなかったため、一七年四月の国民投票で賛成五一・四%という僅差で成立、議院内閣制から大統領制への移行が決まった。憲法改正条項で最も顕著なのは大統領権限の増加、大統領権限抑制規定の欠如である。一七年五月にエルドアンは公正発展党党首に復帰した。

大統領制下での最初の(大統領・国会同時)選挙は二〇一九年十一月に予定されていたが、その前哨戦である同年三月統一地方選挙のための公正発展党と民族主義者行動党の選挙協力は進まなかった。これを不安視したバフチェリ民族主義者行動党党首は大統領・国会選挙の早期実施を求めた。するとエルドアンは一八年四月、両選挙を一年半近く繰り上げて六月に実施することを発表した。集権的大統領制下ではじめての大統領・国会同時選挙の結果、大統領選挙ではエルドアンが五二・六%の得票率で勝利し、一院制国会の選挙では公正発展党は前回総選挙と比べて得票率を七%ポイント減らして議会単独過半数を失ったものの、選挙連合を組んでいた民族主義者行動党の議席数を加えると過半数を維持した。

新体制でエルドアンは、国庫庁と財務省を統合して強大な権限をもたせた国庫財務省の大臣に娘婿のベラト・アルバイラクを任じた。他方、それまで経済政策実務家としてただ一人政権に残っていたメフメット・シムシェクは閣僚入りしなかった。アルバイラクが経済政策司令塔となったことで経済政策にはエルドアンの意向がより強く反映されるようになった。エルドアンは「金利が高いとインフレが進む」と常識とは逆の「エルドアノミックス」を一貫して主張、中央銀行に対して金利引き下げの圧力をかけ続けてきた。トルコで米国人牧師がギュレン派との繋がりを理由に長期拘束されていることを受けてトランプ米国大統領が対トルコ経済制裁を七月に宣言すると、トルコリラ相場は八月には年初比で四割下落した。中央銀行がようやく九月に利上げを実施したことでリラ相場は上昇したがエルドアンは二〇一九年七月、金利引き下げの再三の指示に従わなかったとの理由で中央銀行総裁(二〇一六年四月就任のムラット・チェティンカヤ)をトルコ政府としてはじめて解任した。この通貨危機で経済成長率は一九年には公正発展党政権期ではリーマン・ショック以来最低となった。

このような経済危機下で実施された二〇一九年三月統一地方選挙では与党連合(公正発展党と民族主義者行動党)の全国得票率は前回二〇一四年三月統一地方選挙と比べて若干の減少にとどまったものの、イスタンブル、アンカラ、アンタリヤ、アダナなど一〇の大都市市長職を失った。またイスタンブル広域市長選挙結果への公正発展党の異議申し立てが通り六月に実施された再選挙では、当初結果の取り消しや与党のあからさまな選挙介入に与党支持者も反発し、野党連合は得票率を伸ばして勝利した。公正発展党でも党内有力者がエルドアンと袂《たもと》を分かつ動きが表面化し、十二月にはダウトール前首相が未来党(GP)を、二〇年三月にはアリ・ババジャン元副首相が民主主義進歩党(DEVA)を結党し、公正発展党離反者の受け皿が生まれた。

二〇二〇年には新型コロナウイルス感染拡大の影響に加え、エルドアンの要求に従って中央銀行が金利を引き下げ続けたためトルコリラ為替相場が二〇年十一月に入り急落、エルドアン大統領がムラット・ウイサル中央銀行総裁を更迭、後任に大統領府内では数少ない経済専門家のナジ・アーバルを任命した。するとアーバルと対立関係にあったアルバイラク国庫財務相はこの人事に反発して辞任した。政権内で全省庁に影響力をおよぼすまでになっていたアルバイラクの退場により、エルドアンの後継問題は不確実性を増した。また米国大統領選挙でバイデン氏が当選したことで、トルコ内政と経済に対する圧力強化を危惧するエルドアンは対外姿勢を軟化させ、欧米や中東の親米諸国との関係改善に乗り出した。国内政策についても経済・法制度改革を公言したが、実行しなかった。むしろ実質プラス金利維持により中央銀行の信頼性を回復していたアーバル総裁を二一年三月に解任して後任に低金利を擁護するシャハプ・カヴジュオールを任命、金利引き下げと為替下落の悪循環に逆戻りさせた。この傾向は秋以降顕著となり、トルコリラは年間で四割以上下落し、インフレは政府発表で三六%、実際はその倍以上に達した。公正発展党政権は約二〇年前の政権樹立時と酷似した経済危機の下で、二三年、次期の大統領・議会同日選挙を迎えることになる(二〇二二年一月脱稿)。

[以下、校正時の追記]　エルドアンの圧力による中央銀行の金利引き下げが続いた二〇二一年十二月、為替相場は一ドル一二トルコリラから一八トルコリラにまでに一時暴落した。これに慌てた政府は窮余の策として、為替相場下落分が補填されるトルコリラ定期預金を同月に導入するとともに、そ

の裏で外貨準備を用いた為替介入を継続し相場を落ち着つかせた。自信を取り戻したエルドアンは、金利引き下げを二〇二二年八月に再開させ、十一月までに九%とさせた。しかし為替介入の継続はトルコの外貨準備を急速に枯渇させた。これを中東湾岸諸国などからの通貨スワップや外貨預金により穴埋めした。このような措置は持続不可能であるが、政権にとって次期選挙までの時間稼ぎになった。

エルドアンは、経済悪化により落ち込んでいた支持率を、最低賃金、公務員給与、年金、生活手当の引き上げや低所得者用住宅プロジェクトなどにより、二〇二二年秋から徐々に回復していった。二〇二三年二月の大地震発生後の対応を批判されたが、住宅早期再建や所得保償を約束し、震災復興の期待を持たせた。大統領・議会の同時選挙の二〇二三年五月への繰り上げが決まると、エルドアンは野党候補の選挙公約の多くを、ほぼそのままのかたちで自分の公約として発表した。またネガティブキャンペーンを加速、経済悪化を批判する元支持者に、宗教や治安ではエルドアンが頼りと思わせた。

大統領選挙においてエルドアンは第一回投票で得票率四九・五%だったが、第二回投票では五二・二%の得票率で勝利した。投票所監視を徹底しなかったことは、野党連合の敗因の一つである。現行の集権的大統領制を議院内閣制に移行させるとの野党連合の構想は、水泡に帰した。それが五年後に実現する可能性は今回よりもはるかに低いと考えられる。国会では、公正発展党が議席を減らしたのに対し、公正発展党の連合相手の民族主義者行動党らの右派政党の比率が高まった。エルドアン政権における民族主義、宗教主義の重みは増していくだろう。またエルドアンはウクライナへのロシア侵攻を機に、仲介役として、および北大西洋条約機構（NATO）拡大をめぐり、国際的な影響力を増した。エルドアン政権に対する欧米の民主化要求は弱まり、現体制が定着していくことが見込まれる。

YAMAKAWA SELECTION

トルコ史《し》

2023年 8 月 1 日　第 1 版 1 刷　印刷
2023年 8 月10日　第 1 版 1 刷　発行

編者　永田雄三

発行者　野澤武史

発行所　株式会社山川出版社
〒101-0047 東京都千代田区内神田1-13-13
電話03(3293)8131(営業)8134(編集)
https://www.yamakawa.co.jp/
振替 00120-9-43993

印刷所　株式会社太平印刷社

製本所　株式会社ブロケード
装幀　水戸部功

 ISBN978-4-634-42396-1

『新版　世界各国史九　西アジア史Ⅱ』
二〇〇二年八月　山川出版社刊

執筆者紹介（執筆順）

永田 雄三　ながた　ゆうぞう

1939年生まれ。イスタンブル大学文学部史学科博士課程修了（Ph.D.）
現在，公益財団法人東洋文庫研究員
主要著書：『中東現代史Ⅰ　トルコ・イラン・アフガニスタン』（共著，山川出版社 1982），『成熟のイスラーム社会』（共著，中央公論社 1998），『歴史上の地方名士』（トルコ語，Ankara，1997），『世紀末イスタンブルの演劇空間――都市社会史の視点から』（共著，白帝社 2015），『刀水歴史全書101　トルコの歴史　上・下』（刀水書房 2023）
執筆担当：序文

井谷 鋼造　いたに　こうぞう

1955年生まれ。京都大学大学院文学研究科博士後期課程中退
京都大学名誉教授
主要論文・訳書：「歴史的なモニュメントの碑刻銘文資料が語るもの」（『史林　91-1』2008），「オスマーン朝のハーカーンたち」（『西南アジア研究74』2011），『イスラーム原典叢書 統治の書』（共訳，岩波書店 2015）
執筆担当：第１章

林 佳世子　はやし　かよこ

1958年生まれ。東京大学大学院人文科学研究科博士課程中退
現在，東京外国語大学学長
主要著書：『オスマン帝国の時代』（山川出版社 1997），『興亡の世界史　オスマン帝国　500年の平和』（講談社学術文庫 2016），『岩波講座世界歴史第９巻　ヨーロッパと西アジアの変容』（共編著，岩波書店 2022），『岩波講座世界歴史第13巻　西アジア・南アジアの帝国』（編著，岩波書店 2023）
執筆担当：第２章

秋葉 淳　あきば じゅん
1970年生まれ。東京大学大学院人文社会系研究科博士課程単位取得退学
現在，東京大学東洋文化研究所教授，公益財団法人東洋文庫客員研究員
主要著書・論文：「近代帝国としてのオスマン帝国――近年の研究動向から」(『歴史学研究』798号，2005)，『叢書・比較教育社会史　近代・イスラームの教育社会史――オスマン帝国からの展望』(共編，昭和堂 2014)，"'Girls Are Also People of the Holy Qur'an': Girls' Schools and Female Teachers in Pre-Tanzimat Istanbul" (*Hawwa* 17, no. 1, 2019)
執筆担当：第３章

新井 政美　あらい まさみ
1953年生まれ。東京大学大学院人文科学研究科博士課程単位取得退学
東京外国語大学名誉教授
主要著書・訳書：『トルコ近現代史――イスラム国家から国民国家へ』(みすず書房 2001)，『オスマン vs. ヨーロッパ――〈トルコの脅威〉とは何だったのか』(講談社 2002)，『トルコ音楽にみる伝統と近代』(訳書，東海大学出版会 1994)
執筆担当：第４章１・２節

間 寧　はざま やすし
1961年生まれ。ビルケント大学政治学研究科博士課程修了
現在，独立行政法人日本貿易振興機構アジア経済研究所地域研究センター主任研究員
主要著書：『EU 拡大のフロンティア――トルコとの対話』(共著，信山社出版 2007)，『後退する民主主義，強化される権威主義――最良の政治制度とは何か』(共著，ミネルヴァ書房 2018)，『シリーズ・中東政治研究の最前線１　トルコ』(編著，ミネルヴァ書房 2019)，『エルドアンが変えたトルコ――長期政権の力学』(作品社 2023)
執筆担当：第４章３節

■索　引

人名索引

●アーオ

●カ－コ

●サ－ソ

●タ－ト

●ナ－ノ

●ラ―ロ

事項索引

●タ－ト

■写真引用一覧

1……J. M. Rogers (ed.), *The Topkapi Saray Museum*, London, 1986.

2……*Padişahın Portresi*, Istanbul, 2000.

3……M. D'Ohsson, Tableau *Général de l'Empire Ottoman*, Paris, vol. 3, 1820.

4……*Savaş ve Barış*, Istanbul, 1999

5……M. D'Ohsson, *Tableau Général de l'Empire Ottoman*, Paris, vol. 2, 1790.

6……Gül Irepoğlu, *Levni*, Istanbul, 1999.

7……*Tanzimat'tan Cumhuriyet'e Türkiye Ansiklopedisi*, 1. Cilt, İstanbul, İletişim Yayınları, 1985.

8……*Mufassal Osmanlı Tarihi*, İstanbul, 1958-63.

9……*Kadınlar Dünyası*, no. 138, 1914.

10……Benoist-Méchin, Jaques, *Turkey 1908-1938: The End of the Ottoman Empire; A History in Documentary Photographs*, Zug (Schweiz), Swan, 1989.

11……Richard D. Robinson, *The First Turkish Republic: A Case Study in National Development*, Harvard University Press, 1965.

12……James Pettifer, *The Turkish Labyrinth; Ataturk and the New Islam*, London, Viking, 1997.

p.14——著者(井谷)提供
p.19——著者(井谷)提供
p.62上——著者(井谷)提供
p.62下——著者(井谷)提供
p.74上——著者(井谷)提供
p.74下——著者(井谷)提供
p.89——著者(井谷)提供
p.95——著者(井谷)提供
p.100——1, pl.150
p.102——著者(林)提供
p.115上——著者(林)提供
p.115下——著者(林)提供
p.126——2, p.318
p.129——3, pl.178
p.137——4, p.208
p.140——5, pl.133
p.146——6, p.194
p.147——4, p.212
p.161——7, p.13
p.167——8, p.2981
p.188——7, p.253
p.195——米国議会図書館
p.213——8, p.3461
p.222——9
p.229——10, p.205
p.239——10, p.225
p.245——11, pp.144-145
p.261——12, pp.124-125